Marie Jean Léon D'HERVEY DE SAINT DENYS

Les rêves
et les moyens de les diriger
Observations pratiques

Réédition intégrale de son oeuvre parue en 1867

Buenos Books International, Paris
www.buenosbooks.fr

Cette édition a été réalisée conformément à l'édition de 1867 de:

Paris Amyot, Editeur, 8 rue de la Paix
De l'ouvrage :

Les rêves et les moyens de les diriger

Observations pratiques

Par Marie Jean Léon D'HERVEY DE SAINT DENYS

Dépôt légal : Paris 1er trimestre 2008

Version imprimée : ISBN : 978-2-915495-51-5
Version électronique : ISBN : 978-2-915495-52-2

(Voir pages 180 et198 de la présente édition pour l'explication de ces dessins oniriques)

LES REVES

PREMIERE PARTIE

Ce qu'on doit s'attendre à trouver dans ce livre et comment il fut composé.

I

Courts prolégomènes. — Pour qui ce livre n'est pas écrit. — A quel âge et dans quelles circonstances je commence à prendre note de mes rêves[1], et ensuite à les étudier. —Mes premières découvertes et mes premiers progrès dans cette voie.— Je suis cependant forcé d'interrompre ces études que je reprends plus tard.— Pourquoi je n'ai pas concouru en 1855, et sous quelle forme je me détermine à publier mes recherches aujourd'hui.

Suivre pas à pas la marche de l'esprit humain dans ses capricieuses pérégrinations à travers un monde idéal; analyser minutieusement certains détails de nature à jeter une vive lumière sur l'ensemble du tableau; demander à l'expérience la solidarité qui s'établit entre les actions de la vie et les illusions de sommeil; ce thème offre déjà par lui-même un assez remarquable intérêt; mais s'il venait à ressortir de cette étude la preuve que la volonté n'est point sans action sur les nombreuses péripéties de notre existence imaginaire, que l'on peut guider parfois les illusions du rêve comme les événements du jour, qu'il n'est pas impossible de rappeler quelque vision magique, ainsi qu'on revient dans la vie réelle à quelque site affectionné, cette perspective mériterait sans doute une attention particulière; l'intérêt prendrait un caractère qu'on ne lui soupçonnait pas tout d'abord.

Les rêves ne sont-ils pas la tierce partie de notre existence? Pour ceux qui *cherchent*, le phénomène du rêve n'est-il pas étroitement lié à ce grand mystère de la dualité psycho-corporelle, qu'on ne se lassera jamais de sonder? Parmi ceux qui se sentent vivre, enfin, en est-il un qui ne garde, au moins vaguement, le souvenir de quelque vision enchanteresse, ayant laissé dans sa mémoire une douce et ineffaçable impression?

Comme l'imagination crée de délicieuses féeries, alors qu'elle règne en absolue souveraine, affranchie de tout ce que la vie positive a d'exigences et d'empêchements, abandonnée, sans nulle réserve, à toutes les magnificences de l'idéal! Les cauchemars, les monstres, les terreurs indicibles suscitent parfois, il est vrai, de très pénibles émotions; mais que de régions enchantées, que

[1] Dès la première fois que le mot REVE se présente dans ce livre, je dois prévenir le lecteur que je n'établis aucune distinction entre le REVE et le SONGE. J'emploierai donc ces deux termes indistinctement.

d'apparitions charmantes, que d'épanchements délicieux et de sensations d'une vivacité inouïe, qui nous font regretter parfois au réveil la trop courte durée de la nuit!

Je sais bien que de tels préliminaires seront fort mal accueillis par certaines personnes, qui assurent n'avoir jamais qu'un sommeil mortiforme, et qui vont jusqu'à repousser, comme une opinion déraisonnable, la seule idée que leur esprit ait pu veiller; mais ce n'est point pour elles que je publie ce volume; je les prie même instamment de ne pas l'ouvrir. Ceux dont j'ambitionne le suffrage ne seront pas non plus les spécialistes, résolus par avance à n'examiner une question que d'un seul côté. L'auteur n'est point docteur en médecine, encore moins en philosophie. Quelle qualité a-t-il, en définitive, pour aborder un sujet aussi délicat? Il est indispensable que le lecteur le sache, et je n'imagine point de meilleure façon de l'en instruire que de lui raconter très simplement comment ces pages sont venues au jour.

Elevé dans ma famille, où je fis mes études sans condisciples, je travaillais seul, loin de toute distraction comme de toute surveillance, ayant à produire mes compositions à heure fixe, libre de couper d'ailleurs mes heures de classe suivant mes inspirations ou mon bon plaisir. Ainsi livré à moi-même, il m'arrivait fréquemment d'achever ma tâche avant que le moment ne fût venu de la produire. L'instinctive paresse de tout jeune garçon m'empêchait, on le pense bien, d'en faire tout haut la remarque; le moindre passe-temps me semblait préférable à quelque surcroît d'occupation forcée qu'on n'eût point manqué de m'assigner. J'employais donc ces instants de loisir d'une manière ou d'une autre. Tantôt je crayonnais, tantôt je colorais ce que j'avais crayonné. L'idée me vint un jour (j'étais alors dans ma quatorzième année), de prendre pour sujet de mes croquis les souvenirs d'un rêve singulier qui m'avait vivement impressionné. Le résultat m'ayant paru divertissant, j'eus bientôt un album spécial, où la représentation de chaque scène et de chaque figure fut accompagnée d'une glose explicative, relatant soigneusement les circonstances qui avaient amené ou suivi l'apparition.

Stimulé par le désir d'enrichir cet album, je m'accoutumais à retenir de plus en plus facilement les fantasques éléments de mes narrations illustrées. A mesure que j'avançais dans le journal quotidien de mes nuits, les lacunes y devenaient plus rares; la trame des incidents se montrait plus suivie, quelque bizarre qu'elle fût d'ailleurs. L'expérience m'avait prouvé maintes fois qu'il y avait eu simplement de ma part un défaut de mémoire, là où j'avais cru constater d'abord une interruption réelle dans le déroulement des tableaux qui avaient occupé mon esprit, et j'arrivais insensiblement à cette conviction, qu'il ne saurait exister un sommeil sans rêves, non plus qu'un état de veille sans pensée. Je voyais en même temps se développer chez moi, sous l'influence de l'habitude, une faculté à laquelle j'ai dû la plus grande partie des observations consignées plus loin, celle d'avoir souvent conscience en dormant de ma situation véritable, de conserver alors en songe, le sentiment de mes préoccupations de la veille, et de garder par suite assez d'empire sur mes idées pour en précipiter au besoin le cours dans telle ou telle direction qu'il me convenait de leur imprimer.

Sorti de l'enfance et de la période absorbante de quelques études spéciales, je fus curieux de savoir comment avait été traité par les auteurs les plus en renom ce sujet du sommeil et des songes que je n'avais encore étudié que sur moi-même. Mon étonnement fut très grand, je l'avoue, de reconnaître que les psychologues et physiologistes les plus célèbres avaient à peine jeté quelques rayons d'une lumière indécise sur ce que j'imaginais avoir été de leur part l'objet d'une élucidation directe, qu'ils ne donnaient la solution d'aucune des difficultés qui m'avaient surtout arrêté, et qu'ils soutenaient même, à l'égard de certains phénomènes, des théories dont l'expérience pratique m'avaient souvent démontré la fausseté. Fixant dès lors tout particulièrement mon attention sur quelques-uns de ces mystères psychologiques les moins clairement compris, je résolus d'en surprendre l'explication durant le sommeil lui-même, en mettant à profit cette faculté dès longtemps acquise, de conserver fréquemment au milieu de mes rêves une certaine liberté d'esprit.

Les premières conquêtes de ce travail incessant m'encouragèrent si fort à le poursuivre que, durant plusieurs mois, j'en vins à n'avoir plus, pour ainsi dire, autre chose dans la tête. Réfléchissant pendant le jour aux questions les plus intéressantes à éclaircir, épiant, pendant les rêves où j'avais le sentiment de ma situation, toutes les occasions de découvrir ou d'analyser, je savais secouer le sommeil par un violent effort de volonté, chaque fois que je croyais avoir surpris tout à coup quelque opération de l'esprit particulièrement remarquable; et saisissant alors un crayon, toujours placé près de mon lit, je me hâtais d'en prendre note, presque à tâtons, les yeux demi-fermés, avant qu'il en fût de ces subtiles impressions comme des images fugitives de la chambre noire, si promptement évanouies devant le grand jour.

Une objection qui se présente tout naturellement me sera faite: «Vous ne dormiez point,» me dira-t-on. «Ce sommeil étrange dont vous nous parlez n'était pas un sommeil véritable.» A cela, je répondrai sincèrement que je fus tout d'abord disposé moi-même à le soupçonner. Des maux de tête m'assaillirent, et je crus devoir interrompre mes élucubrations nocturnes; mais un repos d'esprit relatif m'ayant rendu la santé sans altérer cette faculté définitivement acquise de m'observer parfois en rêvant, et vingt années s'étant écoulées depuis sans que je l'aie jamais perdue, il faut admettre, ce me semble, que j'avais simplement éprouvé, au moral, ce qu'éprouvent, au physique, ceux qui développent par une gymnastique violente les si grandes ressources du corps humain: au lieu d'une courbature des membres, c'était une fatigue momentanée de l'esprit que j'avais ressentie. Or, si je suis porté à croire qu'il y aurait des organisations rebelles aux habitudes psychiques que j'ai contractées, comme il en est aussi d'incompatibles avec les exercices du trapèze et du tremplin, je n'en demeure pas moins aussi très persuadé qu'en s'y prenant, ainsi que je l'ai fait, dès l'âge où la nature se prête si complaisamment à tout ce qu'on exige d'elle, bon nombre de personnes arriveraient à maîtriser comme moi les illusions de leurs songes, résultat inattendu sans doute, mais non point morbide ni anormal.

J'ai dit que par raison de santé j'avais dû interrompre, momentanément du moins, l'étude de mon propre sommeil. J'y revins peu à peu, sans excès et désormais sans fatigue. Quelques découvertes m'enthousiasmèrent. Mon ambition n'eut plus de bornes; je ne conçus rien moins que le projet de donner une théorie complète du sommeil et des songes. Une telle perspective me faisait redoubler d'efforts. Mais à mesure que j'avançai dans la connaissance de mon sujet, à mesure que je pénétrai dans cet effrayant dédale, je vis les difficultés grandir et se compliquer démesurément. L'élucidation de certains phénomènes dont j'étais parvenu à saisir, sinon toujours la cause première, du moins la marche et le développement, quelques rapides éclairs à la lueur desquels j'entrevoyais par instant la profondeur de ces régions inconnues ne servirent qu'à me faire sentir avec plus de force combien je demeurerais au-dessous de la tâche que je n'avais pas craint d'affronter. Mon impuissance à ériger un système m'apparut alors si complète, l'embarras même de coordonner les matériaux que j'avais recueillis me sembla si lourd que le découragement succéda tout à coup à l'ardeur première; et, absorbé par d'autres études, je laissai reposer celle-là.

Il m'eût été malaisé cependant de n'y plus penser; conservant toujours, dans la plupart de mes rêves, la conscience de mon état d'homme endormi, je revenais souvent instinctivement aux préoccupations qui m'avaient captivé durant plusieurs années. Un phénomène nouveau se révélait-il à mon esprit, une occasion s'offrait-elle fortuitement d'atteindre une solution longtemps cherchée, je ne résistais pas au plaisir d'y donner mon attention tout entière; et, bien qu'ayant renoncé véritablement à bâtir, je ne laissais pas cependant que de recueillir encore des matériaux.

Lorsqu'en 1855, la section de philosophie de l'Académie des Sciences morales et politiques vint à donner pour sujet de concours la théorie du sommeil et des songes, question qui semblait oubliée depuis longtemps, des amis, à qui j'avais communiqué déjà plusieurs fragments de mes recherches, m'engagèrent vivement à me placer au nombre des concurrents; mais indépendamment de ce qu'il m'eût été très difficile, à mon point de vue, d'accepter le programme tel qu'il était tracé[2],

---

[2] Le sujet mis au concours était ainsi exposé:
«Du sommeil au point de vue psychologique.
«Quelles sont les facultés de l'âme qui subsistent ou qui sont suspendues, ou considérablement modifiées dans le sommeil?
«Quelle différence essentielle y a-t-il entre rêver et penser?
«Les concurrents comprendront dans leurs recherches le somnambulisme et ses différentes espèces.
«Dans le somnambulisme naturel y a-t-il conscience et identité personnelle?
«Le somnambulisme artificiel est-il un fait?

j'eusse été toujours arrêté, comme je l'ai déjà exposé, par l'impossibilité d'esquisser le plan complet d'un édifice dont quelques parties seulement se dessinaient clairement à mon esprit.

J'attendis toutefois avec impatience la publication du mémoire couronné. Je le lus avec avidité, et ce fut un mélange de regrets et de satisfaction pour moi que d'y trouver plusieurs faits expliqués comme je les avais compris moi-même, décrits d'ailleurs plus éloquemment que je n'aurais pu le tenter. Mais il me sembla reconnaître que M. Lemoine avait eu précisément à lutter contre ce grand obstacle qui m'avait effrayé; à savoir, l'obligation d'accommoder son sujet aux exigences d'un cadre fourni d'avance. A côté de morceaux d'un bonheur extrême, il en est où les hésitations de la plume indiquent assez que l'auteur eût préféré ne pas les écrire.

En faisant plus loin l'historique des opinions professées à différentes époques touchant le sommeil et les rêves, j'analyserai cet ouvrage ainsi que deux publications plus récentes de M. Alfred Maury et de M. le docteur Macario; mais je dois manifester, dès le début, que je regrette d'y voir disserter si souvent, sur les afflux du sang, sur les fluides vitaux, sur les fibres cérébrales, etc., etc., considérations renouvelées de l'ancienne école qui n'expliquent, à mon sens, absolument rien. Nous connaissons trop peu les liens mystérieux qui unissent l'âme à la matière pour que l'anatomie soit notre guide dans ce que la psychologic a de plus subtil.

En résumé, malgré tout ce qui s'est publié de savant et d'ingénieux sur ce sujet du sommeil et des rêves, agité depuis qu'il existe des livres, il reste encore pour l'observateur pratique un monde entier à conquérir. Edifier un travail d'ensemble était une entreprise au-dessus de mes forces; mais, semblable au voyageur qui supplée à son défaut de science par l'exactitude de ses aperçus, je puis apporter aussi mon contingent de notions nouvelles.

Je ne suivrai point d'autre méthode que celle d'exposer mes remarques et mes idées dans l'ordre où l'entraînement de la logique et de la discussion me paraîtra les appeler, de telle sorte que je ne m'imposerai aucune classification rigoureuse, et que je reviendrai sur les mêmes faits chaque fois qu'il y aura lieu de les envisager à un point de vue différent, ou d'en tirer quelque induction nouvelle. Je tâcherai de dire le plus nettement possible ce que j'ai senti, éprouvé, reconnu, ce que des expériences réitérées me font tenir pour certain, ou ce que je crois seulement avoir entrevu.

Enfin, selon les termes d'une comparaison dont j'ai précédemment fait usage, je fournirai ma part de matériaux pour l'édifice à mettre en oeuvre, laissant à quelque architecte plus puissant le soin de les compléter et de bâtir.

«Si c'est un fait, l'étudier et le décrire dans ses phénomènes les moins contestables, reconnaître celles de nos facultés qui y sont engagées et essayer de donner de cet état de l'âme une théorie, selon les règles d'une saine méthode philosophique.

II

Le journal de mes rêves et les premiers résultats que j'en obtiens.— Je m'accoutume à me rappeler de mieux en mieux ce que j'ai rêvé, et j'arrive à la conviction qu'il n'est point de sommeil sans rêves.— J'acquiers ensuite l'habitude de savoir, en rêvant, que je rêve, et j'observe dans cet état les opérations de mon esprit.

J'ai dit que j'avais treize ans, lorsque je commençai à tenir très régulièrement le journal de mes rêves. Ce journal, qui forme vingt-deux cahiers remplis de figures coloriées, représente une série de mille neuf cent quarante-six nuits, c'est-à-dire de plus de cinq années. Avant d'entrer dans le détail des relations qu'il renferme et des éclaircissement qu'on en peut tirer, prenons d'abord quelques notes générales sur l'ensemble même de ces documents.

Durant les six premières semaines, on n'y rencontre guère de narration qui ne soit coupée de nombreuses lacunes. A chaque feuillet on sent des interruptions marquées, soit dans le songe, soit dans le souvenir que j'en ai gardé. Parfois même, une annotation succincte indique simplement que tel ou tel jour je ne me souviens absolument de rien.

Du troisième au cinquième mois, le manque de liaison devient de plus en plus rare, en même temps que l'abondance des récits va toujours croissant. La dernière mention d'un sommeil dont les rêves n'aient point laissé de trace correspond enfin à la cent soixante-dix-neuvième nuit.

Faudrait-il conclure de ce dernier fait que je rêvais dès lors bien davantage, et que cette habitude même de me préoccuper de mes rêves durant la veille avait augmenté sensiblement chez moi les dispositions à rêver? La faculté de penser s'accroît par l'exercice qu'on en fait; il n'est donc pas invraisemblable que le même principe s'étende à la faculté de rêver davantage dans le sens d'avoir des rêves plus animés et plus variés; mais de nombreux passages de mon journal, écrits à une époque où j'étais loin d'avoir encore aucune opinion arrêtée, me prouvent que c'était surtout la facilité à me rappeler mes rêves qui, sous l'influence de l'habitude, allait augmentant de jour en jour, ou, pour mieux dire, de nuit en nuit. En recherchant les souvenirs de la dernière nuit écoulée, il m'arrivait parfois de retrouver tout à coup la chaîne et les incidents d'un rêve antérieur précédemment oublié. Je constatais alors que la mémoire seule m'avait fait défaut, quand j'avais cru pouvoir accuser une interruption dans mes songes. Cette opinion, qui, chez moi, devait devenir plus tard une conviction profonde, à savoir que la pensée ne s'éteint jamais d'une manière absolue, non plus que le sang ne cesse jamais absolument de circuler, j'en avais déjà le germe intuitif, en écrivant des phrases telles que celles-ci:

«14 juin — Cette nuit, je n'ai rien rêvé, ou plutôt je ne me souviens de rien; car il me paraît impossible que j'aie passé une nuit sans rêves.

«28 juin. — Rien, absolument rien; j'ai beau me creuser la tête, *je ne puis me rappeler ce que j'ai rêvé cette nuit.*

«7 juillet. — (Après avoir détaillé quelques particularités d'un songe de la nuit): Ceci me rappelle à l'instant le rêve du jeudi de l'autre semaine, dont je ne m'étais pas souvenu du tout à mon réveil. J'étais aussi en bateau. ... etc. (Suit le récit du rêve, et, à la fin:) Ce n'est pas la première fois que je me rappelle seulement après plusieurs jours des fragments de songes dont je ne m'étais pas souvenu le jour même; mais c'est la première fois qu'il m'arrive de m'en rappeler un tout entier et si longtemps après. Cela m'étonne, parce que j'avais remarqué au contraire plusieurs fois que, pour se bien souvenir des détails d'un rêve, il fallait les noter aussitôt en se réveillant, avant d'avoir pensé à autre chose.»

Cette dernière réflexion sera plus loin le sujet de quelques observations spéciales. Quant à présent, je me borne à signaler que six mois d'une attention suivie et d'un exercice journalier avaient suffi pour accoutumer mon esprit à conserver toujours, au moment du réveil, le souvenir des rêves de la nuit.

Depuis cette époque, et pendant plus de vingt ans, il ne m'est pas arrivé une seule fois d'interroger ma mémoire au réveil, non-seulement sans qu'elle ne me fournisse aussitôt la notion d'un songe, mais encore sans qu'elle ne m'en reproduise aussitôt toutes les circonstances principales.

Nos occupations et nos préoccupations habituelles exercent une grande influence sur la nature de nos rêves, qui sont généralement comme un reflet de notre existence réelle. C'est là une vérité qui touche à la banalité de fort près, et que je croirais inutile de consigner si ce n'était justement à sa conséquence immédiate que j'ai dû cette facilité de m'observer moi-même, origine des observations que je publie aujourd'hui. L'habitude de penser durant le jour à mes rêves, de les analyser et de les décrire eut pour résultat de faire entrer ces éléments de ma vie intellectuelle ordinaire dans l'ensemble des réminiscences qui pouvaient se présenter à mon esprit durant le sommeil. Il m'arriva donc une nuit de rêver que j'écrivais mes songes, et que j'en relatais de très singuliers. Mon regret fut extrême au réveil de n'avoir pas eu conscience en dormant de cette situation exceptionnelle. Quelle belle occasion perdue! me disais-je; que de détails intéressants j'aurais pu recueillir! Cette idée me poursuivit plusieurs jours et, par cela même qu'elle assiégeait mon esprit, le même songe ne tarda guère à se reproduire, avec cette modification toutefois que, les idées accessoires ralliant désormais l'idée principale, j'eus parfaitement le sentiment que je rêvais, et je pus fixer mon attention sur les particularités qui m'intéressaient davantage, de manière à en conserver en m'éveillant un souvenir plus net et mieux arrêté. Ce nouveau mode d'observation prit peu à peu une extension très grande. Il devenait la source d'investigations précieuses, à mesure que je commençais à entrevoir dans ces études autre chose qu'un puéril passe-temps.

Le premier rêve où j'eus, en dormant, ce sentiment de ma situation réelle se place à la deux cent septième nuit de mon journal; le second, à la deux cent quatorzième. Six mois plus tard, le même fait se reproduit deux fois sur cinq nuits, en moyenne. Au bout d'un an, trois fois sur quatre. Après quinze mois, enfin, sa manifestation est presque quotidienne, et, depuis cette époque, déjà si éloignée, je peux attester qu'il ne m'arrive guère de m'abandonner aux illusions d'un songe sans retrouver, du moins par intervalles, le sentiment de la réalité.

III

Les visions que nous avons en songe peuvent se définir: la représentation aux yeux de notre esprit des objets qui occupent notre pensée.—*Nihil est in visionibus somniorum quod non prius fuerit in visu.* — Les clichés-souvenirs. — Différence entre rêver et penser. — Pourquoi nous avons tantôt des visions d'une netteté parfaite, et tantôt des visions confuses.— Premier examen de quelques opinions matérialistes. — Un rêve de fleuriste et un rêve de mendiant. — Sur les monuments d'architecture et sur les ouvrages d'art qui nous apparaissent en rêve. — Relation d'un rêve assez remarquable et conséquences à en tirer.

Les visions que nous avons en songe peuvent se définir, je crois: *la représentation aux yeux de notre esprit des objets qui occupent notre pensée.*

Notre mémoire, pour me servir d'une comparaison empruntée aux découvertes de la science moderne, est comme la glace recouverte de collodion, qui garde instantanément l'impression des images projetées sur elle par l'objectif de la chambre noire. — L'instrument était-il bien au point? l'image a-t-elle été bien nettement projetée? le cliché fournira des images claires et précises, chaque fois qu'on lui en voudra demander. L'image, au contraire, a-t-elle été perçue vaguement, en des conditions défavorables de lumière, de distance, d'impressionnabilité; ou bien a-t-elle passé trop rapidement pour qu'il en puisse demeurer une trace bien marquée? on n'obtiendra du cliché que de vagues silhouettes, des ombres indécises, et des traits confus.

La mémoire a d'ailleurs sur l'appareil photographique cette merveilleuse supériorité qu'ont les forces de la nature de renouveler elles-mêmes leurs moyens d'action. Sa glace est toujours prête à retenir (avec le plus ou moins de netteté qui résulte du temps et des circonstances) tout ce qui vient à s'y réfléchir. Pour chacun de nous il en est, enfin, de ces immenses casiers, où tant de souvenirs s'accumulent, comme il en est pour le photographe des armoires profondes où s'amoncèle la collection de ses clichés. Il est tel de ces clichés que vous pourriez montrer parfois à l'opérateur lui-même sans qu'il le reconnaisse, ni qu'il s'en souvienne, alors qu'un laps de plusieurs années en a fait passer des milliers d'autres sous ses yeux. Combien il nous serait plus difficile encore de connaître tout ce que peuvent renfermer les insondables profondeurs de la mémoire où les *clichés-souvenirs* s'emmagasinent à l'infini, à tous les instants de notre vie, et la plupart du temps à notre insu. Autre chose est posséder, autre chose est savoir que l'on possède. Autre chose est se souvenir, autre chose est savoir que l'on se souvient.

Ayant ainsi indiqué comment s'opère, selon moi, la formation de ce que j'ai appelé le *cliché-souvenir*, je poserai dès à présent trois propositions, qui sont comme le résumé de ce qui précède:

1° Le plus ou moins de netteté des images que nous voyons en songe dépend, le plus souvent, de la perfection plus ou moins grande avec laquelle le *cliché-souvenir* s'est originairement formé[3].

2° Lorsque nous croyons apercevoir en songe des personnages ou des choses dont nos yeux n'auraient eu jusqu'alors *aucune notion*, cela tient uniquement à ce que nous avons perdu le souvenir direct des circonstances qui présidèrent à la formation des *clichés-souvenirs* auxquels ces visions sont dues, ou que nous ne reconnaissons pas le type primitif sous une forme modifiée par le travail de l'imagination.

Nous sommes, à leur égard, dans la situation de l'homme qui possède sans s'en douter, mais, en modifiant un axiome célèbre, on pourrait dire:

Nihil est in visionibus somniorum quod non priùs fuerit in visu.

3° La nature des *clichés-souvenirs*, dont notre mémoire s'approvisionne, exercera sur nos rêves une influence énorme. Les relations habituelles, le milieu dans lequel on vit, les spectacles de toute sorte auxquels on assiste, les peintures, les albums que l'on regarde, et jusqu'aux lectures que l'on fait sont autant d'occasions pour la mémoire de multiplier indéfiniment ses *clichés-souvenirs.* Ce qui n'était que l'oeuvre d'un artiste prendra bien souvent en songe le corps et les apparences d'une réalité; de telle façon qu'alors, à proprement parler, nous rêverons en effet à des personnages imaginaires; mais n'est-ce point encore exactement ce qui s'opère dans la vie réelle, quand nous laissons courir l'imagination à la recherche de quelque conception relativement nouvelle? Qu'est-ce que créer pour l'homme? Qu'est-ce qu'inventer, en peinture, en littérature, en poésie? N'est-ce point combiner et réunir dans un nouvel ensemble les divers moyens de séduction dont les éléments nous sont fournis par notre mémoire, c'est-à-dire par nos *clichés-souvenirs?*

Entre *penser* et *rêver*, cette énorme différence existe toutefois, que l'éclat du jour et du monde ambiant, dans la vie réelle, ne permet jamais à nos simples conceptions de revêtir une forme nette et certaine[4], tandis que, dans le rêve, quand les volets sont fermés à la lumière du dehors, il n'est point de pensée relative à un objet réel qui ne soit accompagnée de son image solidaire, tout ce que nous imaginons se montrant aussitôt avec le plus ou moins de netteté que comportent les *clichés-souvenirs.*

Mais comment s'établit en rêve le cours des idées? Par quelles causes la pensée est-elle déterminée à se porter sur tels ou tels objets? Nous allons

[3] Ceci devant s'entendre des rêves *lucides*, et non de ceux où l'imperfection des images tient à l'imperfection du sommeil. C'est une observation qui sera toujours sous-entendue.

[4] Excepté dans l'*hallucination* proprement dite, que je considère comme le songe d'un homme éveillé.

l'examiner tout à l'heure, après que nous aurons épuisé quelques préliminaires obligés.

Voyons d'abord, à l'appui des trois propositions qui précèdent, quels exemples mon journal pourra me fournir:

Ma première remarque s'appliquait à un fait que chacun a pu constater maintes fois, à savoir, que s'il est des visions d'une netteté parfaite, il en est d'autres, et en grand nombre, qui semblent confuses, indécises, et comme enveloppées de brouillard. Quand c'est tout l'ensemble du rêve qui se montre ou nébuleux ou vivement dessiné, la cause en est fort souvent dans le plus ou moins d'intensité du sommeil, ce qui s'explique très aisément; mais lorsqu'à côté d'une vision claire, une autre vient se placer vague et obscure, quelle en est la raison?

Les théoriciens qui savent trouver dans le système nerveux l'explication de toute chose, ne seront assurément pas embarrassés pour vous répondre. Ils vous diront que cela tient à ce que la racine de la fibre cérébrale, qui vous transmettait la figure confuse, n'était pas aussi fortement ébranlée que la racine d'une autre fibre, qui a évoqué des contours précis; et tant pis pour vous si vous n'êtes pas complètement satisfait d'une explication aussi heureuse. Pour moi, je réponds humblement: j'ignore ce qui se passe à la racine de mes fibres cérébrales, mais voici ce qui s'est passé dans le domaine ouvert à mes appréciations plus modestes:

Vis-à-vis de mes fenêtres était un atelier de fleuristes. L'une d'elles me causait beaucoup de distractions, au temps où j'écrivais mes songes; mes yeux quittaient bien souvent Tacite pour se tourner de son côté; et cependant l'imagination jouait un grand rôle dans cette admiration contemplative, car une cour et un jardin séparaient notre maison de celle qu'elle habitait, et quelque pénétrants que fussent mes regards, je ne parvenais à saisir qu'un gracieux ensemble dont les traits demeuraient toujours un peu indécis. Cette préoccupation attrayante ne pouvait manquer, on le pense bien, de se reproduire quelquefois dans mes rêves. J'en trouve huit, durant la troisième année de mes annotations journalières, où l'intervention de ma voisine est mentionnée au milieu d'incidents très variés. Deux fois je l'aperçois seulement de mes fenêtres, comme il advenait chaque jour en réalité; d'autres fois je me crois transporté dans l'atelier où elle travaille; je la rencontre à sa porte; je me figure qu'elle est à la campagne chez mes parents; je cause avec elle, je la vois enfin de très près. Partout où il est question d'elle, mon journal consigne invariablement le regret que j'ai ressenti de n'avoir pu nettement distinguer sa physionomie, qu'une gaze importune ou qu'une ombre légère semblait toujours voiler à demi.

Ailleurs, dans ce même journal de mes songes, l'image d'un vieux mendiant d'une figure étrange, qui nous avait demandé l'aumône *un soir* avec des paroles bizarres, est signalée comme m'étant réapparue trois fois, non sans m'impressionner assez vivement. Les songes au milieu desquels il se montre sont des plus clairs et des plus minutieusement perçus. Cependant la figure du vieux bohémien ne sort jamais de la demi-teinte. Le *cliché-souvenir*, demeuré confus dès son principe, ne saurait fournir une image plus nette qu'il ne le comporte, et, fût-elle appelée par l'association des idées à se produire parmi plusieurs autres d'une netteté parfaite, cette image essentiellement indécise ne ferait que mieux ressortir le contraste, si commun dans les rêves, de tableaux pleins d'une vigueur extrême à côté d'autres à peine esquissés.

Ces deux exemples auront suffi pour caractériser cette première remarque, appuyée d'ailleurs dans mes notes par une infinité d'autres observations.

Je passe à la seconde proposition, qui n'est pas la moins importante à bien établir, celle où j'avance que toutes les images de nos songes émanent des clichés recueillis dans la vie réelle. Comme elle se lie intimement à la troisième proposition relative à la façon dont notre mémoire se meuble, je vais donner quelques exemples qui pourront s'appliquer à toutes les deux.

Parmi les lecteurs qui me feront l'honneur de parcourir ce livre, ne s'en rencontrera-t-il point qui se soient demandé parfois comment, n'étant ni architectes, ni sculpteurs, ni peintres, ils ont pu entrevoir, dans leurs rêves, des édifices d'un style remarquable, des peintures ou des statues d'une perfection rare, conçus, en apparence du moins, par la seule force de leur imagination. Ce fait qu'un homme qui ne saurait, dans l'état de veille, crayonner le moindre bonhomme ni esquisser une simple maisonnette, deviendrait tout à coup, par la seule vertu du sommeil, capable d'inventer des palais splendides et de composer des tableaux de maître serait un fait capital, un fait exorbitant, qu'on veuille bien y faire attention. Je m'étonne même extrêmement de ne le voir examiné par aucun des auteurs dont les écrits sur le sommeil et les songes me sont tombés sous les yeux. Néanmoins ce fait primordial ne pouvant, je crois, être contesté, que l'on aperçoive de temps en temps, dans le panorama des songes, des monuments et des ouvrages d'art d'une conception fort au-dessus des facultés ordinaires d'invention du songeur, et dont il lui semble cependant n'avoir eu jusqu'alors aucune idée, la logique nous conduit à cet inévitable dilemme, ou d'accorder une puissance vraiment surnaturelle à l'imagination de l'homme endormi, ou de reconnaître qu'il devait posséder à son insu déjà, dans les arcanes de sa mémoire, tous les *clichés-souvenirs* capables de fournir ces remarquables visions.

Poser une telle question c'est la résoudre. Le surnaturel ne peut jouer aucun rôle dans un recueil d'observations pratiques comme celui-ci. Voyons donc ce que nous dira l'expérience, à l'appui de la réponse qu'on s'est déjà faite?

Les nombreux dessins coloriés du journal de mes rêves m'ont permis plusieurs fois de retrouver, après un laps de temps assez considérable, le type originaire de certaines visions dues au souvenir de quelque gravure, de quelque site ou de quelque passant. Dans une visite à la campagne, chez un parent que nous allions voir de loin en loin, je reconnus une fois, appendue aux murs d'un corridor, une vieille caricature sur laquelle semblaient calqués les traits et l'accoutrement d'une sorte de fantôme qui m'était apparu en songe deux ans auparavant. Plus d'une année s'était écoulée entre l'époque où j'avais dû jeter un coup d'oeil sur cette caricature, et celle où l'impression que j'en avais évidemment conservée s'était ravivée durant mon sommeil. Le souvenir en paraissait pourtant dès lors bien effacé, puisque j'avais pu dessiner et colorier le fantôme de mon rêve, sans me douter que rien de semblable eût jamais passé devant mes yeux.

Un fait plus extraordinaire, et qui pourrait presque s'appeler une aventure, devait me frapper quelques mois plus tard. J'étais entré désormais dans une période où je ne rêvais guère sans en avoir parfaitement la conscience[5]. Je fis un songe très clair, très suivi, très précis, pendant lequel je me figurais être à Bruxelles (où je n'étais jamais allé). Je me promenais tranquillement, parcourant une rue des plus vivantes, bordée de nombreuses boutiques dont les enseignes bigarrées allongeaient leurs grands bras au-dessus des passants. «Voici qui est bien singulier;» me disais-je, «il n'est vraiment pas présumable que mon imagination invente absolument tant de détails. Supposer comme les Orientaux que l'esprit voyage tout seul, tandis que le corps sommeille, ne me semble pas davantage une hypothèse à laquelle on puisse s'arrêter. Et cependant je n'ai jamais visité Bruxelles, et cependant voilà bien en perspective cette fameuse église de Sainte-Gudule que je connais pour en avoir vu des gravures. Cette rue, je n'ai nullement le sentiment de l'avoir jamais parcourue, dans quelque ville que ce soit. Si ma mémoire peut garder, à l'insu même de mon esprit, des impressions si minutieuses, le fait mérite d'être constaté; il y aura là très certainement le sujet d'une vérification curieuse. L'essentiel est d'opérer sur des données bien positives, et par conséquent de bien observer.» Aussitôt je me mis à examiner l'une des boutiques avec une attention extrême, de telle sorte que, si je venais un jour à la reconnaître, le moindre doute ne pût me rester. Ce fut celle d'un bonnetier, devant laquelle je me figurais être, qui devint le point de mire des yeux de mon esprit ouverts sur ce monde imaginaire. J'y remarquai d'abord, pour enseigne, deux bas croisés, l'un rouge et l'autre blanc, faisant saillie sur la rue, et surmontés en guise de couronne d'un énorme bonnet de coton rayé. Je lus plusieurs fois le nom du marchand afin de le bien retenir; je remarquai le numéro de la maison, ainsi que la forme ogivale d'une petite porte, ornée à son sommet d'un chiffre enlacé. Puis, je secouai le sommeil par ce violent effort de volonté qu'on peut toujours faire quand on a le sentiment d'être endormi, et, sans laisser le temps de s'effacer à ces impressions si vives, je me hâtai d'en consigner et d'en dessiner tous les détails avec un grand soin. Quelques mois plus tard, je devais avoir l'occasion de visiter Bruxelles, et je

[5] Cette disposition de l'esprit augmente ou diminue suivant qu'on la met plus ou moins en pratique. Pendant la période de mes recherches quotidiennes sur le mouvement de mes rêves, c'était presque chaque nuit que j'en pouvais profiter. Aujourd'hui que je ne l'exerce plus que de loin en loin, la conscience de ma situation me revient en rêve à peu près une nuit sur deux. Si je m'y attache, pour analyser ou diriger les illusions du songe, je puis la retenir assez longtemps. Si je la laisse passer au contraire comme une idée fugitive, je puis la perdre, sauf à la retrouver et à la reperdre encore peut-être par éclairs. Mais une fois le principe même de cette disposition acquis, je crois pouvoir affirmer, par mon expérience et par celle de plusieurs autres personnes, qu'on ne le perd jamais tout à fait, et qu'on lui redonne une grande extension dès qu'on veut l'exercer.

n'épargnerais aucune peine pour éclaircir un fait qui, de prime-abord, sans que je m'en pusse défendre, m'inspirait les plus fantastiques suppositions. J'attendis l'époque où ma famille devait se rendre en Belgique avec une indicible impatience. Elle arriva. Je courus à l'église de Sainte-Gudule qui me parut une vieille connaissance; mais, quand je cherchai la rue des enseignes multiformes et de la boutique rêvée, je ne vis rien, absolument rien qui s'en rapprochât. En vain je parcourus méthodiquement tous les quartiers marchands de cette ville coquette; il fallut reconnaître l'inutilité de mes recherches et me résigner à y renoncer. A dire vrai, j'aurais été plus effrayé qu'enchanté d'une réussite inespérée, qui m'eût jeté nécessairement dans les régions de la fantaisie et du merveilleux. Je savais désormais que je n'avais à faire qu'à un phénomène psychologique probablement explicable; et, sans prévoir s'il me serait jamais donné d'en saisir l'explication précise, je reprenais avec plus de calme l'analyse consciencieuse des phénomènes accessibles à l'investigation humaine.

Plusieurs années s'écoulèrent. J'avais presque oublié cet épisode de mes préoccupations d'adolescent, lorsque je fus appelé à parcourir diverses parties de l'Allemagne, où j'étais allé déjà durant mes plus jeunes ans. Je me trouvais donc à Francfort, fumant tranquillement une cigarette après mon déjeuner, marchant devant moi sans m'être tracé aucun itinéraire. J'entrai dans la rue *Judengasse*, et tout un ensemble d'indéfinissables réminiscences commença vaguement à s'emparer de mon esprit. Je m'efforçais de découvrir la cause de cette impression singulière; tout à coup je me rappelai le but de mes inutiles promenades à travers Bruxelles. Sainte-Gudule assurément ne se montrait plus en perspective; mais c'était bien la rue dessinée dans le journal de mes rêves; c'étaient bien les mêmes enseignes capricieuses, le même public, le même mouvement qui m'avaient jadis si vivement frappé pendant mon sommeil. Une maison, je l'ai dit, avait été surtout de ma part l'objet d'un examen minutieux. Son aspect et son numéro s'étaient fortement gravés dans ma mémoire. Je courus donc à sa recherche, non sans une émotion véritable. Allais-je rencontrer une déception nouvelle, ou bien au contraire saisir le dernier mot de l'un des problèmes les plus intéressants que je me fusse posé? Qu'on juge de mon étonnement, et tout à la fois de ma joie, quand je me vis en face d'une maison si exactement pareille à celle de mon ancien rêve, qu'il me semblait presque avoir fait un retour de six ans en arrière et ne m'être point encore éveillé. A Paris, j'aurais eu bien des chances pour ne plus retrouver ni cette porte caractéristique, ni son vieux couronnement, ni l'enseigne traditionnelle avec l'immuable nom du commerçant. Mais à Francfort, où la fièvre des démolitions était loin, fort heureusement, d'avoir exercé les mêmes ravages, j'avais la satisfaction de voir confirmée l'opinion que depuis si longtemps je m'étais faite, et de la formation des *clichés-souvenirs,* à l'insu même de celui qui les recueille, et de la netteté des images que ces clichés peuvent reproduire, en songe, devant les yeux de notre esprit.

Evidemment j'avais parcouru déjà cette rue la première fois que j'étais allé à Francfort, c'est-à-dire trois ou quatre ans avant l'époque de mon rêve, et, sans que je m'en doutasse, sans que je puisse expliquer de quelles dispositions particulières cela dépendît, tous les objets exposés à ma vue se photographièrent instantanément dans ma mémoire avec une admirable précision. Mon attention cependant, suivant l'acception qu'on donne habituellement à ce mot, devait rester étrangère au travail mystérieux qui s'opérait spontanément, puisque je n'en avais pas même gardé le moindre souvenir sensible. Il y a là matière à réflexion sérieuse, pour quiconque voudra sonder les forces secrètes de l'entendement humain.

Une question toutefois reste encore. Pourquoi cette complication de l'église de Sainte-Gudule? Pourquoi ce monument que vous n'aviez jamais vu à l'époque de votre rêve s'est-il trouvé soudé à vos souvenirs de Francfort? En m'appuyant à cet égard sur une infinité d'observations analogues, je répondrai sans hésiter:

La première chose à examiner, ce serait le lien qui a pu s'établir, par l'association des idées entre la fameuse église de Bruxelles, dont je connaissais l'aspect par des gravures, et cette rue de Francfort, l'un de mes vivants souvenirs. Peut-être le trait d'union se découvrirait-il, sur quelque gravure même, dans la représentation de deux grandes enseignes qui ornent la façade des maisons voisines de l'église et qui offrent beaucoup d'analogie avec celles dont la rue de Francfort est bordée. Mais ce n'est là qu'un détail d'une minime importance, dominé par des principes que je dois m'attacher d'abord à bien établir. Ces principes admis, l'apparition simultanée de l'église de Bruxelles et de la rue de Francfort demeure un phénomène des plus simples. Une première idée en ayant appelé une seconde, les images correspondantes se sont aussitôt montrées, mariant dans un même tableau d'ensemble deux souvenirs subitement unis.

Voyons donc, sommairement d'abord, comment s'opère en songe la marche des idées, comment elles s'associent et se combinent, quelles sont enfin les premières bases sur lesquelles nos raisonnements pourront s'appuyer.

IV

De l'association et de l'enchaînement des idées; de la superposition des images; des abstractions pures et des visions monstrueuses qui en procèdent.— Comment on passe de la veille au sommeil. — Comment se forment les premiers songes. — Explication de quelques rêves incohérents et bizarres. — Double principe auquel tous les événements du songe doivent nécessairement se rapporter. — Utilité de connaître l'opinion des auteurs anciens et modernes sur plusieurs questions controversées, avant de chercher nous-mêmes davantage à les éclaircir.

Ceux qui traitent des sciences philosophiques et psychologiques sont convenus d'entendre par *l'association des idées* cette affinité en vertu de laquelle les idées s'appellent les unes les autres, soit qu'il existe entre elles une parenté facile à reconnaître, soit que certaines particularités subtiles, certaines origines ou abstractions communes deviennent un lien mystérieux qui les unit. Je laisserai donc à cette expression sa valeur accoutumée, et rappelant ici des principes que j'ai posés plus haut, à savoir: 1° que les images du rêve sont uniquement la représentation aux yeux de l'esprit des objets qui occupent la pensée; 2° que l'image solidaire de chaque idée se présente aussitôt que cette idée surgit; je dirai: le panorama mouvant de nos visions correspondra exactement au défilé des idées sensibles; il y aura corrélation parfaite entre le mouvement déterminé par l'associations des idées, et l'évocation instantanée des images qui viendront successivement se peindre aux yeux de notre esprit.

La vision n'est donc que l'accessoire; le principal, c'est l'idée même. L'image du rêve est donc exactement à l'idée qui l'appelle ce que l'image de la lanterne magique est au verre éclairé qui la produit. Cette solidarité étant bien reconnue, cette distinction entre la cause et l'effet bien établie, c'est uniquement la marche, l'association et, si j'ose me servir de ce mot, la promiscuité occasionnelle des idées, en songe, qu'il faudra s'attacher à bien analyser, pour comprendre le tissu des rêves, et pour expliquer aussi tant de complications bizarres, tant de conceptions fantasques, tant d'incohérences apparentes, qui ne sont plus que des phénomènes parfaitement simples et parfaitement logiques, dès qu'on a pu saisir, à son origine, l'ordre très rationnel de leur développement.

A l'aide de mes observations personnelles j'essayerai plus loin d'éclairer quelques sentiers perdus de ce dédale; je désire toutefois rappeler d'abord ce que tout le monde a pu constater.

Durant l'état de veille, sous l'empire des préoccupations de la vie réelle, nous guidons nos idées dans la voie qu'il nous plaît de leur assigner, et cela sans leur permettre de vagabonder en s'échappant par les chemins de traverse. Nous avons cependant des instants de passivité morale, pendant lesquels nous faisons ce qu'on est convenu de nommer *rêvasser.* Cet état est un intermédiaire entre la veille et le songe. Chacun s'en est aperçu plus d'une fois en chemin de fer, alors que l'appel d'une station ou toute autre circonstance fortuite le rappelant brusquement au sentiment de la vie réelle, lui a fait surprendre à l'improviste les opérations de son propre esprit. Or les principales lois qui régissent, en songe, la marche spontanée des idées se manifesteront dans cette situation.

La dernière pensée qui m'ait préoccupé, avant de m'abandonner à cette rêvasserie, a été, je suppose, celle d'un ami dont j'avais reçu récemment des nouvelles, et qui voyage en Italie pour son plaisir. Sa lettre m'a rappelé un séjour à Rome que je fis moi-même, et le souvenir du Colisée s'est présenté tout aussitôt. Il m'était arrivé de rencontrer au Colisée un peintre de ma connaissance, homme excellent et de grand talent qu'une mort prématurée devait enlever peu de temps après. Je pense au jour où l'on vendit ses tableaux et ses toiles inachevées. Une esquisse me revient surtout en mémoire; elle représentait deux petits paysans bretons pleins de grâce et de vie, s'efforçant de manier, comme leurs grands frères, la bêche pesante et le bruyant fléau. Alors, je me reporte au temps où j'aimais, moi aussi, à m'emparer des outils et des arrosoirs de notre jardinier, bien lourds pour mes bras de dix années. Et me voilà perdu dans le flot confus des souvenirs d'enfance, qui m'entraînera bien loin à son tour.

Ajoutez les images, et cette rêvasserie sera le songe lui-même. Les images? mais n'avaient-elles point déjà commencé à se montrer plus ou moins précises, quand le bruit du train qui s'arrête m'a tout à coup tiré de ma somnolence ou de mon sommeil?

Un philosophe de Genève, Georges Le Sage, faillit, dit-on, devenir fou, en s'efforçant inutilement de surprendre dans son propre esprit la transition de la veille au sommeil, ou pour mieux dire au songe. Il avait dû lui arriver cependant d'éprouver, en poste ou en diligence, ce que je disais tout à l'heure avoir été observé en chemin de fer par chacun de nous. Son tort fut donc tout simplement de n'avoir pas compris que cette rêvasserie, c'était le songe lui-même à son début; et qu'en se torturant l'esprit par une préoccupation incessante, il arrêtait précisément ce cours naturel et spontané des idées, sans lequel le passage de la veille au sommeil ne peut s'accomplir.

A mesure que le corps s'engourdit, à mesure que la réalité s'oublie, l'esprit entrevoit de plus en plus distinctement les images sensibles des objets qui l'occupent. Si l'on pense à quelque personne ou à quelque site, le visage, les vêtements, les arbres ou les maisons qui font partie de ces images cessent peu à peu de n'être que des silhouettes confuses, pour se dessiner et se colorer de plus en plus nettement. Je demanderai même, entre parenthèses, à tous ceux qui connaissent les insomnies et qui attendent parfois le sommeil avec impatience, s'ils n'ont pas remarqué souvent que ce sommeil tant désiré est enfin bien proche, dès qu'ils commencent à distinguer des visions un peu nettes, dans leurs assoupissements momentanés. C'est que ces assoupissements avec visions claires étaient déjà des instants de sommeil véritable. La transition s'opère de la rêverie simple au rêve le plus lucide sans que pour cela l'enchaînement des idées soit aucunement interrompu.

Mais, pourra-t-on me demander, comment expliquerez-vous ces rêves incohérents, monstrueux, bizarres, informes, dont aucun type n'a pu se rencontrer dans la vie réelle, ni laisser par conséquent dans la mémoire son *cliché-souvenir*? Cet enchaînement d'idées tout naturel que nous constatons dans la rêvasserie, et que vous nous dites être le songe lui-même, n'en paraît contenir aucun élément.

A cela je répondrai d'abord que, toute simple qu'elle soit, cette rêvasserie de l'homme assoupi contient un premier germe d'incohérence, lequel résultera de la confusion de temps et de lieu. Le souvenir évoqué d'un événement, d'une personne ou d'une chose ayant fait impression sur nous à une époque quelconque de notre vie, entraîne avec lui, comme fond de tableau, l'image de la maison, du jardin, de la rue, du site en un mot, au milieu duquel l'impression s'est originairement produite. Tant qu'on ne fera que *penser*, ce tableau restera dans l'ombre, mais il se dessinera dès qu'il y aura rêvasserie profonde, et se montera tout à fait quand le sommeil sera complet. Or, il arrivera souvent que ce tableau ne s'effacera pas aussi vite que la pensée dont il fut solidaire, et, comme un décor de théâtre qui ne serait pas assez promptement changé pour le jeu de la scène, on le verra n'avoir plus aucun rapport de lieu ni d'époque avec les épisodes qui s'accomplissent devant lui. C'est ainsi que si je me crois premièrement en Suisse, où j'aperçois des chalets qui me rappellent celui de Jules Janin, à l'entrée du bois de Boulogne, et si le souvenir de Jules Janin me remet en mémoire quelque célèbre cantatrice que j'aurai rencontrée chez lui, j'imaginerai peut-être que j'entends chanter cette artiste au milieu des cascades ou des glaciers.

Ce qui a lieu pour ce fond de tableau se produira de même à l'égard d'un grand nombre d'accessoires, ou même de quelques images fortement accusées, qui occuperont encore l'esprit après que l'idée première aura disparu pour faire place à une autre. Je crois, par exemple, assister d'abord à une course de taureaux, où l'un des *toreros* est mortellement frappé par la bête furieuse; puis, grâce à l'association des idées, je me trouve transporté chez des amis de Normandie (où jadis aussi j'avais aperçu un taureau furieux). Je verrai peut-être encore, au milieu d'une scène très paisible, ce cadavre ensanglanté qui m'a trop vivement ému pour s'évanouir de ma pensée aussi rapidement que l'arène et les spectateurs.

Dans l'exemple que je viens de donner, il y a seulement incohérence pure et simple, rapprochement d'images sans corrélation apparente; mais sous l'influence des mêmes lois, il pourra se produire un autre phénomène remarquable dont j'ai constaté maintes fois les étonnantes conséquences, après qu'une heureuse observation m'en eut donné la clef. Une nouvelle comparaison tirée des effets de la lanterne magique sera, je crois, très propre à le définir.

Si vous vous avisez de faire passer un second verre dans la lanterne avant que le premier ne soit retiré, deux choses que voici pourront également advenir: ou bien les figures peintes sur les deux verres, se présentant à côté les unes des autres, formeront un ensemble hétérogène dans lequel Barbe-Bleue se trouvera face à face avec le Petit-Poucet; ou bien elles paraîtront juxtaposées, auquel cas Barbe-Bleue aura deux têtes disparates, quatre jambes, ou un bras menaçant qui lui sortira de l'oreille.

La première hypothèse nous montrera le cadavre du *torero*, étendu, sans que personne y fasse attention, au milieu d'une famille tranquille occupée à causer chasse et jardinage ou à prendre le thé. La seconde enfantera les anomalies les plus variées, dont je donnerai plus loin quelques exemples, mais dont chacun trouvera dans sa propre expérience des exemples bien autrement nombreux. A l'égard des combinaisons de ce genre, on sera vis-à-vis de l'infini.

Deux idées, avec leurs images, pourront parfois aussi se présenter, pour ainsi dire, de front, appelées en même temps par l'enchaînement des souvenirs. Ce serait alors comme si l'on passait deux verres à la fois devant l'objectif de la lanterne. Combinaison presque identique; identité de résultat. Je songe, par exemple, aux sphinx rapportés de Sébastopol, qui ornent la grille des Tuileries. L'association des idées évoque immédiatement et simultanément l'image de l'un de mes amis tué à la guerre de Crimée, et le tableau des ruines de Memphis où d'autres sphinx sont figurés. J'aperçois aussitôt cet ami défunt depuis plusieurs années, et je crois le voir en Egypte visitant avec moi ces vestiges d'une grandiose antiquité.

Une autre cause de monstruosité et de bizarrerie dans nos songes, qui n'est ni la moins curieuse ni la moins fréquente, et qui produit, en fait d'incohérence, les résultats les plus inconcevables au premier abord, c'est une disposition qu'a notre esprit, durant le sommeil, de procéder souvent par *abstraction*, quant à sa manière d'envisager les divers sujets dont le souvenir est évoqué.

Il reporte alors d'un sujet sur un autre quelque qualité ou quelque manière d'être qu'il a saisie de préférence. Si la maigreur d'un cheval étique le frappe particulièrement dans l'attelage d'une pauvre carriole qu'il aperçoit en rêve, et si cette carriole le fait songer à quelque métayer pourvu d'un attelage à peu près semblable, il reportera peut-être l'idée abstraite de maigreur et de dépérissement sur ce métayer qui surgit à son tour au milieu du songe, et il le verra prêt à rendre l'âme. Ou bien, au contraire, si c'est l'idée de l'*attellement* qui l'a préoccupé davantage, il verra le métayer lui-même sous le harnais, sans en éprouver le moindre étonnement.

Parfois enfin, l'évocation successive des réminiscences s'enchaîne uniquement par des similitudes de formes sensibles, ce qui est d'ailleurs une sorte d'abstraction capable d'enfanter les composés les plus étranges. Sans l'appliquer aux songes, Granville avait eu le sentiment de ces mutations capricieuses, quand son crayon nous montrait une série graduée de silhouettes commençant par celle d'une danseuse et finissant par celle d'une bobine aux mouvements furieux.

Ce dernier phénomène a lieu surtout durant les instants de grande passivité morale, alors que l'âme, recueillie comme au fond d'une tribune, semble considérer avec distraction la série des images plus ou moins nettes qui défilent devant elle.

On voit que selon la manière dont elle se produit et se combine, la seule évocation des souvenirs emmagasinés dans les arcanes de la mémoire suffit pour amener les rêves en apparence les plus étonnants. Encore n'ai-je parlé jusqu'ici que du rêve où les idées s'enchaînent et se déroulent d'elles-mêmes, sans qu'aucune cause physique, interne ni externe, n'en vienne compliquer, interrompre ou modifier le cours; éventualité qui se présentera rarement, tant seront fréquents au contraire les petits accidents de toute sorte, qui surgissant les uns en dehors de nous-mêmes (bruits, chaleur, contact, etc.), les autres dans notre propre organisme (oppression, mouvements nerveux, etc.), réveilleront aussitôt des idées en rapport avec les impressions auxquelles elles furent originairement liées, et ne manqueront point de jeter ainsi à la traverse du rêve préexistant tout le contingent des images solidaires de ces idées nouvelles, sauf à laisser l'esprit se débrouiller comme il le pourra de cet amalgame hétérogène. Que de complications, que de superpositions, que d'anomalies on doit s'attendre à rencontrer dès lors sans en être surpris!

Ce fait, qu'il établit souvent chez l'homme endormi une corrélation immédiate entre les impressions que subit le corps et les idées qui forment le rêve, est si universellement reconnu que je ne crois pas devoir m'arrêter à le démontrer. Ce qui demeure à étudier, c'est l'action variée de ces diverses impressions sur la trame de nos rêves, et j'estime, qu'en fait de songe naturel, il n'en est point de si bizarre ni de si complexe qui ne procède de l'un ou de l'autre de ces deux phénomènes, ou bien de ces deux phénomènes réunis:

1° Déroulement naturel et spontané d'une chaîne continue de réminiscences;

2° Intervention subite d'une idée étrangère à celles qui formaient la chaîne, par suite de quelque cause physique accidentelle.

Une analyse plus approfondie des opérations de l'esprit en rêve, des observations multiples, des expériences concluantes devront maintenant développer, démontrer, prouver ce qui vient d'être exposé succinctement; et nous aurons à voir aussi comment un troisième élément peut concourir à la formation des rêves, lequel, à son tour, procédera de l'action de la volonté prolongée durant le sommeil. Mais avant d'entrer dans ces nouveaux développements, il sera bon, je crois, de jeter un rapide coup d'oeil sur l'histoire de la science onéirocritique elle-même, et d'examiner les opinions professées à diverses époques par les chefs d'écoles et les écrivains les plus en renom. Le lecteur sera mieux préparé pour juger les questions qui lui seront soumises ensuite, et pour peser la valeur relative des points les plus importants à bien éclaircir.

DEUXIEME PARTIE

OU TOUT EN RAPPORTANT LES OPINIONS DES AUTRES L'AUTEUR CONTINUE D'EXPOSER LES SIENNES

I

Les anciens: Egyptiens; chaldéens; Hébreux; Arabes; Orientaux; Grecs; Romains. — L'incubation. — L'étymologie du mot dormir.— Les livres d'Artemidore. — Hippocrate et ses idées sur les rêves. — Pourquoi les pères de l'Eglise défendirent l'interprétation des songes. — Secrets que les prêtres païens ont dû posséder. — Ce qu'il faut penser, en résumé, de la science onérirocritique des anciens.

Si loin qu'on veuille remonter dans les traditions antiques, on y trouve la constante préoccupation d'étudier les songes et de leur découvrir des relations mystérieuses avec la vie réelle.

Dès l'époque de Joseph, le pharaon d'Egypte s'adressait à tous les devins de son empire pour obtenir l'explication du songe fameux qui l'inquiétait. Sabacon, un autre roi du même pays, déposait plus tard sa couronne, persuadé par un songe que le temps de son règne était fini.

Les Chaldéens s'adonnèrent avec non moins d'ardeur à la divination par les songes. Celui de Nabuchodonosor est célèbre. Porphyre nous dit que Pythagore avait appris l'art d'interpréter les visions du sommeil en voyageant chez les Chaldéens, les Hébreux et les Arabes.

Mêmes croyances chez les Persans, les Grecs, les Indous, et jusque chez les Chinois dont les idées sur cette matière offrent toutefois un caractère particulier. Ils croient que l'âme d'un homme endormi peut, durant le sommeil du corps, se livrer seule à des excursions lointaines, et recueillir ainsi de très précieux avertissements[6]. Les magistrats de Sparte dormaient dans le temple de Pasiphaé, pour être instruits en rêvant de ce qui concernait le bien public.

---

[6] Voici un exemple qu'on en trouve dans les commentaires chinois d'un ancien poète de la Chine. Le poète avait dit:

Nous allons nous revoir en songe, car mon esprit cherchant le vôtre saura bien revenir ici.

Le commentateur ajoute, comme un simple fait à rappeler: «un lettré célèbre Han-Kang, s'était retiré dans la montagne. Han-Feï-Tseu, Tchang-Ming, et Kao-Hoeï; tous trois ses amis, allèrent le voir, et résolurent de retourner en songe près de lui. Les deux premiers y réussirent, mais l'esprit de Tchang-Ming s'étant égaré à moitié route, ne put retrouver son chemin.» *(Poésies de l'époque des*

L’orateur Aristide a laissé un livre d'éphémérides, où tous les songes qu’il prétend avoir faits durant une longue maladie sont minutieusement relatés.

Le roi Mithridate avait un recueil des rêves de ses concubines. Le songe de Dogdo, la mère de Zoroastre, ceux de Xerxès, de Darius, d'Astyage, etc., cités par Hérodote, Quinte-Curce, Justin et tant d’autres auteurs sont là pour attester quelle confiance on accordait alors à la prétendue science onéirocritique, comme aussi le parti que les habiles et les ingénieux en savaient tirer.

L’histoire nous fournit également une infinité d'exemples de la foi aux songes chez le peuple romain. Tite-Live raconte qn'Atinius fut puni pour avoir différé d'entretenir les consuls d’un songe important qu'il avait eu. Hérodien, Pline, Valère-Maxime se montrent convaincus de la réalité de plusieurs traits merveilleux qu'ils rapportent et qui appartiennent au même ordre de faits. Enfin Cicéron lui-même, tout en combattant les superstitions de son temps, semble excuser le Sénat qui s'enquérait avec soin de tous les songes pouvant intéresser la chose publique. Il déclare qu'il n'est ni royaume ni cité où l'on ne se soit inquiété de ces mystérieuses révélations[7].

On était loin d'ailleurs de s'en tenir à la seule interprétation des rêves fortuits. Dès l'antiquité la plus reculée, l’usage existait en Egypte, d'où il s'était répandu en Grèce et dans le reste de *l’orbis vetus*, d'appliquer l’onéirocritie sacrée à la cure des maladies rebelles, par le moyen de songes provoqués et attendus. Diodore nous apprend que dans le temple d'Isis on s'endormait afin d'obtenir, en rêve, des secrets pour recouvrer la santé. A la fois médecins et pontifes, les prêtres de cette divinité possédaient et se transmettaient l’art d'endormir les malades et de pénétrer ensuite, assuraient-ils, la signification des songes lumineux qu'on leur racontait[8]. Cette pratique s'appelait *incubation*, et les prêtres en l’exerçant sacrifiaient aux *incubes*. Spreugel en cite plusieurs exemples[9]. Plaute y fait allusion quand il dit: *Incubare satius te fuerat Jovi*: «Tu aurais mieux fait d'aller dormir dans le temple[10].» Ce même usage fut d'ailleurs si répandu que le docte Henry Coringhius a cru devoir publier un traité complet sur ce sujet, ayant pour titre: *De incubatione in fanis Deorum medicinae causa olim facta.*

L'empereur Antonin Caracalla, fils de Sévère, se rendit pour sa santé à Épidaure, où il eut un songe suivant son désir[11].

Galien n’a pas craint d'attribuer la guérison d'une maladie qu'il avait eue dans sa jeunesse à une saignée pratiquée selon le mode dont il avait reçu l'indication en rêvant[12].

Thung, traduites du Chinois avec leurs commentaires originaux, par le marquis d’Hervey-Saint-Denys.)

[7] *De divinatione*, lib. I.

[8] Diodore, liv. I, ch. XXV.

[9] *Hist. Pragmat. De la médecine*, tome I.

[10] *Curculio*, act. II, sc. II.

[11] Hérodien, liv. IV.

[12] Galien, ch. III, *de curatione*.

Plutarque, parlant du temple de Mopsus, en Cilicie, dit expressément que les malades allaient y dormir selon la coutume, et que la divinité interprétait par la bouche de son oracle les songes qu'elle avait envoyés durant leur sommeil à ceux qui étaient venus la consulter.

Pausanias, dans ses attiques, explique que les malades qui avaient recours à l'oracle d'Amphiaraüs *immolaient un bélier et s'endormaient sur sa peau*, pour attendre des songes significatifs. Des faits analogues sont mentionnés par Strabon, à propos du temple de Sérapis, à Canope, et de deux *heroous*, monuments historiques dédiés le premier à Caloas, le second à Podalire, lesquels étaient situés l'un au sommet, l'autre au bas d'une colline de la Daunie. Du temps même de cet écrivain, on parlait des guérisons miraculeuses obtenues dans ces lieux célèbres. Le bélier sacrifié devait être noir. Sa peau servait aussi de couche aux dormeurs[13].

Aristophane le comique affirme l'existence de cette même coutume, lorsqu'il en fait l'objet d'une satire sanglante dans sa comédie de Plutus[14].

Virgile, enfin, nous décrit ainsi ce qui s'accomplissait dans le temple de Faune:

... Huc dona sacerdos
Cum tulit et caesarum ovium sub nocte silenti
Pellibus incubuit stratis, somnosque petivit, etc. [15]

En voyant cet accord unanime des anciens à se préoccuper si fort des illusions du sommeil, en lisant même dans quelques écrivains sacrés qu'il y avait parmi les païens des hommes qui se vantaient de pouvoir envoyer des songes à leur gré[16], l'idée vint d'abord que ces prêtres et devins, si habiles interprètes ou si puissants instigateurs de visions prétendues divines, devaient, sous l'apparence du merveilleux, cacher une connaissance approfondie des phénomènes psychologiques et physiologiques particuliers au sommeil; qu'ils avaient saisi d'intimes corrélations entre les conditions physiques et morales du dormeur et la nature de ces rêves, et qu'ils parvenaient ainsi à former leurs conjectures sur des bases d'autant plus solides qu'une longue expérience en pouvait être le fondement.

Pourvu qu'on fasse quelque cas de ces études, on éprouve donc un très vif désir d'analyser les principes mêmes de la science onéirocritique. Si les documents

---

[13] Vossius, docteur allemand du dix-huitième siècle qui a laissé divers écrits sur les songes, donne, à cette occasion, une étymologie du mot *dormir* assez curieuse à signaler: «parce qu'on avait coutume, dit-il, d'étendre la *peau*, *δ ε ρ μ α*, pour y dormir, de *δ ε ρ μ α* on a d'abord dit *dermire*, puis on a changé l'*e* en *o*, comme dans *bonus*, de *benus, homo* de *hemo*, *toga* de *tego*, *Corcyra* de χ ε ρ χ υ ρ α, et 300 autres.

[14] Act. III, sc. II.

[15] *Aenéïde*, VII.

[16] Saint Justin, *Apolog.*, I, n° 18. Tertullien, *Apolog.*, c. xx.

primitifs n'existent plus, il nous reste du moins les cinq livres du grec Artemidore qu'on sait avoir été composés au second siècle de notre ère, d'après les traditions les plus accréditées et les mieux consacrées à cette époque. On ouvre avec une certaine curiosité ces longues et minutieuses dissertations sur les songes du contemporain de Marc-Aurèle et d'Antonin le Pieux; mais combien on est promptement déçu dans les espérances qu'on avait conçues! A peine a-t-on lu quelques chapitres de cet ouvrage que déjà tout l'intérêt qu'on lui soupçonnait s'est évanoui. On a reconnu déjà que loin de révéler une observation fine et sérieuse, les interprétations de ces devins reposent uniquement sur des superstitions mythologiques, des théories factices, ou des comparaisons arbitraires, parfois bizarres jusqu'à l'extravagance, souvent naïves jusqu'à la puérilité[17]. D'où cette

---

[17] On ne lira peut-être pas sans intérêt, au sujet de certaines interprétations des songes par les anciens, l'extrait suivant d'un mémoire de l'Anglais Warburthon sur les hiéroglyphes, publié au milieu du siècle dernier:

«Artemidore, qui vivait vers le commencement du second siècle, a écrit un traité des songes et s'est servi d'auteurs beaucoup plus anciens pour composer son ouvrage. Il divise les songes en *spéculatifs* et en *allégoriques*. La première espèce est celle qui représente une image simple et directe de l'événement prédit. La seconde espèce n'en représente qu'une image tropique et symbolique, c'est-à-dire indirecte. Cette dernière espèce est celle qui compose l'ample classe des songes confus et qui a besoin d'interprète.

« Cela supposé, il est question d'examiner quel fondement peut avoir eu, originairement, l'interprétation que l'onéirocritique donnait quand il disait à une personne qui le consultait qu'un *dragon* signifiait royauté, un *serpent*, maladie, une *vipère* de l'argent; que des *grenouilles* marquaient des imposteurs, que des *pigeons* signifiaient des femmes et des *perdrix* des personnes impies, qu'une *hirondelle* indiquait affliction, mort ou désastre, *le chat* un adultère, et l'*ichneumon* un homme méchant, etc.

«Car l'ancienne onéirocritie consistait dans ces sortes d'interprétations recherchées et mystérieuses.

«Voilà la solution naturelle de la difficulté: La science symbolique dans laquelle les prêtres égyptiens qui ont été les premiers interprètes des songes étaient devenus très-habiles, servait de fondement à leurs interprétations. Ce système devait donner beaucoup de crédit à l'art, et satisfaire également celui qui consultait et celui qui était consulté; car les Egyptiens regardaient leurs Dieux comme auteurs de la science hiéroglyphique. Rien alors de plus naturel que de supposer que ces mêmes Dieux, qu'ils croyaient aussi auteurs des songes, employaient pour les songes le même langage que pour les hiéroglyphes. Il est vrai que l'onéirocritie une fois en honneur, chaque siècle introduisit pour la décorer de nouvelles superstitions qui la surchargèrent à la fin si fort que l'ancien fondement sur lequel elle reposait ne fut plus du tout connu.

S'il était nécessaire de s'étendre davantage pour prouver l'origine de l'onéirocritie, j'insisterais sur les exemples d'interprétations que j'ai cités un peu plus haut, d'après Artemidore. J'en pourrais rapporter un grand nombre d'autres et l'on verrait que ces interprétations ne diffèrent pas des interprétations symboliques que l'on trouve dans Horapollo.

«Enfin, il y a une chose remarquable qui lève toute difficulté. Je ne ferai que l'indiquer quoique le sujet méritât que je m'y étendisse davantage. Le mot technique dont les onéirocriliques se servaient pour exprimer les fantômes aperçus dans les songes était celui de ΣTOIXEIA qui signifie *éléments*. Il ne serait pas aisé de donner une bonne raison de l'usage d'un terme si singulier dans toute autre supposition que celle qui fait dériver l'onéirocritie de l'écriture symbolique. Mais, dans cette hypothèse, la chose est facile et devient évidente, puisque les marques symboliques étaient appelées ΣTOIXEIA. Lorsqu'ils se servaient donc des symboles, il n'y avait rien de plus

conclusion, que si les prêtres de l'antiquité païenne possédaient, comme je n'en doute pas, l'art d'influencer les rêves des croyants qui venaient dormir dans leur temple, ils ne s'en servaient que pour leur suggérer des apparitions en rapport avec leurs doctrines, et non point pour obtenir de l'homme endormi une étude consciente de ses perceptions les plus intimes.

C'est ainsi que nous lisons dans Artemidore des instructions et des exemples tels que ceux-ci [18]:

«L'olivier est un arbre toujours vert et solide et de toute antiquité dédié à la Déesse Minerve, réputée Déesse de Sapience. Un homme songea qu'un olivier lui sortait de la teste et il suyvist l'estude de la Philosophie de grand courage, et y acquist science et honneur perdurable.»

Ailleurs:

« Les raines et grenouilles, ce sont abuseurs et bavarts; mais les voir en songe est bon à ceux qui vivent sur le commun. J'ai connu homme qui avoit songé qu'il frappoit de son poing et des nœuds et jointures des doigts dessus les grenouilles, et advint que son maître luy donna puissance sur tous les autres de la maison. Aussi l'on peut estimer que l'estang représentoit la maison, les grenouilles les habitants, le frappement des doigts, le commandement.»

«Courir est bon, fors aux malades, quand ils peuvent bien venir à fin de leur course, car ce leur signifie qu'ils viendront en bref au terme et fin de leur vie.

«Souvent voir mêmes songes, et par plusieurs nuits s'entresuivantes de près, c'est signe que notre esprit nous admoneste et prédit affectionnement une même chose et digne d'y penser, car quand nous avons grand affection à quelque chose nous ne pouvons tenir d'y penser et aussi d'en parler: mais si les mesmes songes sont veuz avez longue espace de temps entre eux ils ne doivent pas toujours signifier mesme chose, mais plutôt diversement selon le changement du temps et des affaires.

«A ce propos un vendeur de senteurs et parfums songe qu'il avoit perdu le nez, et il perdit sa marchandise et n'en vendit plus: car il avoit perdu le nez par lequel on juge les odeurs. Longtemps après et n'étant plus vendeur de parfums, il songea ce mesme sujet qu'il n'avoit point de nez: et il fut accusé de fausseté, et s'en alla fugitif hors de son pays: car c'est une chose bien laide et déshonorable d'avoir perdu le nez, qui est au plus apparent lieu de la face. Iceluy même parfumeur, estant quelque temps après malade, songea encore qu'il n'avoit point de nez et il mourut: aussi les testes de mort n'ont point de nez. Ainsi un mesme songe, en un homme, par trois fois diverses signifia diversement.

---

simple et de si naturel que d'employer le même terme pour exprimer les mêmes images gravées sur la pierre ou dans l'imagination.» WHARBURTHON, Essai sur les Hiéroglyphes, Trad. Française. Paris, 1744.

[18] Je conserve le style de la traduction française publiée en 1634, par Charles Fontaine. Elle joint au mérite de l'exactitude cleui d'être écrite avec une entière bonne foi.

Et cependant, dès le cinquième siècle avant notre ère, ce génie puissant qu'on nomme Hippocrate avait planté d'admirables jalons pour ceux qui eussent voulu s'engager dans le vrai chemin, en ce qui concerne l'étude des rêves pathologiques. Faisant d'abord la part aux idées de son temps, il admet qu'il peut y avoir des songes envoyés par les Dieux, mais il déclare en même temps qu'il laisse l'explication de ces songes surnaturels aux interprètes sacrés, ne voulant s'occuper lui-même que des songes naturels, les seuls dont la science ait à rechercher les causes, et à faire son profit. Hippocrate appartenait à l'école des philosophes hermétiques. Il distinguait trois principes dans l'homme: l'âme, l'esprit perfectionnable et le corps.

«Les signes qui se montrent dans le sommeil,» dit-il, «seront trouvés posséder pour toutes choses une grande vertu par celui qui saura en juger sainement. En effet, l'âme, alors qu'elle sert le corps éveillé, se partage entre plusieurs occupations et n'est pas elle-même. Mais elle donne une certaine portion de son activité à chaque affaire du corps, à l'ouïe, à la vue, au toucher, à la marche, à toutes les affaires corporelles; au lieu que, quand le corps repose, elle visite sa demeure, elle règle toutes les diverses fonctions. Le corps est dans le sommeil, mais elle veille, elle voit, elle entend, se meut, touche, s'afflige, se recorde. Quiconque saurait la juger en cet état posséderait une grande partie de la science.[19]»

Selon lui, dans les songes naturels. l'âme nous donne une idée des affections du corps. Chaque trouble parliculier de notre organisme se révèle par une image en rapport avec la sensation intérieurement perçue. Et le grand observateur qui, aux médecins comme aux philosophes, indique si intelligemment la source de précieuses découvertes, commençait lui-même par donner le résumé de ses observations médicales sur quelques-uns des rêves les plus fréquents chez tous les hommes, sans doute depuis que les premiers hommes ont rêvé.

Certes, si l'on eût marché deux mille ans dans cette voie, nous serions aujourd'hui bien riches en faits dûment expérimentés. Le merveilleux malheureusement séduit plus que le vraisemblable, et, loin d'accumuler des éléments d'étude sérieuse durant les siècles qui suivirent, on continua, en apparence du moins, de s'adonner exclusivement aux plus vaines superstitions[20]. La solidarité fut telle entre les théories mythologiques des anciens et les principes purement conventionnels sur lesquels reposa toute leur doctrine onéirocritique, que les pères de l'Eglise crurent devoir s'élever plusieurs fois contre l'interprétation des songes, la déclarant entachée de paganisme, en raison même du caractère religieux qu'on lui imprimait toujours. L'autorité de certains rêves

---

[19] Περι ευπυιου

[20] Galien pourtant s'était pénétré des idées d'Hippocrate sur l'importance des songes en pathologie. Il avait signalé aussi la délicatesse des perceptions internes durant le sommeil. «Nimirùm anima, quando non vacat sensibus externis, profundius sentit ea quae ad corporis dispositionem pertinent,» avait-il écrit.

prophétiques consacrés par l'Écriture sainte ne pouvait les arrêter comme un précédent contradictoire, puisqu'au temps où les songes de Jacob, d'Abimélech, de Salomon, de Daniel, etc,, étaient consignés dans les livres sacrés, la confiance aux visions profanes était formellement interdite par ces mêmes livres. L'acceptation d'un fait surnaturel ne peut évidemment servir de base à l'appréciation des faits de l'ordre normal. «Un miracle, «a dit J.-J. Rousseau,» est, dans un fait particulier, un acte immédiat de la puissance divine, un changement sensible dans l'ordre de la nature, une exception réelle et visible à ses lois[21].»

En résumé, de la prétendue science onéirocritique des anciens, telle du moins qu'elle nous a été transmise, il n'y a donc rien à tirer au point de vue pratique où nous nous plaçons Il restera seulement, comme une hypothèse, la question de savoir si ces prêtres d'Isis, de Sérapis, d'Esculape et autres divinités n'étaient pas plus versés qu'ils ne voulaient le paraître dans l'art de susciter par des moyens physiques, ces rêves qu'on ne manquait point d'avoir quand on dormait au pied de leurs autels. Porphyrius et son disciple lambique (ou lamblichus), qui ont écrit sur les mystères de l'Égypte au troisième siècle de notre ère, nous fournissent un détail précieux, bien propre à faire réfléchir sur ce sujet. On pratiquait, disent-ils, des fumigations, des invocations et des attouchements. Le disciple ne voit dans ces manœuvres que de pieuses cérémonies pour entrer en communication avec la divinité (*ad efficiendam cum Deo congruitatem)*, tandis que le maître les qualifie d'artifices, ayant pour résultat de provoquer une sorte de délire (*phantasia*) et d'imprimer aux pensées du dormeur un mouvement calculé[22]. Pour moi qui suis persuadé qu'on peut diriger également ses propres songes et ceux des autres, ainsi que j'essaierai de le démontrer, je ne sais si je lis ces passages avec un esprit prévenu, mais je ne doute point qu'on n'employât à l'égard des malades couchés dans ces temples une partie des procédés que j'aurai soin d'exposer un peu plus loin.

---

[21] *Lettres de la Montagne.*

[22] Ces peaux, sur lesquelles on faisait dormir les malades, devaient d'ailleurs très-probablement subir quelques préparations de nature à augmenter la profondeur du sommeil et à provoquer des songes d'un caractère déterminé.

II

Du moyen âge à l'époque contemporaine. — Pierre Le Loyer. — Le cardinal Bona. —Vossius.— L'art de se rendre heureux par les songes, c'est-à-dire en se procurant telle espèce de songe que l'on puisse désirer. — Kurt Sprengel.— Cabanis. — Condillac. — Benjamin Franklin. — Müller. — Philon le juif. — Pierre Bayle. — Opinion de ces écrivains sur les avertissements et pressentiments qu'on peut avoir en rêve. — L'Ecole matérialiste. —Boerhave. — De la non interruption de la pensée, du non souvenir des rêves et de la *volition*, en d'autres termes de l'action de la volonté, pendant le sommeil. — Darwin. — Formey. — Jouffroy. — Dugald-Stewart.

Depuis les écrivains de l'antiquité jusqu'à ceux d'une époque relativement fort rapprochée de la nôtre, il m'a paru difficile de rencontrer sur le sommeil et les songes aucune considération nouvelle vraiment digne d'être mentionnée. Les rares auteurs du moyen âge qui abordent cette question ne le font guère qu'au point de vue historique ou théologique, les uns copiant les anciens qu'ils citent à tout propos, les autres dissertant longuement sur les songes auxquels ils estiment qu'on doit attribuer une origine divine ou diabolique.

Dans un curieux livre, écrit vers la fin du seizième siècle avec une grande science de scholiaste et avec une indépendance de vues qu'on rencontrait rarement alors[23], j'aperçois pour la première fois un retour au véritable esprit de recherches, une tendance à sortir des voies du mysticisme et des ornières de l'antiquité. J'y remarque aussi, clairement émise, cette opinion qu'il n'est point de sommeil sans rêve, l'une des plus importantes et des plus débattues que nous ayons à examiner.

«Quand la digestion des viandes est faite, que les fumées qui montaient au cerveau sont abattues, que le corps soit intérieurement, soit extérieurement, est en bon repos et bien disposé, que les parties pectorales, desquelles la vie est entretenue, font bien leur office, le poulmon respire bien, le cœur rafraiscy palpite, le foye convertit le suc des viandes en sang et le départ aux veines et aux artères. En ces occupations du corps assommeillé qu'ont ses plus nobles parties, penserait-on que *l'âme qui veille perpétuellement demeurast oisive*? Elle fait bien autre chose que le foye, le cœur et le poulmon. Certainement c'est lors qu'elle peut plus librement ratiociner à son aise, quand le corps, qui est sa prison, ne la retient trop resserrée des soins et affaires journalières.»

Ecrivain ascétique qui vient un demi-siècle plus tard, le cardinal Bona divise les songes en trois catégories, suivant l'origine qu'il leur suppose: visions divines, visions diaboliques, visions naturelles; et, tout d'abord, il déclare que ces dernières seront celles dont il s'occupera le moins. On trouve pourtant dans son traité, ce fragment sur la production des images et sur la puissance de l'imagination en rêve qui semblerait un feuillet détaché de quelque ouvrage

[23] *Discours des spectres, visions, apparitions d'esprit*, etc.; par Pierre Le Loyer, conseiller du Roy au siège présidial d'Angers.

beaucoup plus moderne: «les songes naturels ont pour cause *l'imagination*[24]. On peut seulement se demander si elle perçoit passivement par un sens intérieur, ou bien si l'intelligence y entre pour quelque chose. Il est certain qu'il arrive en rêve de prononcer un discours étudié, de faire des vers élégants, de philosopher sur les sujets les plus élevés, toutes choses qui ne semblent pas seulement dépendre de l'imagination, mais aussi du raisonnement. Cependant il est des philosophes qui pensent que ces opérations ne dépassent pas les forces de l'imagination. Toutes les fois en effet que, dans l'état de veille, l'intelligence s'applique à des sujets de discussion ou d'argumentation, le sens intérieur que l'on appelle la puissance cogitative ne reste pas inactif, et, comme une planète, il suit un mouvement supérieur. Autrement dit, l'âme ou l'esprit (*animus*) ne peut rien penser sans qu'aussitôt l'imagination ne présente quelque chose de semblable, faisant surgir des images qui, durant le sommeil, offrent assez d'illusion pour faire croire à la présence des objets réels (*ac si res vera ageretur*).»

Vossius, contemporain du cardinal Bona, traite comme lui la question des songes; mais en l'envisageant d'un côté tout différent. Il cite Hippocrate, il cite Galien; il insiste sur le parti que la médecine pourrait tirer des révélations fournies par certains rêves morbides. «L'âme, dit-il, quand elle ne vague pas aux occupations externes, sent plus profondément les impressions qui tiennent à l'état du corps. Au reste, autant il est bon de juger par les rêves des affections du corps, autant il est fou de vouloir chercher dans les illusions du sommeil, ainsi que l'ont fait Artemidore et Cardanus, des présages étrangers à l'état même du dormeur.»

Ici se place dans l'ordre chronologique la publication la plus singulière qui ait peut-être jamais paru sur les rêves. L'auteur intitule son livre *l'Art de se rendre heureux par les songes, c'est-à-dire en se procurant telle espèce de songes que l'on puisse désirer*[25]. Il prétend tenir d'un vieux sauvage de l'Illinois, médecin et sorcier de sa tribu, toute une série de moyen pharmaceutiques, qu'il aurait étendus et perfectionnés lui-même, et à l'aide desquels il ne serait point de songes qu'on ne pût se procurer immédiatement avec la plus grande facilité. On voit, en ouvrant la table des matières, que des recettes spéciales sont données: *pour rêver qu'on assiste à des spectacles magnifiques; que l'on a beaucoup d'esprit; que l'on marche superbement habillé avec un grand train et beaucoup de domestiques;* ou bien: *que l'on reçoit les dernières faveurs d'une dame sur un gazon fleuri, ou dans un bocage ou sur le bord d'une fontaine; que l'on est au bain avec les plus belles personnes du monde, etc., etc.*

Voilà certes de quoi piquer la curiosité d'un lecteur, surtout s'il est persuadé qu'il n'est pas impossible d'influencer les rêves, et s'il s'attend à rencontrer là, sinon des formules d'une efficacité aussi étrange, du moins l'indication de quelques narcotiques puissants et peu connus. Mais à peine ce lecteur curieux a-t-il parcouru deux ou trois pages qu'il referme le volume pour ne

---

[24] Par imagination l'auteur entend simplement la faculté de percevoir des images.

[25] Franckfort et Leipsic, 1747.

plus l'ouvrir. Il n'en conserve pas même cette impression souriante que nous ressentons parfois si nous avons été le jouet de quelque mystification aimable, car il n'a pu lire qu'un insipide fatras de plates extravagances, trop prétentieuses pour avoir été sincèrement écrites, trop ridicules pour qu'on y cherche un seul grain de vérité. La recette suivante fera juger de toutes les autres; elle doit procurer l'un des songes voluptueux dont il a été ci-dessus parlé: «Prenez deux drachmes de térébenthine dissoute dans un jaune d'oeuf de canard sauvage, une drachme et demie de diascordium de fracarbor, un scrupule de roses rouges pulvérisées, huit onces de lait de chèvre ou de jument, une poignée de lierre terrestre, de l'alchimilla ou pied de lion, du plantain ou de la camomille romaine, une demi-poignée de chaque, quatre pincées de sommités d'hypericum d'Amérique; deux scrupules de raclure de corne de cerf, trois drachmes de priape de loup, et six de nature de la baleine. Faites cuire le tout dans une quantité suffisante d'eau-de-vie camphrée. Ajoutez à sept onces de la colature de sirop de corail et de grande consoude, une once de chacun, et six drachmes de baume et d'esprit de sel d'ammoniac. Laissez cette décoction dans un vase de grès en lieu frais pendant trois mois, au bout duquel temps vous la jetterez dans trois pintes de vin de malvoisie, que vous ferez distiller jusqu'à ce que vous n'ayez plus en tout qu'une pinte de liqueur. Vous enfermerez cette liqueur dans une bouteille scellée hermétiquement, et vous la suspendrez à l'air pendant tout l'été, trois heures devant et trois heures après midi, quand il fera beau, afin qu'elle puisse s'imprégner pour ainsi dire de la chaleur et des rayons du soleil.»

Voici maintenant la manière de s'en servir: «Il n'en faut que trois gouttes dans une pinte d'eau commune, que l'on fait tiédir et dont on se lave les pieds, les mains, la tête et l'estomac, avant de s'endormir.»

Plus de deux cents pages sont imprimées dans ce style, sans autre frais d'imagination qu'un peu de variété dans le chaos des drogues énumérées. A ne considérer que sa valeur intrinsèque, un pareil recueil ne méritait donc guère d'être mentionné; mais on a pu le voir figurer dans certains catalogues, et s'en faire, d'après son titre, un idée plus intéressante qu'il ne le mérite; c'est pourquoi j'ai cru devoir en dire quelques mots.

Arrive le dix-huitième siècle, et avec lui ce mouvement des esprits qu'on a appelé philosophique et qui a engendré la physiologie moderne.

A la fois médecin et philosophe, l'un des adeptes de ce mouvement, Kurt Sprengel, docteur de l'université de Hall, analyse succinctement, dans son Histoire pragmatique de la médecine[26], les principales superstitions des anciens en matière d'onéirocritie; il termine son résumé par ces considérations qui marquent bien la nouvelle école:

«Dans les songes, l'imagination et la mémoire agissent indépendantes de tous les sens externes, et sans être troublées par l'impression des objets environnants.» Je cite, en faisant toutes réserves, quant à l'assertion en elle-même.

[26] Tome I, page 158.

«L'âme, dégagée des liens qui l'enchaînent au corps, semble être abandonnée à son activité propre et primitive. Elle combine des idées, elle établit des raisonnements auxquels les sensations et l'intelligence animale ne pourraient donner lieu dans l'état de veille. Des impressions, oubliées depuis longtemps, se retracent avec de nouvelles couleurs plus vives. L'âme se transporte dans un monde créé par elle, où rarement les images claires de lieux ou du temps donnent aux idées cette vérité qu'elles n'acquièrent que par le concours des sens. Comment supposer d'après cela, que l'homme de la nature, étranger aux lois qui régissent le corps et l'âme, n'attribue pas les sensations qu'il éprouve en songe à l'intervention d'un génie ou d'un être de son espèce, auxquels il a d'ailleurs coutume de rapporter tous les effets dont la cause n'est pas évidente pour lui?»

Contemporain de Sprengel, Cabanis est un de ceux qui croient que la volonté peut persister durant le sommeil avec une vivacité plus ou moins grande, suivant le caractère et l'énergie morale des différents sujets. Il cite l'exemple de Condillac qui, lui, atteste personnellement: «qu'en travaillant à ses cours d'étude, il était souvent obligé de quitter pour dormir un travail déjà préparé mais incomplet, et qu'à son réveil, il l'avait trouvé plus d'une fois terminé dans sa tête.»

Cabanis aborde ensuite, avec l'intention de l'expliquer *naturellement*, ce point si ardu et si scabreux de la question, la fatidité des songes, et il écrit intrépidement, non sans un grand sens, à mon avis: «Nous avons quelquefois, en songe, des idées que nous n'avons jamais eues. Nous croyons converser par exemple avec un homme qui nous dit des choses que nous ne savions pas. On ne doit pas s'étonner que, dans des temps d'ignorance, les esprits crédules aient attribué ce phénomène singulier à des causes surnaturelles. J'ai connu un homme très sage et très éclairé, M. Benjamin Franklin, qui croyait avoir été plusieurs fois instruit en songe de l'issue des affaires qui l'intéressaient dans le moment. Sa tête forte, et d'ailleurs entièrement libre de préjugés, n'avait pu se garantir de toute idée superstitieuse, par rapport à ces avertissements intérieurs. Ne faisant pas attention que sa profonde prudence et sa rare sagacité dirigeaient encore l'action de son cerveau pendant le sommeil, comme on peut l'observer souvent, même pendant le délire, chez des hommes d'un oral exercé. En effet, l'esprit peut continuer ses recherches dans les songes; il peut être conduit, par une certaine suite de raisonnements, à des idées qu'il n'avait pas.»

C'est assurément l'un des côtés les plus intéressants du sujet qui nous occupe, que cette perspicacité si puissante, cette sorte de divination intuitive à laquelle l'esprit peut s'élever parfois, dans l'état de rêve, grâce à la concentration absolue de toutes les forces de l'attention, en même temps qu'à l'extrême exaltation de la sensibilité physique ou morale, condensée pour ainsi dire sur un seul point. Müller, notre contemporain, a évidemment la même pensée que Cabanis, lorsqu'il écrit dans son traité de Physiologie: «Il arrive parfois que nous rêvons des situations bizarres, ayant en quelque sorte le caractère de pressentiment, c'est-à-dire que des états possibles s'offrent à nous comme des idéalités imagées, et l'événement peut ensuite s'accorder avec notre rêve, sans qu'il y ait là rien de merveilleux. Par exemple, une personne nous intéresse vivement, nous la connaissons assez bien sans être toutefois parfaitement édifiés sur son compte, nous la croyons franche et véridique, et cependant nous avons quelque sujet de soupçonner qu'elle ne possède pas réellement ces qualités. En rêvant d'elle, nous la plaçons dans des situations qui font ressortir son défaut de franchise et de véracité; qu'ensuite nos soupçons à son égard viennent à se justifier, le rêve que nous avons eu paraît surprenant, et cependant il ne l'est pas[27].»

Faisons la part des époques et des écoles, et nous jugerons que Philon le juif avait constaté des faits de ce genre, quand il écrivait lui-même au premier siècle de notre ère: «que certains songes naissent des mouvements de l'âme, s'harmonisant par une secrète sympathie, avec le cours de l'univers, comme provenant de même racine; d'où suit qu'un grand nombre d'événements futurs étant déjà préparés dans le présent, l'âme devinera d'elle-même le futur quand elle aura la juste intuition du présent.» Certes, je n'entends pas me tenir pour complètement éclairé par cette explication de Philon le juif; mais il faut convenir que les faits dont il s'agit ne sont pas non plus tout à fait aussi simples que le docteur prussien le veut bien dire, dans son parti pris de ne s'étonner de rien. S'il est constaté que l'état de rêve a pour résultat de nous faire recueillir parfois en nous-mêmes des perceptions d'une ténuité insaisissable en tout autre moment, ainsi que je le disais tout à l'heure; si l'esprit d'un homme endormi arrive, en suivant les pentes naturelles d'une série de raisonnements instinctifs basés sur des prémisses justes, à découvrir nettement une conséquence vraie, et cela avec plus de perspicacité que dans l'état de veille, en raison même de cette plus grande finesse de sensations et de déductions, je trouverai toujours là un fait très remarquable. Peut-être serait-ce même l'occasion de réfléchir à l'opinion du fameux Pierre Bayle, estimant: «que les songes contiennent infiniment moins de mystère que le vulgaire ne l'imagine, mais un peu plus aussi que ne le croient les esprits forts.»

Savons-nous bien en effet jusqu'où cette puissance de regarder en nous-mêmes saurait s'étendre, si la lumière qui éclaire notre entendement pouvait augmenter d'intensité? Connaissons-nous bien toutes les secrètes communications qui peuvent exister dans le monde qui nous entoure, entre nous-mêmes des uns aux autres, comme entre nous et tout ce que nous voyons ou ne voyons pas?

Les exemples abondent chez les écrivains anciens et modernes, psychologues et médecins, historiens même, pour attester des faits, en apparence surnaturels, d'avertissements ou de soudains pressentiments reçus en songe et que viennent justifier les événements. Les énumérer simplement ne serait qu'une oeuvre aride. Les nier parce qu'on ne saurait encore les expliquer, me paraît plus orgueilleux que raisonnable. Je n'estime point, pour mon compte, que tant de

[27] Müller, *Handbuch der physiologie der Mentschen; vom Schlaf; VI Buch, 4 cap.*

témoignages aient pu s'accumuler sans qu'il y a ait à faire une part de vérité de ces attestations si nombreuses, et sans croire qu'il soit nécessaire, pour y ajuter foi, de rien admettre de contraire aux grandes lois de la nature; j'imagine qu'un jour viendra peut-être où l'on ne s'en émerveillera guère plus que l'on ne s'émerveille aujourd'hui de cette étincelle électrique lancée d'une hémisphère à l'autre, avec la rapidité de la pensée qu'elle est chargée de porter.

Si l'on veut maintenant de curieux exemples des non-sens que peut enfanter la manie, si commune parmi les modernes, de vouloir tout expliquer au moyen de certaines théories matérialistes, qu'on lise Boerhave. Voici ce qu'il écrit à propos du sommeil:

«Le sommeil consiste dans cet état de la moelle du cerveau, durant lequel les esprits n'influent point sur les nerfs du cerveau en aussi grande quantité ni avec autant de force qu'il en est besoin pour que les organes des sens et des mouvements volontaires puissent faire leurs fonctions librement et avec aisance.

«L'histoire des rêves est encore assez peu connue; elle est cependant importante, non-seulement en physique, mais en métaphysique *à cause des objections des idéalistes...*

««Lorsqu'on commence à s'assoupir, on sent que les idées commencent à s'embrouiller et à rompre la chaîne. C'est comme un vrai délire. Quand cette chaîne, tout à fait brisée, ne laisse plus que des idées sans ordre et sans suite, on dort; on n'existe plus que machinalement; il ne reste pas même le sentiment intérieur de son être ni de son sommeil; ce qui prouve que cette conscience dépend de la mémoire qui est abolie.»

Ainsi:

De ce que nos idées n'ont plus d'ordre, il résulte que nous n'existons plus que machinalement;

De ce que nos rêves sont sans suite, il résulte que nous n'avons plus même le sentiment intérieur de notre être;

Et tout cela prouve enfin que la conscience du moi dépend uniquement de la mémoire !!

En vérité, les *idéalistes* seront bien entêtés, si cette explication, fournie par la moelle du cerveau, ne leur paraît pas concluante, et si de tels raisonnements ne les confondent point.

Darwin et Formey ne veulent pas que la *volition*, en d'autres termes l'action de la volonté, continue de s'exercer pendant le sommeil, au milieu des songes qui l'accompagnent.

Darwin ne craint pas d'être tout à fait affirmatif à cet égard. La puissance de la volition, dit-il, est totalement suspendue.

«Lorsque nous sommes éveillés, nous exerçons notre volition (volonté), en comparant les apparences présentes avec celles que nous avons précédemment observées, et nous corrigeons ainsi les erreurs d'un sens par la connaissance générale de la nature que nous avons acquise au moyen de l'analogie intuitive, au lieu que, dans les rêves, la puissance de la volition étant suspendue, nous ne pouvons nous rappeler ni comparer nos idées présentes avec nos connaissances acquises, ce qui fait que nous sommes incapables d'y découvrir des absurdités. C'est par ce *critérium* que nous distinguons le sommeil de la veille, et que nous pouvons nous ressouvenir volontairement des idées que nous avons eues pendant le sommeil, lorsque nous sommes éveillés; mais quand nous dormons, nous ne pouvons volontairement nous ressouvenir de celles que nous avons eues en veillant[28].»

Tout ceci est basé sur cette donnée, qui paraît incontestable à l'auteur, à savoir «que nous attachons foi toujours aux visions de notre imagination pendant le sommeil.»

Ce n'est point l'avis de Dugald-Stewart; ce ne sera pas non plus, je pense, celui de plus d'un lecteur qui se souviendra certainement de s'être dit parfois en rêve: Mais voilà qui ne saurait être véritable; mais voilà qui n'a pas le sens commun.

Je ne combattrai pas moins, en m'appuyant sur mes observations pratiques, cette opinion de Formey, que: «l'âme n'exerce aucun empire sur les fantômes des songes qui paraissent et disparaissent, l'affectent d'une manière agréable ou pénible, sans qu'elle y influe en quoi que ce soit[29].»

J'adopterai plus volontiers cette comparaison du même auteur pour expliquer la transition de l'état de veille à l'état de sommeil: «Nos idées, dans ce cas, ressemblent assez à des chevaux qui ont été attelés et employés au travail toute la journée; on les détèle le soir, mais leur guide les conduit encore; c'est le commencement du sommeil. Il les mène aux champs et les y laisse errer et paître à leur fantaisie; c'est la perfection du sommeil[30].»

Je crois, en effet, que le sommeil parfait, celui qui produit le repos réparateur au plus haut degré, c'est celui durant lequel ces chevaux sont abandonnés à eux-mêmes, mais de ce que les chevaux ont été mis aux champs, de ce que leur conducteur ne les maîtrise plus de la même façon qu'aux heures où il conduit son attelage, faudra-t-il conclure que ce conducteur ait perdu sur eux toute autorité et qu'il ne puisse plus au besoin les attirer dans une direction déterminée? C'est un point sur lequel je différerai complètement d'avis avec tous les psychologues de cette école.

Formey nous offre encore ce passage doublement remarquable, et pour sa hardiesse à l'époque où il fut écrit (1754), et pour la netteté avec laquelle il pose en principe un fait capital des plus contestés, bien qu'incontestable, suivant moi: «En langage ordinaire, nous ne songeons que lorsque des idées parviennent à notre connaissance et font impression sur notre mémoire, de manière qu'à notre réveil nous pouvons dire que nous avons eu tel ou tel songe, ou du moins que nous avons

---

[28] Darwin, Zoonomy of sleep.

[29] *Mélanges philosophiques. Du sommeil.*

[30] *Ibid.*

songé en général; mais, à proprement parler, NOUS SONGEONS TOUJOURS, c'est-à-dire que dès que le sommeil s'est emparé de la machine, l'âme a, *sans interruption*, une suite de représentations et de perceptions; mais elles sont quelquefois si confuses et si faibles qu'il n'en reste pas la moindre trace; et c'est ce qu'on appelle le profond sommeil, qu'on aurait tort de regarder comme une privation totale de toute perception, une inaction complète de l'âme... Il y a donc des vides apparents, et si, j'ose ainsi dire, des espèces de lacunes dans la suite de nos idées, *il n'y a pourtant aucune interruption réelle*[31].»

J'ignorais jusqu'au nom de Formey lorsque je puisai dans ma propre expérience les éléments d'une conviction absolue à cet égard, ainsi que je l'ai exposé au commencement de ce volume. Jouffroy me fournira plus loin sur le même sujet des arguments d'une grande force. Il en est un, du reste, qui sera toujours sans réplique, pour démontrer que l'absence du souvenir de tout rêve n'implique pas même la présomption d'une interruption réelle dans l'activité de l'esprit durant le sommeil, c'est que les somnambules dont nous ne pouvons mettre en doute les préoccupations intellectuelles pendant les actes auxquels ils se livrent, n'en conservent presque jamais la moindre réminiscence à leur réveil.

Dugald-Stewart, dont j'ai eu déjà l'occasion de prononcer le nom, n'aborde point la question de la perpétuité ou de la non-perpétuité du rêve, mais, examinant avec soin celle de la persistance ou de la non-persistance de la volonté pendant le sommeil, il introduit le premier une distinction d'autant plus notable qu'elle peut faire disparaître bien des équivoques, en resserrant le champ de la discussion. Qui sait combien d'auteurs, qui paraissent en contradiction, se trouveraient d'accord s'ils avaient mieux spécifié ce qu'ils entendent nier ou affirmer?

«Dans le sommeil, la faculté même de vouloir est-elle suspendue?» se demande le philosophe écossais. Il répond: «Les efforts que nous faisons dans le sommeil et dont nous avons conscience montrent assez que la faculté de vouloir n'est pas suspendue. Ainsi, dans un rêve, nous nous croyons en danger et nous voulons appeler du secours. Ce désir, il est vrai, est d'ordinaire sans effet et les cris que nous poussons sont faibles et indistincts; mais c'est ce qui confirme précisément l'opinion que, pendant le sommeil, la liaison entre la volonté et les mouvements volontaires est rompue. *La volonté continue d'agir, mais son action reste insuffisante.*

«De même encore, dans le cours d'un rêve effrayant, nous sentons que nous faisons effort pour nous dérober par la fuite au danger qui nous menace; mais en dépit de nos efforts nous restons couchés dans notre lit. Le plus souvent, dans ce cas-là, nous rêvons que quelque obstacle nous arrête. Le fait est qu'alors, probablement, le corps n'est pas soumis à l'action de la volonté. On peut donc conclure en disant: pendant le sommeil régulier, naturel, la faculté de vouloir subsiste, mais elle a perdu toute autorité sur les organes du corps.

---

[31] Formey, *Mélanges philosophiques*.

«Allons plus loin: lorsque nous cherchons à nous endormir, ce qui nous arrive souvent, notre esprit revêt naturellement un état voisin de celui dans lequel il se trouvera lorsque le sommeil sera pleinement établi. Or il est manifeste que les moyens dictés par la nature pour amener le sommeil ne consistent pas à suspendre la faculté de vouloir, mais bien l'exercice des facultés qui dépendent de la volonté. S'il fallait qu'avant de nous endormir, la faculté de vouloir fût suspendue, il nous serait impossible par aucune espèce d'effort de hâter le moment du sommeil. La supposition même d'un tel effort est absurde; car c'est dire que la volonté serait dans une activité soutenue pour suspendre les actes même de la volonté.

«D'où l'on est porté à conclure:

«Que l'effet du sommeil sur les opérations mentales a la plus parfaite ressemblance avec celui qu'il a sur le corps. La faculté de vouloir subsiste, mais elle n'a aucun empire sur les facultés de l'esprit. Voilà pourquoi, bien que cette faculté subsiste, il lui est cependant impossible de régler, de diriger l'association des idées qui, abandonnée à elle-même, arrive souvent aux résultats les plus étranges.

«Ceci posé nous établissons les deux points suivants:

«1° Lorsque nous sommes livrés au sommeil, la succession de nos pensées, en tant qu'elle dépend des seules lois de l'association, peut avoir lieu par l'action des mêmes causes inconnues qui la déterminent pendant la veille.

«2° Néanmoins l'ordre de nos pensées, dans la veille et dans le sommeil, doit être fort différent, puisque dans le sommeil cet état dépend des seules lois d'association, et que dans la veille il dépend de ces lois combinées avec les actes de nos facultés volontaires.»

Développant cette dernière proposition, Dugald-Stewart ajoute enfin:

«Que la volonté n'existant plus pendant le sommeil, ou plutôt l'influence de cette volonté devenant nulle, on ne peut plus exercer aucune action sur l'association des idées.— D'où il suit que les objets qui occupent alors nos pensées s'offrent d'eux-mêmes spontanément à notre esprit, tandis que les opérations mentales volontaires, telles que le ressouvenir volontaire, le raisonnement, etc., demeurent suspendues avec l'influence de la volonté. »

Je n'ai voulu interrompre l'exposé de ces opinions par aucune observation critique.

J'essayerai maintenant d'en discuter la substance, et nous clorons ainsi l'examen sommaire des écrivains des siècles derniers.

En ce qui concerne d'abord cette distinction capitale entre la suspension de la faculté même de vouloir et la suspension de la puissance active de cette faculté sur les muscles du corps humain, j'en reconnais la justesse comme l'importance, et je dis très volontiers avec le professeur d'Edimbourg: Oui, l'un des principaux caractères du sommeil régulier, naturel, c'est que la faculté de vouloir, qui subsiste mentalement, a néanmoins perdu son autorité sur les organes du corps. J'ajouterai même, par parenthèses, que la persistance de cette action de la volonté sur les organes du corps est, à mes yeux, le caractère le plus sérieux qui différencie du sommeil régulier, naturel, les sommeils plus ou moins morbides du somnambulisme et du magnétisme; mais de ce que j'admettrai ce premier fait, il n'en résultera point que je doive accepter la seconde partie de cette double proposition, où il est déclaré: *que l'effet du sommeil sur les opérations mentales a la plus parfaite ressemblance avec celui qu'il a sur le corps.*

«La faculté de vouloir subsiste, nous dit Dugald-Stewart, mais elle n'a aucun empire sur les facultés de l'esprit.» Il est clair que si l'on admet ce point de départ on arrivera logiquement à reconnaître qu'il doit nous être impossible, durant le sommeil, d'exercer aucun empire sur l'association de nos idées, non plus que sur la succession des tableaux, qui se dérouleront d'eux-mêmes et toujours spontanément. Mais cette proposition en elle-même est-elle soutenable? Souffre-t-elle l'analyse? Est-elle appuyée sur des faits prouvés?

Si l'on comprend la cessation de la puissance active de l'esprit sur la matière, la suspension momentanée de ces lois mystérieuses qui permettent à l'âme d'agir sur le corps, comprendra-t-on avec la même facilité que l'esprit cesse d'agir sur lui-même, qu'il *veuille* penser à une chose, par exemple, sans accomplir *ipso facto* la volonté qu'il a d'y penser? S'il y pense et si les images des objets sur lesquels se porte cette pensée volontaire lui apparaissent, ne fixera-t-il point réellement son attention sur eux? ne portera-t-il aucun jugement sur ce qu'il croit voir? En principe, une telle opinion me semble inadmissible. Dans la pratique j'acquiers des preuves nombreuses de sa fausseté[32]. Il est curieux du reste de constater comment les physiologistes, embarrassés de préciser le rôle des diverses facultés de l'esprit pendant le rêve, n'ont rien trouvé de mieux pour se tirer de peine que d'en décréter arbitrairement la suspension plus ou moins complète. Sans empiéter sur le domaine des écrits contemporains que nous examinerons à leur tour et pour ne parler que des auteurs dont nous nous sommes occupé déjà, Darwin ne veut point que l'on sache *comparer*, en songe, les idées présentes avec les notions acquises; Formey pense qu'on admet *sans réflexion* toutes les idées qui surgissent; Boerhave refuse au dormeur la *mémoire*, et jusqu'à la conscience de sa propre existence, ce qui est plus fort. Bossuet avait dit: «Dans le sommeil il n'y a point d'*attention*; car la veille consiste précisément dans l'*attention* de l'esprit qui se rend maître de ses pensées[33].» Dugald-Stewart, enfin, en arrive à refuser à l'esprit de l'homme endormi *l'exercice de toutes les facultés dont il jouit pendant la veille*. La vérité pourtant est que toutes les facultés continuent d'être exercées pendant le sommeil, ainsi que j'espère le démontrer, et que cet argument de Dugald-Stewart, tiré de l'observation des moyens employés par la nature pour amener le sommeil, ne repose lui-même que sur une équivoque, en ce que l'auteur confond la suspension de l'attention volontaire apportée aux choses du dehors, avec celle de l'attention volontaire apportée aux images du rêve.

---

[32] Voir plus loin, aux *observations pratiques.*

[33] *Connaissance de Dieu et de soi-même*, chap. III, § 20.

Ce qu'il faut pour amener le sommeil, c'est l'oubli du monde réel ambiant, c'est la cessation de tout rapport avec la vie de relation, le retrait de l'esprit sur lui-même, *animi in sese recessus*, ainsi que l'ont dit les maîtres de l'antiquité; c'est en un mot la concentration de toutes nos pensées sur des objets qui ne sont présents que dans notre imagination ou nos souvenirs, mais qui s'animent et semblent prendre une forme sensible dès que nos sens sont fermés au monde extérieur; exactement comme les images de la lanterne magique se dessinent nettes et colorées, aussitôt que l'on a intercepté toute communication avec la lumière du dehors.

Il est donc essentiel assurément, pour amener le sommeil, que l'âme renonce à faire exécuter aux muscles et aux nerfs soumis à sa puissance aucun de ces mouvements volontaires qui sont le propre de la vie de relation, en même temps qu'elle cesse d'apporter son attention aux choses du dehors; mais, pourvu que l'esprit s'abandonne momentanément à cette vague rêvasserie qui peu à peu devient le rêve, non-seulement le sommeil arrive sans lui enlever aucune de ses forces actives, mais une fois le rêve formé, l'esprit continue d'accomplir, comme dans l'état de veille, tous ces phénomènes intellectuels que l'on est convenu d'appeler ses facultés. Il examine avec attention, il compare, il porte des jugements réfléchis sur ce qu'il croit voir, entendre, goûter, sentir ou toucher, et s'il a souvent des idées confuses, s'il porte parfois des jugements extravagants, c'est à l'imperfection des images, c'est à l'incohérence des notions sur lesquelles il raisonne qu'il s'en faut prendre, mais non pas à sa volonté même de bien voir et bien juger.

D'où je conclus, à mon tour, qu'autant la première proposition de Dugald-Stewart est, dans une certaine mesure[34], incontestable, à savoir: *que pendant le sommeil régulier, naturel, la faculté de vouloir subsiste mais a perdu toute autorité sur les organes du corps*, autant est inexacte *la parfaite ressemblance* qu'il prétend trouver entre cet *effet du sommeil sur le corps, et celui qu'il produit sur les opérations mentales;* autant les déductions qu'il en tire sont contraires à la vérité, quand il avance que, durant le sommeil, *l'ordre de nos pensées dépendrait uniquement des seules lois de l'association, la volonté ne pouvant plus exercer sur elles aucun empire.*

Si je me suis arrêté si longtemps sur cette distinction que Dugald-Stewart a voulu établir à l'égard de la prolongation ou de la non-prolongation de la volonté durant le sommeil, c'est qu'indépendamment de son ingéniosité même, elle intéresse l'un des points les plus essentiels et les plus importants du sujet que nous traitons. La prolongation de la volonté pendant le sommeil est un fait psychologique auquel je dois les meilleures observations que j'ai pu faire. Tout ce qui tendra à bien déterminer son caractère, son influence et ses effets particuliers dans nos rêves sera donc par moi très attentivement examiné.

---

[34] Nous reviendrons plus loin sur cette double question de la façon dont le sommeil arrive, et des jugements que l'on porte en rêvant.

III

Le Dictionnaire des Sciences médicales. — L'article *Sommeil*, par Monfalcon. — J'écarte les dissertations purement théoriques pour m'attacher surtout à la méthode d'observation. — Développement des axiômes *Motus in somno intro vergunt; Somnus nil aliud est quam receptio spiritus vivi in sese.* — Comparaison entre les forces actives et passives du corps et de l'esprit. — Causes efficientes du sommeil telles que les énumère Montfalcon.— La transition de la veille au sommeil est toujours caractérisée par un instant de rêvasserie. — De la suspension de l'attention à l'approche du sommeil.

En 1820, on publie le *Dictionnaire des Sciences médicales*, ouvrage qui jouit encore aujourd'hui d'un certain crédit; on y traite séparément du somnambulisme, de l'hallucination, de l'extase, etc., ce qui me paraît très naturel, puisque lors même qu'on relierait à un principe unique ces divers phénomènes, ils n'en seraient pas moins toujours considérés comme des variétés distinctes du sommeil. Mais ce qui me surprend davantage, je l'avoue, c'est de trouver deux articles à part, l'un consacré aux *rêves* et l'autre aux *songes*, tous deux écrits d'ailleurs par Moreau (de la Sarthe), médecin, plus renommé comme physiologiste que comme praticien. Si nous y ajoutons l'article *Sommeil* par Montfalcon, où il est souvent empiété sur le même domaine, nous aurons à examiner dans un seul livre trois sources d'appréciations sur le même sujet.

J'ai déjà déclaré que, pour mon propre compte, je n'entends établir aucune différence entre le mot *rêve* et le mot *songe*, préférant éviter autant que possible les distinctions inutiles, et m'en tenir à l'autorité du Dictionnaire de l'académie qui définit réciproquement l'une par l'autre deux expressions tout à fait synonymes dans mon esprit.

Ceci posé, suivons l'ordre tout naturel des choses et commençons par examiner l'article *sommeil.*

L'une des principales difficultés du travail que j'ai abordé, c'est de savoir se maintenir dans les limites d'un sujet qui touche de si près à tant d'autres par tant de points indéterminés. Ce désir de restreindre autant que possible le champ de mes observations et de mes recherches m'a fait entrer tout droit, comme on l'a vu, dans l'étude des rêves, sans exposer au préalable aucune théorie sur cet état particulier de notre organisme durant lequel les visions se produisent et qu'on appelle le sommeil. Souvent pourtant la solidarité est si grande entre les questions soulevées à propos des phénomènes des rêves et celles qui regardent le sommeil proprement dit, qu'il me semblerait à peu près impossible d'écrire un livre tout entier sur les rêves sans effleurer aussi l'étude du sommeil en lui-même, ne fût-ce que sommairement et indirectement. Une rapide analyse de l'article de Montfalcon, au milieu de laquelle mes observations personnelles trouveront naturellement leur place, me permettra de résumer, je l'espère, ce qu'il est indispensable de mentionner à cet égard.

J'écarterai d'abord toutes les dissertations purement théoriques à l'effet de savoir si le sommeil est causé ou non par l'afflux du sang au cerveau, s'il intéresse ou non la circulation artérielle, etc., etc. Montfalcon réfute avec beaucoup de sagesse ces arguments de l'école de Blumenbach, Hamberger, Halle, Barthez, Margagni, Langrishius et autres qui veulent que les divers organes dont l'ensemble compose le cerveau cessent d'agir durant le sommeil *parce qu'ils reçoivent une quantité de sang moindre que pendant la veille.* «L'imagination, la mémoire, dit Montfalcon, ont une grande énergie chez l'homme qui rêve, et cependant il n'est pas possible de supposer que les parties du cerveau qui sont le siège de ces deux facultés reçoivent plus de sang que les autres dont elles devraient partager l'inaction.»

Je serai très heureux, pour ma part, de n'avoir pas à m'appesantir sur des explications du genre de celles-ci: «Quand le fluide nerveux est porté au cerveau, il y afflue toujours par les couloirs destinés à l'exercice de quelques-uns de nos sens, et voilà pourquoi il y réveille certaines séries d'idées préférables à d'autres. Ainsi, on croit *voir* quand c'est le nerf optique qui est ébranlé, *entendre* quand c'est le nerf auditif, etc,» Quels pas vers l'observation nous feraient faire des théories semblables? Qu'est ce que ce fluide nerveux et qu'explique-t-il? Qu'est-ce qui ébranle tantôt ce nerf optique et tantôt ce nerf auditif? A-t-on jamais vu, sinon bien exceptionnellement, des rêves où l'on entendît sans voir, ou bien où l'on vît sans entendre? Vouloir expliquer tous les phénomènes du songe dans leur principe même, c'est vouloir aborder le mystère insondable de l'union de l'âme et du corps. Contentons-nous d'observer de notre mieux le côté de ces phénomènes qui demeure sensible à notre entendement, c'est-à-dire la corrélation entre certaines impressions ou certains désordres physiques patents et les illusions de nos rêves que l'expérience pratique nous signale comme en étant vraisemblablement la cause ou la conséquence.

Énumérant d'abord et analysant les théories de plusieurs physiologistes sur les causes du sommeil, Montfalcon avoue qu'elles ne lui ont absolument rien appris. Il ignore toujours, dit-il, la cause de cette loi fondamentale qui soumet la vie des animaux à deux manières d'être, la veille et le sommeil. Ce ne seront donc pas les causes de cette loi; mais ses conséquences pratiques, qu'il s'agira d'étudier.

La vie, chez tous les animaux, présente deux manières d'être: la veille, pendant laquelle toutes les fonctions s'exécutent librement et avec régularité; le sommeil, dont le caractère spécial est l'inaction plus ou moins complète et plus ou moins durable de celles de ces fonctions qui mettent l'animal en relation avec les objets extérieurs. On ne peut pas dire cependant avec quelques physiologistes qu'il vit moins pendant qu'il dort, qu'il est réduit alors à une existence moins compliquée, car d'une part les organes des sens et des facultés intellectuelles, les muscles des mouvements volontaires ne dorment point tous; de l'autre, l'énergie d'action de plusieurs organes de la vie est manifestement augmentée, et d'autres fonctions ont éprouvé des modifications sensibles. Le sommeil, loi fondamentale qui régit tous les animaux, est un état essentiellement actif.

Motus in somno intro vergunt, avait dit jadis Hippocrate, en remarquant que pendant le sommeil les parties extérieures du corps sont plus froides et les internes plus chaudes que pendant la veille. *Somnus nil aliud est quam receptio spiritus vivi in sese*, écrivait Bacon de nos jours. A l'appui de cette manière d'envisager le sommeil, Montfalcon cite l'opinion conforme de nombreux auteurs. «Il est bien constaté par tous les médecins,» répète-t-il, «que le travail des organes de la vie intérieure est considérablement augmenté durant le sommeil, puisque toutes les fractures, luxations, etc., se guérissent plus vite sous l'influence de son action.

«Le corps s'épuise peu tandis que l'homme dort; il vit pour lui-même, étranger à tout ce qui l'environne. Sans le sommeil l'homme ne pourrait vivre longtemps, car son cerveau, ses sens, ses muscles, n'ont pas comme ses viscères et tous les organes de la vie intérieure le privilège inexplicable de ne jamais se fatiguer.

«Tandis que les organes de la vie de relation sont frappés d'une sorte de paralysie, ceux de la vie intérieure non-seulement continuent d'agir, mais encore jouissent en général d'une grande énergic.

«Une cause générale qui peut provoquer le besoin du sommeil est l'exercice prolongé des fonctions qui nous mettent en relation avec les objets dont nous sommes environnés, d'où suit la lassitude des organes qui appartiennent à ces fonctions. Mais pourquoi sont-ils fatigués? d'où vient que ceux des fonctions assimilatrices qui sont continuellement en exercice n'éprouvent jamais la même lassitude et la même intermittence d'action? Quel physiologiste dévoilera ce mystère? tous les médecins ne doivent-ils pas s'écrier avec le religieux Haller: *Fateor me ignorare quare hi musculi*[35] *non quiescunt, atque causam refundo in creatoris omnipotentiam, qui totum corpus nostrum simul fecit.*»

En résumé, repos des organes qui servent à la vie de relation; redoublement d'activité dans les fonctions de la vie intérieure, telle est la définition du sommeil que l'article du Dictionnaire des Sciences médicales reproduit et paraphrase successivement sous diverses formes. Mais s'il constate un redoublement d'action dans plusieurs fonctions de la vie animale, il reconnaît aussi que le même phénomène ne se manifeste pas avec moins d'énergie dans certaines de nos facultés intellectuelles, la mémoire et l'imagination par exemple, et cette remarque amène tout naturellement sous ma plume une réflexion qui plus d'une fois s'est présentée à mon esprit:

N'existerait-il pas entre les lois qui régissent nos facultés physiques et celles auxquelles nos facultés intellectuelles sont soumises, une analogie régulière, bien digne d'appeler l'attention?

---

[35] Ceux des viscères.

De même qu'il y a, durant le sommeil, redoublement d'activité des forces vitales, internes et passives du corps humain, favorisé par la suspension des forces expansives d'action, le même redoublement de puissance et d'intensité se développe dans ce que j'appellerais volontiers les forces passives intellectuelles, telles que la mémoire, et l'imagination abandonnée à elle-même, tandis que, sensiblement affaiblies, l'attention et la volonté, ces forces expansives de l'âme, ne peuvent plus s'exercer sans effort[36].

Les fonctions passives de la vie matérielle s'accomplissent avec d'autant plus de puissance et de régularité durant le sommeil que nous n'exerçons plus aucune action sur elles, et, dans le même temps, l'imagination et la mémoire semblent d'autant plus absorber ce que la vie intellectuelle a d'énergie que l'attention et la volonté cessent davantage de les influencer. En vain demanderait-on pendant la veille, à la mémoire et à l'imagination, ces conceptions extraordinaires, ces réminiscences à la fois si lointaines et si nettes qui se produisent d'elles-mêmes, alors que le dormeur assiste comme un spectateur au jeu spontané des facultés passives de son entendement.

La mémoire et l'imagination seraient donc, comme les organes de la vie interne, infatigables. L'attention et la volonté, comme les organes de la vie expansive, auraient seules besoin de repos.

Si Montfalcon reconnaît l'inutilité de chercher à définir ces causes premières du sommeil qui font partie du grand secret de la création, il veut du moins spécifier les causes efficientes directes, qu'il nomme causes secondaires, et qu'il divise en six classes en leur donnant des noms significatifs.

Ces distinctions pourront avoir leur utilité pratique quand il s'agira d'étudier les songes dans leur origine et dans leur développement. C'est pourquoi je les mentionne volontiers. Ce sont donc:

«1 ° *Circumfusa*. Le climat, la nuit, l'obscurité, le froid qui refoule la vitalité au dedans, et conduirait même à la mort si l'on y cédait, etc.

«2° *Ingesta*. Les boissons spiritueuses, les narcotiques, etc,

«3° *Excreta*. Les pertes séminales, hémorragies, purgations violentes, etc.

«4° *Applicata*, Bains chauds, narcotiques introduits dans la circulation par l'absorption cutanée.

«5° *Acta*. Fatigue musculaire, fatigue d'un sens qui éprouve le besoin du repos et entraîne sympathiquement les autres. Exemples: lectures du soir; bruits monotones, musique douce dont les sons parviennent de loin, etc.

«6° *Percepta*. Passions tristes qui ont fortement émotionné. Effusion de larmes.»

A la suite de ces six causes de sommeil ci-dessus énumérées, Montfalcon place les causes anormales, telles que congestion cérébrale, léthargie, asphyxie par

---

[36] Je repousse l'opinion des physiologistes qui veulent que l'exercice de l'attention et de la volonté soit totalement suspendu dans nos rêves; mais je ne vais point jusqu'à dire que ces facultés conservent habituellement toute leur énergie pendant le sommeil.

le gaz, compression du cerveau dans certains cas de chirurgie et dans l'état d'hystérie sur les jeunes filles; mais l'état d'insensibilité auquel ces accidents conduisent peut-il être vraiment assimilé au sommeil? Pour moi je ne le crois pas et je prends l'occasion de déclarer qu'aucune de mes observations ne s'y appliquera.

En ce qui concerne le 5° (*acta*), parlant ainsi que Montfalcon de certaines musiques, de certains bruits, de certaines contemplations, d'un air monotone, du frémissement des feuilles, du murmure d'un ruisseau, d'un discours prononcé sur un ton qui ne change pas, de l'aspect d'un champ de blé que le vent fait onduler[37] etc., comme de causes efficientes propres à inviter au sommeil, Barthez observe que ces bruits ou ces spectacles détournent notre attention de tous les autres objets, tandis que par leur répétition continuelle ils nous deviennent eux-mêmes familiers, de *telle sorte que nous cessons par degré de donner notre attention à rien et que le sommeil s'en suit.*

Bien qu'il n'aille pas plus avant et qu'il se borne à jeter cette assertion sans nous indiquer le pourquoi, Barthez me paraît toucher très juste, et voilà comment, selon moi, le fait doit être commenté:

La transition de la veille au sommeil est toujours caractérisée par un moment plus ou moins long de *rêvasserie*, durant lequel les idées et les réminiscences s'enchaînent et se déroulent *spontanément*, suivant leurs lois d'association. Il est donc évidemment nécessaire que l'attention soit momentanément suspendue, afin que cette *rêvasserie* puisse avoir lieu.

Lorsque nous sommes agités, en nous couchant, par quelque préoccupation pénible ou par l'attente impatiente de quelque événement vivement désiré, nous cherchons instinctivement à tourner notre esprit sur d'autres pensées, non que celles-là soient par elles-mêmes incompatibles avec le sommeil, puisque nous y rêverons peut-être dès que nous serons endormis, mais parce que, momentanément du moins, leur fixité doit être écartée pour favoriser cet enchaînement rapide et spontané d'idées et d'images, transition indispensable de la veille au sommeil[38].

Un seul genre d'attention peut être compatible avec l'approche du sommeil, c'est celui que nous apportons quelquefois à certaines visions naissantes dont la persistance ou les transmutations deviennent le point de départ du rêve véritable. Mais il faut remarquer que c'est déjà l'attention transportée de la vie extérieure à la vie intérieure. Or, si l'on veut bien constater ce retrait des opérations actives de l'entendement de tout ce qui constitue la vie de relation, et leur report sur la vie imaginaire du rêve, on reconnaîtra que la faculté de faire attention n'est nullement anéantie pour être un moment suspendue; et que proclamer l'anéantissement de cette faculté parce qu'on cesse un moment de l'exercer, ce serait à peu près comme si l'on disait qu'il faut fermer les yeux pour voir les images de la lanterne magique.

---

[37] Toutes choses qui, soit dit en passant, me sembleraient mieux classées dans le 1° (*circumfusa*).

[38] Si l'on m'objecte que l'homme exténué de fatigue s'endort dès qu'il se couche et dort aussitôt sans transition, je dirai que, si courte qu'elle soit, cette transition n'en existe pas moins.

Oui, fermer les yeux d'abord à la lumière du dehors, mais pour les ouvrir ensuite aux tableaux lumineux qui vont surgir.

Quant au caractère et à l'énergie plus ou moins grande de l'attention qu'il nous est permis de donner aux divers sujets de nos rêves, je me réserve d'en faire plus loin l'objet de plusieurs observations.

IV

L'article *Songe* et l'article *Rêve* par Moreau (de la Sarthe).— Art. 1 *Considérations générales.* — Art. 2. *Dispositions des facultés intellectuelles pendant le sommeil et pendant les rêves, et parallèle, relativement à cette disposition, du délire et des songes.* — Moreau admet le sommeil sans rêves.— Comment Jouffroy a combattu cette opinion. — Moreau veut que toutes les opérations actives de l'esprit soient suspendues pour qu'il y ait sommeil véritable; en d'autres termes le rêve ne commencerait que lorsque le sommeil serait troublé. — Art. 3. *Comment et pourquoi se forment les rêves.* — Observations critiques à ce sujet. — Art. 4 et 5. *Comment les rêves deviennent sensibles et que faut-il entendre par la clarté et la lucidité des rêves.* — Sur les rêves du soir et sur ceux du matin. — Moreau pense que nous n'avons pas d'action sur les images de nos songes, ce que je combats. — Comment et pourquoi l'on ne juge pas bien du temps écoulé en rêve. — Sur le phénomène de l'association des idées. — Que, suivant moi, les rêves les plus clairs seront ceux du sommeil le plus profond. — Art. 6. *Du caractère, des sensations et des idées pendant les rêves et des perceptions illusoires en particulier.* — Les sensations sont plus vives en rêve qu'à l'état de veille. — Sur les travaux d'esprit qu'on exécute en rêve. — Qu'il faut éviter les distinctions trop subtiles à propos de la classification des rêves. — La Sonate de Tartini. — Fait curieux rapporté par Moreau (de la Sarthe). —Les songes pénibles et les songes voluptueux. — Art. 7. *Du développement, de la marche et du sujet des différentes espèces de rêves.* — Peut-on saisir le point de départ des rêves? — Art. 8. *Interprétation médicale et classification des rêves* — Le cauchemar ? — L'incube. — De la lucidité des somnambules et des hallucinés. — Opinions de Lelut, Maine de Biran, Rattier, Adelon, Brière de Boismont, Müller, Magendie, Bichat, Gassendi, Pierre Leroux.

Je passe à l'article *Songe* du Dictionnaire des Sciences médicales. L'auteur entre peu dans le cœur de la question. Il s'attache plutôt à définir en quoi le *rêve* et le *songe* ne représentent point absolument, selon lui, le même ordre de faits. Le rêve comprendrait toutes les manières de rêver morbides ou non morbides. Ce serait le terme générique. Le mot *songe*, au contraire, devrait s'employer spécialement pour désigner une espèce particulière de rêves non morbides, «dépendant presque toujours d'une contention d'esprit ou d'une préoccupation morale que le sommeil n'a pas suspendue.... Dans les songes la liaison avec la veille serait plus évidente; les rêves seraient plus importants et plus dramatiques.» Je m'arrête. On voit vers quelles subtilités on serait conduit.

L'article *Rêve* est plus étendu; il ne comprend pas moins de cinquante-cinq pages, Moreau (de la Sarthe) commence par expliquer que, sans rien négliger de ce qui a été écrit sur ce sujet, il s'en tiendra surtout à ses observations personnelles; puis il déclare modestement que, pour aborder cette question difficile, il est indispensable «de joindre aux données les plus positives de la physiologie et de la médecine pratique les aperçus les plus délicats et les spéculations les plus élevées de la psychologie.»

Malgré ce singulier début, dont le développement remplit tout un premier paragraphe, le travail de Moreau (de la Sarthe) est très remarquable. Il résume à merveille l'état de la science à l'époque où il fut écrit. Si les idées qu'il renferme sont en contradiction à peu près constante avec les miennes, l'occasion n'en sera que meilleure pour moi de suivre pas à pas ces théories, afin de montrer combien elles diffèrent de ce que je crois avoir appris par l'observation. Ce sera, d'ailleurs, un moyen de passer sommairement en revue la plupart des points principaux sur lesquels nous devrons plus loin nous arrêter.

Je poursuis donc mon analyse, en conservant les divisions adoptées par l'auteur.

ART. 2. DISPOSITIONS DES FACULTES INTELLECTUELLES PENDANT LE SOMMEIL OU PENDANT LES REVES, ET PARALLELE, RELATIVEMENT A CETTE DISPOSITION, DU SOMMEIL ET DES SONGES. — L'auteur admet d'abord (contre mon sentiment) que l'on peut dormir sans rêver. Suivant lui, lorsque le sommeil est profond, complet, naturel, surtout chez les hommes accoutumés à de rudes travaux, il n'y a point de rêves, surtout dans le premier somme.— Il regarde donc les rêves «comme des altérations, comme des accidents de sommeil.»

Je me suis expliqué déjà trop nettement sur cette opinion pour avoir besoin de répéter ici combien je la repousse; mais je dois faire ressortir la singulière façon dont Moreau (de la Sarthe) prend soin de se contredire lui-même quand il écrit un peu plus loin (page 252), «que, si le sommeil demeure trop profond, il est possible, dans certains cas, de rêver sans le savoir; qu'ainsi les somnambules ne conservent, à leur réveil, aucun souvenir de ce qu'ils ont fait ou pensé en dormant.»

Jouffroy s'est chargé de répondre à cette théorie du sommeil sans rêve, si souvent reproduite sans être jamais appuyée sur des arguments sérieux: «dormir, pour l'esprit, ce serait ne pas rêver, et il est impossible d'établir qu'il y ait dans le sommeil des moments où l'on ne rêve pas. N'avoir aucun souvenir de ses rêves, ne prouve pas qu'on n'a pas rêvé. Il est souvent démontré que nous avons rêvé sans qu'il en reste la moindre trace dans notre mémoire. Le fait que l'esprit veille quelquefois pendant que les sens dorment, est donc établi; le fait qu'il dorme quelquefois ne l'est pas; les analogies sont donc pour qu'il veille toujours. Il faudrait des faits contradictoires pour détruire la force de cette induction; tous les faits semblent au contraire la confirmer[39].»

Dugald-Stewart avait posé ce principe : que ce qui constituait le sommeil et les songes, c'était la suspension de l'action de la volonté sur les facultés de l'esprit comme sur les organes du corps humain. Moreau (de la Sarthe) va plus loin encore: «ce n'est pas seulement la suspension de la volonté qui constitue le sommeil, au point de vue métaphysique et psychologique, c'est de plus la suspension de toutes les opérations actives de l'entendement, telles que l'attention, la comparaison, le jugement, la mémoire.»

Passant de là au parallèle du délire et des rêves, l'auteur y trouve cette différence, résultat de ce qu'il vient d'énoncer, que dans le rêve tout est *passif, involontaire*, la volonté étant suspendue et les sens fermés de toutes parts, tandis

[39] Jouffroy, *Nouveaux mélanges philosophiques*, p. 319

qu'au contraire, dans le délire, tous les sens sont ouverts, quelques-uns même plus irritables que dans l'état de santé.

Il faut d'ailleurs séparer profondément l'étude du sommeil de celle des rêves, selon l'article que nous analysons.

«Si le sommeil est profond, naturel, toute espèce d'activité d'esprit se trouve entièrement suspendue.

«Mais plusieurs des idées acquises, la plupart des habitudes contractées, cette multitude de pensées, de notions, de connaissances dont se compose avec plus ou moins d'étendue l'intelligence dans chaque individu, peuvent *à la moindre occasion, si le sommeil est troublé* par la cause la plus légère, se reproduire, se renouveler avec une latitude, avec une incoercibilité d'association qui n'existent pas pendant la veille.»

En d'autres termes, le rêve ne commencerait qu'autant que le sommeil serait troublé!

Résumé de ce premier paragraphe: 1° *L'état de rêve est indépendant de l'état de sommeil; on peut dormir sans rêver; 2° le rêve se manifeste ordinairement lorsque le sommeil est troublé d'une manière quelconque;* 3° le rêve diffère du délire en ce que, dans le rêve, l'esprit demeure passif, tandis que, dans le délire, il se montre essentiellement actif. Le tout indépendamment du caractère morbide qui est spécial à cette dernière affection.

ART. 3. COMMENT ET POURQUOI SE FORMENT LES REVES? — Malgré l'intérêt apparent de son titre, ce second paragraphe n'est guère, à proprement parler, que le développement du précédent.

«Il y a deux conditions pour rêver; la première, c'est une intelligence déjà développée, un cerveau plus ou moins familiarisé avec la vie des relations; la deuxième, c'est l'état particulier et accidentel même du sommeil.»

D'après la première de ces deux conditions, «on doit admettre que les animaux ont des rêves; mais non point les idiots ni les fœtus, dans leur premier sommeil.»

Ceci me paraît tant soit peu puéril. Assurément il faut un cerveau familiarisé avec la vie des relations, puisque tout rêve se forme des éléments contenus dans la mémoire; mais pourquoi les idiots n'auraient-ils aucune mémoire, et quel intérêt y a-t-il à se demander si les fœtus peuvent rêver?

La seconde proposition a pour résultat d'assimiler aux phénomènes du sommeil ceux de l'hallucination et de l'extase, puisque Moreau (de la Sarthe) considère lui-même comme une sorte de rêves les visions des extatiques et des hallucinés.

«Chez un homme bien portant, pendant le sommeil qui succède à une fatigue modérée, point de rêves ou presque jamais.»

Suivent des distinctions minutieuses et sans utilité, entre le rêve, la rêverie ou la rêvasserie.

«Lorsque l'on s'endort faiblement pendant le jour, debout ou assis, sur un bateau, à cheval, dans une voiture, cette situation n'est pas un véritable sommeil *mais son commencement, son premier degré.* C'est une *somnolence* qui n'engendre que la *rêvasserie.*»

Si cette somnolence est le commencement, le premier degré du sommeil, de l'avis même de l'auteur, pourquoi ne voit-il pas que cette *rêvasserie* est aussi le commencement et le premier degré du rêve véritable?

«C'est,» poursuit-il, «le temps des images chimériques, des figures grimaçantes et mobiles, des apparitions fantastiques, des configurations fugitives et transparentes comme des ombres qui se montrent sous toutes les formes, qui se brisent, se divisent et disparaissent avec autant de bizarrerie que de rapidité.»

Cette peinture heureusement esquissée, représente parfaitement la période transitoire durant laquelle les associations et les suppositions d'idées se succèdent si rapidement avec leurs images solidaires, modifiées et multipliées à l'infini par les mille perceptions du monde extérieur, qui se font sentir encore, bien que plus faiblement. L'esprit a cessé d'y donner son attention, puisque cette attention, fixée sur les choses du dehors, constituerait précisément l'état de veille. Il ne la dirige pas encore librement, non plus, sur ces visions imparfaites. C'est le moment où les volets ne sont pas encore assez hermétiquement fermés pour que les tableaux de la lanterne magique se dessinent nets et clairs, mais où la lumière du jour ne pénètre déjà plus assez, cependant, pour laisser distinguer les objets dont on est entouré. C'est le premier degré du rêve, du rêve véritable. Bien loin de s'éteindre et de s'évanouir en quelque sorte pour faire place à un sommeil mortiforme, ainsi que Moreau (de la Sarthe) le suppose, ces visions s'animeront et se condenseront peu à peu, si je puis me servir de ce mot, à mesure que le sommeil prendra plus de force, à mesure que le *spiritus in sese recessus* s'établira davantage, et que l'esprit, franchement transporté du domaine de la vie réelle dans celui de la vie imaginaire, reprendra le libre usage de ses facultés distraites un moment, mais non pas annihilées.

Ce second paragraphe de l'article de Moreau (de la Sarthe) peut, du reste, se résumer ainsi:

«Dans le sommeil naturel, absence de rêve. Si «le sommeil est troublé (par des causes intérieures ou extérieures), il devient de la somnolence, et «l'on rêve.»

ART. 4 et 5. COMMENT LES REVES DEVIENNENT-ILS SENSIBLES, ET QUE FAUT-IL ENTENDRE PAR LA CLARTE OU LA LUCIDITE DES REVES? — L'examen de questions ainsi posées m'offre une occasion que je saisis très volontiers, d'aborder encore quelques points intéressants et controversés du sujet qui nous occupe. Ce quatrième paragraphe de l'article *Rêves*, commence par un aveu de l'auteur déjà consigné, à savoir: «qu'il est possible de rêver sans s'en douter, témoin les somnambules.»

Dans l'acception ordinaire du mot, telle que l'entend Moreau (de la Sarthe), avoir des rêves c'est donc les sentir, et en conserver de plus l'impression et le souvenir. C'est de là que dépendra, suivant lui, la clarté et la lucidité des songes.

D'où l'on arriverait à cette singulière conséquence rétrospective, que le même rêve serait estimé lucide ou non lucide, selon qu'au réveil on parviendrait ou non à se le bien remémorer ce qui reviendrait, en définitive, à subordonner l'existence même d'un fait au souvenir qu'on en aurait gardé.

Une telle manière d'envisager la question conduit très logiquement le docteur physiologiste à déclarer que les rêves du matin sont plus lucides que ceux du soir. Evidemment, on se souviendra plus aisément et plus fréquemment des derniers rêves interrompus par le réveil, que des premiers tableaux de cette longue série d'illusions successivement perçues du soir au matin.

Fidèle aux principes qu'il a posés d'ailleurs dès le début de son mémoire, en déclarant que toutes les facultés actives de l'entendement demeuraient suspendues pendant le sommeil, Moreau (de la Sarthe) pense que «la succession, la combinaison des idées, en rêve, doit toujours présenter de l'incohérence et du désordre, et qu'il nous est impossible au milieu de ces mouvements tumultueux et involontaires de l'esprit, de prolonger, de retenir les impressions agréables, ou de chasser les fantômes effrayants et les images terribles.»

C'est, comme on le voit, l'opinion diamétralement opposée à celle que j'essaie de faire prévaloir.

«Quant aux rapports de temps et d'espace, ils ne sont pas conservés dans les songes,» poursuit plus loin Moreau (de la Sarthe). Il pourrait ajouter que rien n'est plus naturel. A l'état de veille, nous nous faisons une idée du temps d'après la quantité de choses que nous pouvons exécuter dans un temps donné. En songe, nous croyons voir et exécuter réellement tout ce que notre mémoire a extrait successivement de ses casiers par l'association des idées, et nous jugeons du temps écoulé d'après celui qu'il nous aurait fallu pour exécuter réellement tout ce que nous n'avons fait que penser.

Viennent ensuite quelques considérations sur l'association des idées, qui me paraissent mériter d'être reproduites intégralement:

«Chacune des idées de l'homme dont l'intelligence est parvenue à un certain degré de développement ne s'est pas établie séparément dans son esprit; elle y est entrée avec plusieurs autres idées qui s'y rattachent par leur analogie, par leur coexistence, et par toute espèce de relations. Lorsque l'une de ces idées se présente de nouveau, elle en rappelle nécessairement plusieurs autres, avec une vivacité, un entraînement que les esprits médiocres ne savent pas toujours maîtriser. On dirait que l'intelligence entraînée par chaque idée nouvelle qui la frappe, se jette comme dans une espèce de sillon, qui la conduit involontairement dans plusieurs autres. C'est ainsi que le simple son ou l'idée d'une cloche pourra faire naître tout à coup, tantôt l'idée du triste appareil d'un convoi funèbre, tantôt l'idée d'une solennité religieuse ou l'image d'une pompe conjugale, selon l'état présent de notre sensibilité et la manière dont toutes ces choses se sont enchaînées dans notre esprit ; c'est là ce que l'on appelle la *liaison ou l'association des idées*, qui peut s'étendre, chez les sujets mobiles, aux différentes actions corporelles qui ont le plus de rapport avec ces idées, et qui leur succèdent ou leur correspondent dans certaines habitudes de la vie.

«Cette association, loin de s'affaiblir pendant un sommeil léger[40] et dans la plupart des rêves, a beaucoup plus de liberté, d'étendue, d'entraînement que pendant la veille. Une impression plus ou moins vive la provoque souvent dans les songes qui sont déterminés par des causes occasionnelles, telles qu'une manière d'être couché, une affection intérieure plus ou moins pénible, etc.

«En effet, ces impressions rappellent soudain, d'une manière véritablement automatique, certains groupes, certains assemblages d'idées ou d'images qui s'y rattachent d'une manière quelconque, mais dont l'enchaînement est continuellement interrompu par d'autres liaisons d'images ou d'idées qui se succèdent et se croisent dans tous les sens, avec ce désordre, cette confusion qu'aucune puissance intellectuelle ne maîtrise alors[41], et que l'on peut regarder comme la nature et l'essence du rêve.

«Plusieurs impressions intérieures de douleur produisent également des rêves qui se rattachent quelquefois à ces affections d'une manière plus ou moins directe. Les cauchemars les plus pénibles sont ceux des personnes qui ont des spasmes du bas-ventre, ou une respiration très difficile, ou une maladie de cœur ou des gros vaisseaux. Les hypocondriaques, les femmes nerveuses, hystériques, enfin tous les individus qui ont des digestions laborieuses sont exposés aux mêmes rêves.

«Frappées de ces rapports entre les rêves et leurs causes occasionnelles, quelques personnes ont pensé avec raison que plusieurs perceptions, plusieurs idées qui se présentent à l'esprit pendant les rêves ne sont pas complètement erronées ou illusoires. M. le professeur D.[42], avec lequel je m'entretenais un jour de ces importantes matières, m'a paru convaincu, d'après ses observations et son expérience personnelles, que les rêves pendant lesquels on est fortement préoccupé d'une idée particulière, de l'idée, par exemple, que l'on se trouve plongé dans l'eau, au milieu d'un incendie, qu'un membre est gelé ou mort, etc., dépendent d'un état morbide et déterminé de l'organisation.

«Il étend son opinion, et d'après ses vues de physiologie très élevées, aux rêves dans lesquels on croit recevoir un coup violent à la tête, ou à ceux dont le développement fait croire que l'on est pressé par une résistance insurmontable, ou tourmenté par l'embarras de trouver son chemin dans une espèce de labyrinthe, ou à travers des précipices, des sinuosités, des détours, qu'on ne pourrait franchir sans s'exposer à être étouffé.»

---

[40] On pourrait se demander pourquoi cette condition d'un sommeil *léger*, mais il faut se souvenir que Moreau (de la Sarthe) n'admet point de rêves durant le sommeil profond.

[41] Voir aux *Observations pratiques* des preuves de l'opinion contraire.

[42] Probablement le docteur Double.

Cette opinion, nous l'avons dit, ne remonte rien moins qu'à Hippocrate. Elle fut également professée par le célèbre Aristote, à la sagacité duquel l'extrême sensibilité de notre organisme durant le sommeil n'avait point échappé. Elle peut conduire, dit-il, à découvrir comment certaines émotions profondes et intérieures, qui dépendent d'un commencement de maladie grave, sont inaperçues durant la veille, tandis qu'elles occasionnent des rêves particuliers que l'on pourrait regarder comme le prélude ou les premiers symptômes de ces maladies. Regrettant vivement, pour ma part, que le docteur D. n'ait pas cru devoir publier ses remarques intéressantes qui m'eussent fourni sans doute de précieux éléments de comparaison, je dois appeler ici de nouveau l'attention sur l'importance que de semblables indications pathologiques acquerraient si le malade endormi, conservant, au milieu du rêve, la conscience de ce qu'il est et de ce qu'il éprouve (grâce à l'habitude qu'il en aurait contractée), pouvait alors fixer son attention tout entière sur ces perceptions intimes, d'une exquise sensibilité.

Ici, et surtout dans le paragraphe suivant, Moreau (de la Sarthe) insiste d'ailleurs lui-même sur ce fait, que l'association, soit entre les impressions et les idées, soit entre les idées et certains mouvements organiques, a lieu avec plus de force dans les rêves que dans l'état de veille, l'isolement momentané des impressions extérieures favorisant le percevoir des sensations internes les plus délicates.

Il termine cette section de son travail par une observation dont je suis prêt à reconnaître la justesse, tout en m'expliquant le fait qu'il signale exactement à l'inverse de la manière dont il l'entend.

«Si le sommeil,» dit-il, «devient alternativement profond et léger, certaines parties d'un rêve s'effacent, tandis que les parties claires et sensibles se présentent avec l'apparence d'un seul rêve au moment du réveil.»

Pour Moreau (de la Sarthe), qui croit à l'absence des rêves durant le sommeil profond, les tableaux les plus clairs et les plus sensibles seront ceux qui auront occupé l'esprit alors que le sommeil devenait plus léger. Pour moi, qui me suis servi d'une comparaison tirée des effets de la lanterne magique, afin d'indiquer au contraire que plus l'isolement du monde extérieur sera grand, plus les illusions du songe seront vives, j'estimerai que les parties les plus claires et les plus sensibles du rêve seront celles qui auront correspondu aux phases du sommeil le plus complet.

ART. 6. DU CARACTERE DES SENSATIONS ET DES IDEES PENDANT LES REVES, ET DES PERCEPTIONS ILLUSOIRES EN PARTICULIER. — L'auteur répète, ce qui n'est contesté par personne, que « l'action des objets extérieurs sur les sens, non plus que les impressions des organes internes, ne sont pas suspendues pendant le sommeil.» Il observe ensuite, ce qui rentre complètement dans mes idées, puisque selon moi toutes les illusions des rêves sont tirées des casiers de la mémoire, «que les impressions éprouvées pendant le sommeil ne peuvent faire naître une sensation actuelle et directe, tandis qu'elles rappellent, avec la plus grande facilité, les sensations antérieures, les idées acquises, les habitudes de pensées ou de mouvement contractées par le dormeur suivant son genre de vie.

«Les impressions qui, sans exciter de véritables sensations, font naître différents rêves sont du reste beaucoup plus vives, plus fortes que dans l'état de veille. Des stimulations, des irritations, qui seraient à peine senties lorsqu'on n'est pas endormi, telles que la piqûre d'un insecte, le plus faible bruit, etc., acquièrent, pendant le sommeil, une énergie, une intensité qui, sans l'interrompre, deviennent tout à coup l'occasion et le point de départ d'un rêve.»

Ceci nous ramène tout naturellement aux considérations exposées un peu plus haut à propos des remarques du docteur D.

«Les idées, les images qui se présentent à l'esprit pendant les rêves, continue Moreau (de la Sarthe), ont quelque chose de la force, de la vivacité des impressions qu'elles ont rappelées par voie d'association. C'est ainsi du moins que l'on conçoit comment la plupart des rêves ne sont jamais indifférents, mais sont, en général, charmants ou terribles.»

Et, comme exemple à l'appui de ce qui précède, le fait suivant est rapporté:

«Une jeune dame à laquelle je donnais des soins pour une indisposition, et que je trouvai tout émue au moment de ma visite, me raconta pour expliquer son trouble, qu'ayant rêvé qu'un homme s'était introduit dans son appartement, elle s'était réveillée en sursaut et précipitée hors de son lit en criant au voleur. Ce songe, dont je cherchai à découvrir le développement, avait eu pour origine l'application du bras même de la rêveuse, engourdi et froid, contre son sein, ce qu'elle avait pris pour un contact étranger.»

L'auteur rappelle que Cardan crut avoir composé plusieurs ouvrages remarquables en songe; il cite de nombreuses assertions analogues attribuées à Voltaire, à Condillac, à Franklin et à d'autres célébrités, ce qui, soit dit entre parenthèses, me paraît contrarier singulièrement ses propres théories sur l'anéantissement des facultés de l'âme pendant le sommeil. Pour moi, tout en faisant théoriquement la part beaucoup plus large aux ressources de l'esprit de l'homme endormi, j'ajoute cependant peu de foi à la perfection des ouvrages conçus et composés en rêve; et je suis persuadé que la déception des personnages qu'on vient de nommer eût été le plus souvent très grande, s'ils avaient pu conserver à leur réveil un souvenir bien net de ces compositions exceptionnelles, dont un vague sentiment d'enthousiasme leur était uniquement resté. J'aurai l'occasion de citer à ce sujet quelques observations pratiques, et à l'endroit où elles seront consignées, je reviendrai sur les réflexions qu'elles peuvent inspirer.

L'écrivain du Dictionnaire des Sciences médicales expose ensuite que l'on *voit*, en rêve, plus souvent que l'on n'*entend*, que l'on croit souvent *toucher*, mais très rarement *goûter* ou *odorer*. Il ajoute que les réminiscences purement intellectuelles sont aussi plus fréquentes que celles qui tiennent aux sens. Fussent-elles incontestables, ces observations n'auraient rien de bien notable par elles-mêmes, puisque le tact et la vue jouent dans notre existence réelle un rôle bien plus important que l'odorat et le goût; mais, pour les appuyer, Moreau (de la Sarthe) imagine une distinction singulière qu'il est bon de ne point passer sous silence, ne serait-ce que pour montrer à quelles subtilités déraisonnables l'abus des classifications peut entraîner. Il qualifie d'*hallucinations* les rêves où l'on croit entendre des cris, des détonations, de la musique, etc, «La plupart des idées et des impressions dont l'assemblage forme les rêves,» dit-il, «quoique illusoires par rapport aux objets extérieurs, ne peuvent pas être regardées comme entièrement illusoires, si on les considère dans leur liaison avec le dérangement ou la souffrance des organes qui font naître ces perceptions.»

En d'autres termes, la plupart des rêves sont dus à des sensations physiques qui réveillent certaines séries d'idées.

Et maintenant pour faire des hallucinations (telles qu'il les entend) un phénomène entièrement à part, bien distinct, il ajoute: «Ce que nous entendons par hallucinations diffère entièrement de ces perceptions, de ces idées dont il est toujours possible jusqu'à certain point de reconnaître la cause occasionnelle. Les hallucinations, ainsi que l'indique l'étymologie du mot, sont de véritables surprises, des illusions, des visions si complètes, des perceptions si évidemment morbides et erronées que l'on ne peut les attribuer qu'à une *altération plus ou moins profonde du cerveau.* De telle sorte, *qu'en certains cas*, on peut avoir des hallucinations au milieu de ses rêves.»

Mais, en de pareils cas, comment distinguera-t-on l'hallucination du rêve?

Suivant l'auteur, l'hallucination sera distinguée du rêve en ce que «dans les cas d'hallucination on est fortement convaincu que l'on voit, et surtout que l'on entend, que l'on touche comme dans l'état de veille.» Ce qui revient à dire que lorsque le rêve est d'une grande vivacité, d'une grande netteté, d'une grande illusion enfin, l'auteur le nomme *hallucination.*

Sans insister plus qu'il ne convient sur la réfutation de ces théories arbitraires, ajoutons pourtant quelques mots encore afin de n'avoir plus à en parler. Si l'on voulait admettre cette donnée que les rêves provoqués par des sensations physiques occasionnelles sont les seuls qui soient de véritables rêves, tandis qu'on devrait nommer *hallucination*, et attribuer à une altération plus ou moins profonde du cerveau tous les songes qui n'auraient point de cause occasionnelle directe, ou du moins où l'appréciation de cette cause nous échapperait, il faudrait donc tout d'abord refuser à l'imagination la puissance d'évoquer elle-même des tableaux, par la simple association des idées. Et lorsqu'une série de scènes et de tableaux, liés ensemble par ce phénomène incontestable de l'association des idées, se déroulerait à l'esprit dans un songe dont le point de départ aurait été quelque sensation physique, il faudrait donc appeler *rêve* ce point de départ, et *hallucination* tout le surplus? non sans avoir, en outre, pourvu que les illusions aient été vives, l'appréhension en perspective de *quelque altération plus ou moins grande du cerveau*? Qui donc se flattera de pouvoir, avec justesse, établir pratiquement de semblables distinctions?

S'égarer dans un labyrinthe d'appréciations aussi subtiles, quand on en sait encore si peu que nous en savons sur l'essence même de ces questions mystérieuses, me paraît, je l'avoue, d'une grande présomption, appelons comme il nous plaira les illusions du sommeil, de l'extase, du délire, et même de la folie; mais reconnaissons qu'il s'agit d'un phénomène unique dans son essence, l'isolement du monde ambiant, le retrait de l'esprit sur lui-même, et par suite la croyance à l'existence et à la succession réelle de faits qui n'existent que dans notre esprit. Etudions d'abord ce phénomène sous sa forme normale, dans le sommeil naturel, et peut-être comprendrons-nous mieux ensuite toutes les modifications exceptionnelles qu'un état morbide pourra lui imprimer. Ma résistance à demander l'explication de nos rêves au jeu des fibres cérébrales ne va pas assurément jusqu'à me faire oublier cette intime solidarité de l'âme et de la matière, dont notre cerveau renferme le mystère. J'insiste seulement pour que, dans notre impuissance à pénétrer les lois de cette union secrète, nous cherchions le *comment* plutôt que le *pourquoi* de ce qui se passe en nous.

Comme exemple de ces rêves d'une vivacité extrême, durant lesquels les forces actives de l'imagination déploient toute leur énergie, et qu'il se plaît à nommer hallucinations, Moreau (de la Sarthe) cite ce rêve fameux du compositeur Tartini; auteur d'une sonate célèbre connue sous le nom de *Sonate du diable*. Le maestro s'étant endormi, fortement préoccupé de la composition d'une sonate, cette préoccupation le suivit dans le sommeil; au moment où il se croyait, en rêve, livré de nouveau à son travail et désespéré de son peu d'inspiration, il vit tout à coup le diable lui apparaître, saisir son violon et jouer la sonate tant désirée avec un charme inexprimable d'exécution. Il se réveilla dans le transport de sa joie, et nota immédiatement, de mémoire, le morceau qu'il avait terminé en croyant l'entendre.

J'admets sans difficulté «que Tartini ait pu composer ainsi une excellente sonate. Quant aux travaux littéraires accomplis en songe, j'estime que la haute opinion qu'on s'en fait parfois au réveil tient surtout au souvenir très incomplet qu'on en garde, et je me réserve de donner plus loin, aux observations pratiques, quelques exemples à l'appui de cette opinion motivée.

Un fait curieux est aussi rapporté par l'auteur de l'article *Rêve*. Ayant eu l'occasion de tâter le pouls d'un songeur dont la physionomie trahissait l'émotion causée par un cauchemar horrible, il trouva son pouls dans un état normal. Observation, qui vient en corroborer beaucoup d'autres, tendant à démontrer le degré d'isolement et d'indépendance que peut quelquefois, en songe, acquérir notre esprit.

Jusqu'ici Moreau (de la Sarthe) s'est attaché surtout à étudier les causes matérielles ou morales de nature à exercer sur nos rêves une action plus ou moins prouvée. Il aborde ensuite la question de l'influence que nos rêves peuvent avoir à leur tour sur notre organisation physique. Suivant lui, le retour plusieurs fois répété de certains rêves d'une vivacité très grande, et d'un caractère émouvant peut donner l'origine d'une aliénation mentale.

«Les sensations corporelles, les actions organiques, certains mouvements très suivis, très composés, dont la réalité semble évidente dans la plupart des rêves, ne sont pas moins illusoires que les images, les représentations, les idées, les sentiments dont ils paraissent la suite ou la conséquence.

«Cependant certaines sensations pénibles ou agréables sont véritablement éprouvées pendant le développement de plusieurs songes, et, pour le prouver, il suffira de rappeler ce qui se passe dans les rêves voluptueux.

«Quant aux actions, aux mouvements plus compliqués qui s'exécutent parfois au milieu des rêves, on en trouvera, non-seulement des exemples chez les somnambules, mais chez les personnes qui gesticulent, qui crient en dormant ou qui chantent, qui parlent, et récitent des morceaux de prose ou de vers dont ils auraient un souvenir beaucoup moins facile et moins exact pendant la veille.»

En ce qui concerne les rêves voluptueux, comme l'auteur les appelle, j'aurai plus loin quelques distinctions précises à établir. Quant aux faits qui regardent le somnambulisme, il n'entre point dans le cadre de cet ouvrage de s'y arrêter particulièrement.

ART. 7. DU DEVELOPPEMENT, DE LA MARCHE ET DU SUJET DES DIFFERENTES ESPECES DE REVES. — L'auteur a posé des considérations générales, qu'il regarde comme une analyse de l'entendement humain. Il va maintenant «examiner comment les rêves se développent, quels en sont la trame ordinaire, le fond habituel, et comment, dans plusieurs cas, on peut les rapporter à certains points fixes et à des causes déterminées.»

Quelques rêves sont si courts, si passagers, se succèdent avec tant de rapidité que l'on chercherait en vain, selon lui, à suivre la progression, l'enchaînement des idées ou des perceptions qui en forment la trame incomplète et désordonnée. Ces rêves, dit-il, surviennent dans un sommeil incomplet que l'on nommera somnolence ou rêvasserie.

Observons, en passant, combien le champ va se rétrécissant de plus en plus pour l'étude du sujet qu'il nous serait permis d'appeler le rêve véritable. Si le sommeil est profond, nous n'aurons, assure-t-on, aucune espèce de rêves. S'il est trop léger, les éléments des rêves qu'il produira seront insaisissables.

«Il faudra aussi rapporter à cette espèce de rêvasserie l'état où l'on se trouve après un premier somme assez court, et dans lequel on est exposé au retour opiniâtre d'une idée ou d'un petit nombre d'idées, qui, sans former un véritable rêve, reviennent continuellement nous assiéger.»

Plus loin l'auteur attribue à la fatigue ou à l'ébranlement du cerveau «plusieurs rêves assez suivis qui sont fréquents après l'usage inaccoutumé de quelque exercice violent, tel que la chasse et l'équitation, ou, chez les enfants, à la suite de jeux très animés.»

«On aperçoit souvent,» continue-t-il, «la cause occasionnelle de ces différents rêves ou rêvasseries; mais en vain voudrait-on en découvrir le premier nœud, le point de départ.»

C'est cependant ce premier nœud, ce point de départ que je crois avoir saisi plus d'une fois, et que j'espère aussi mettre le lecteur en état de saisir lui-même.

«Les rêves qui se composent d'une trame, d'un enchaînement d'idées et d'images s'éloignant le moins possible de la manière d'être du rêveur, de ses habitudes d'esprit, etc., indiqueront généralement la santé, puisqu'ils dénoteront l'absence de sensations anormales de nature à déranger le cours naturel des idées.»

Cela est très juste, et tout à fait élémentaire. Il n'est pas moins évident, par contre, que les rêves qui nous offriront des scènes ou des tableaux émouvants, en dehors de nos préoccupations ordinaires, entraîneront, de prime abord, la présomption d'un état insolite dans l'organisme du rêveur.

Moreau (de la Sarthe), qui va consacrer le dernier paragraphe de son article à l'interprétation médicale de plusieurs rêves, insiste, en terminant celui-ci, sur le fréquent rapport de ces illusions du sommeil «avec certaines impressions intérieures, avec l'époque et la marche des maladies aiguës, leurs crises, et même les moyens de traitement qu'il convient de leur opposer, comme si des voix intérieures, l'inspiration spontanée de l'instinct avaient plus de liberté et d'énergie dans l'homme pendant le sommeil que pendant la veille.

«Un simple mouvement fébrile, surtout pendant la jeunesse, certaines dispositions morbides du cerveau qui précèdent quelquefois des lésions plus graves occasionnent ces rêves pendant lesquels on se trouve si éloigné de soi-même, de son caractère et de sa tournure d'esprit. Il n'est pas sans exemple d'avoir des songes tout à fait extraordinaires, qui se montrent comme des événements isolés dans l'existence de celui qui rêve, et dont le souvenir, très faible au moment du réveil, se reproduit plus tard avec beaucoup de vivacité, lorsque les mêmes causes rappellent les mêmes songes, qui se présentent alors comme une situation antérieurement éprouvée, et dont on se rappelle toutes les circonstances.»

Cette dernière observation est d'une grande justesse et d'une grande finesse d'aperçus. Le fait d'une sorte de mémoire particulière à l'état de rêve, au moyen de laquelle on retrouve en rêvant les souvenirs très précis de rêves antérieurs complètement effacés durant l'état de veille, est un des phénomènes dont la constatation m'a le plus frappé dans mes observations pratiques: soit qu'il ait pour cause occasionnelle le retour de quelques sensations morbides, extrêmement délicates et perçues seulement durant le sommeil, soit qu'il émane de la seule association des idées, dès que la mémoire en a classé les tableaux parmi ses *clichés-souvenirs*.

ART. 8. INTERPRETATION MEDICALE ET CLASSIFICATION DES REVES. —Déjà Moreau (de la Sarthe) a cité plusieurs exemples de cette liaison qui existe parfois entre les rêves, et les variations de la santé. Il signale maintenant la nécessité, si l'on veut s'occuper des rêves au point de vue de la séméiotique, de ne point confondre avec l'effet des impressions intérieures et morbides, «tout ce qui peut dépendre soit d'une irritation ou d'une préoccupation mentale prolongées pendant le sommeil, soit de la manière d'être couché et de différentes impressions externes et locales.» Puis il entreprend de classer les rêves selon leur nature, et selon le diagnostic qu'on en peut tirer.

Je ne saurais le suivre dans cette partie pathologique de son travail, ce serait empiéter sur le domaine exclusif de la médecine que je ne me sens pas capable d'aborder. Je dirai seulement que ces aperçus me paraissent abonder en observations utiles, et je citerai quelques passages qui ne sortent point du cadre que je me suis tracé.

En parlant des oppressions si pénibles auxquelles on a donné le nom de cauchemars, Moreau (de la Sarthe) s'exprime ainsi:

«Ce genre de rêves est susceptible d'une infinité de modifications très variées depuis l'impossibilité d'avoir ou de communiquer certaines idées, d'effectuer un projet, d'accomplir une résolution quelconque jusqu'à l'angoisse que l'on éprouve en sentant l'impossibilité de faire un mouvement pour se dégager de la position la plus dangereuse.

«On regarde avec raison le véritable incube, le cauchemar complet et absolu, comme le plus pénible et le plus douloureux de tous les rêves, et il n'est pas étonnant que l'on ait pensé qu'il ait pu devenir, dans certaines circonstances, une cause de mort subite.

«Cette espèce de songe est éminemment caractérisée par la vue d'un grand péril ou l'apparition de l'objet le plus effrayant, le plus horrible, combinée avec l'impossibilité vivement sentie, de parler, de crier, de se mouvoir, accompagnée d'un sentiment d'angoisse et d'oppression qui ne se rencontre pas dans les autres songes morbides, quelque tragiques et quelque douloureux qu'on puisse les supposer.»

Je ferai remarquer encore que cette atroce anxiété, que cette oppression désespérée dont la cause physique occasionnelle n'est parfois qu'un léger malaise prouvent à quel point la sensibilité peut s'accroître durant le sommeil. Le cauchemar nous offre l'expression de la souffrance, poussée par cette surexcitation nerveuse et morale à son maximum d'intensité, comme aussi certains rêves d'une tout autre nature savent exalter en nous l'instinct des passions les plus ardentes et nous font éprouver des sentiments de joie, des transports d'une volupté suprême qu'il serait difficile de ressentir aussi profondément dans la réalité.

«Plusieurs dispositions morbides, mieux déterminées que celles qui occasionnent le cauchemar,» poursuit Moreau (de la Sarthe), «ont une influence marquée sur la nature des rêves, à tel point que, dans ce cas, le songe des malades peut mieux éclairer sur leur situation qu'aucun autre moyen d'information. Si l'on devait s'en rapporter à quelques observations faites par des auteurs dignes de foi, les inspirations, la voix intérieure de l'instinct auraient présenté, dans certaines circonstances, pendant les rêves, une justesse et une lucidité vraiment prophétiques, non-seulement en ce qui concernait le siège ou la nature de différentes affections morbides, mais encore dans l'indication de quelques moyens de traitement très énergiques.»

Cette exaltation de la sensibilité interne, dont tant de fois déjà nous avons parlé, rend assurément très naturelle la perception la plus délicate des troubles intérieurs. Quant au fait de la divination des remèdes, il entraînerait, ainsi que le comprend l'auteur lui-même, cette conséquence assez curieuse que l'homme pourrait recouvrer parfois, durant le sommeil, cet instinct conservateur qui doit être inné chez lui comme chez les animaux, mais que l'éducation lui a fait perdre.

Moreau (de la Sarthe) poursuit son article par quelques considérations sur le somnambulisme et même sur le magnétisme, dont il regarde les effets comme des modifications morbides du sommeil et des rêves. Il cite des faits nombreux à l'appui de cette opinion que je partage, et termine enfin par ces réflexions qui ne me paraissent point surannées:

«Le somnambulisme magnétique, si on le dégageait du merveilleux que les observateurs de ce singulier phénomène y ont souvent ajouté, se réduirait à une somnolence extatique ou cataleptique: seulement, il ne se manifesterait pas d'une manière spontanée; mais il arriverait dans certaines conditions déterminées et mises en jeu par un tiers, au moyen d'une force attachée à son système nerveux en particulier ou à l'ensemble de son organisation.

«Dans cette situation, qui semble d'ailleurs ne pouvoir être provoquée que chez un petit nombre d'individus et par suite d'une aptitude spéciale et morbide, le cerveau se trouve, comme dans le somnambulisme, et à un bien plus haut degré que dans le sommeil naturel, dans un isolement complet des objets extérieurs.

«La succession, la combinaison des idées est sensiblement modifiée et rendue plus active par l'état d'excitation et d'exaltation concentrée de l'organe cérébrale. Les personnes qui sont placées dans une pareille situation acquièrent tout à coup une sorte de clairvoyance ou d'instinct, relativement à leurs maladies, et peuvent être conduites plus promptement que pendant la veille à quelques aperçus qui se rapportent à leur position actuelle, soit physique soit morale.»

Cette dernière appréciation me paraît très juste. Tel est suivant moi le secret de la plupart des faits semi-merveilleux qui se rapportent au somnambulisme naturel ou artificiel. La communication qui s'établit entre le dormeur et la personne éveillée permet de réunir la direction réfléchie et dirigeante de l'un à l'extrême lucidité concentrée de l'autre. Il en résulte, simultanément, une logique d'investigations et une finesse de perceptions que ne sauraient jamais posséder à la fois ni l'homme endormi ni l'homme éveillé. De là une perspicacité extraordinaire, soit pour découvrir le siège et la nature de certaines lésions internes encore inappréciables à l'état de veille, soit pour prévoir par voie d'inductions et à l'aide de raisonnements instinctifs d'une grande justesse, certains événements futurs qui existent déjà pour ainsi dire en germe, et dont l'accomplissement ne sera que le développement d'une série de faits conséquents les uns des autres. Mais, au point de vue pathologique, pour que cette lucidité soit rationnelle et sérieuse, il est bien entendu que le dormeur devra l'exercer sur son propre organisme et non sur celui d'autrui, auquel cas je n'y aurais plus la moindre confiance. Je n'aborderai point, du reste, la discussion de ce genre de faits; elle me conduirait en dehors du domaine de mes observations personnelles, dans lequel je désire me renfermer.

Nous avons vu plus haut que Moreau (de la Sarthe) entendait faire des hallucinations un phénomène à part. Celles qu'il attribue aux cataleptiques lui suggèrent l'idée d'une nouvelle distinction physiologique. Pour moi qui n'étudierai point ces états anormaux dans leur cause morbide, prenant seulement le mot *hallucination* dans le sens générique de toute illusion qui ne procède pas du sommeil naturel, je me contenterai de remarquer que ce phénomène ne diffère nullement dans ses résultats du rêve ordinaire, s'il est comme lui *la représentation aux yeux de l'esprit de l'objet qui occupe la pensée, alors qu'il y a isolement complet du monde extérieur.* La différence entre l'hallucination et le rêve pourra donc exister dans les conditions physiques qui préparent la vision, mais non point dans le caractère de cette vision considéré en lui-même. Que ce soit le sommeil naturel qui, par l'engourdissement du corps, nous fasse perdre le sentiment de la réalité ambiante et permette à l'esprit de concentrer sur une idée toute sa puissance imaginative, ou bien que le même effet soit amené par quelque perturbation matérielle de notre organisme, le résultat final n'en sera pas moins identique. Il faut la suppression de toute lumière du dehors pour que les tableaux de la lanterne magique se montrent nets et colorés sur le rideau où leur image se projette; mais que cette condition se trouve remplie par le retour de la nuit naturelle, ou bien par une clôture hermétique en plein jour, le caractère du phénomène n'est aucunement modifié pour cela.

Esquirol n'hésite pas à écrire: «les prétendues sensations des hallucinés sont les images de leurs idées, reproduites par la mémoire, associées par l'imagination et personnifiées par l'habitude. L'homme rêve alors tout éveillé.»

C'est aussi l'opinion de MM. Roubaud-Luce et Fodéré.

Nous arrivons aux contemporains, dont je n'ai point la prétention de passer tous les écrits en revue, d'autant qu'on y rencontre bien rarement des considérations nouvelles, au point de vue surtout de l'analyse raisonnée des phénomènes du rêve. Maine de Biran s'est fait l'adversaire de Jouffroy. M. Lélut s'est attaché à tenir la balance entre ces deux auteurs. Rattier émet à peu près les mêmes idées que Dugald-Stewart, combattant l'opinion de la suspension de l'attention professée par Moreau (de la Sarthe), à laquelle il oppose cet argument:

«Le sommeil ne suspend pas l'activité de l'âme, mais seulement l'empire de la volonté, soit sur les organes corporels, soit sur l'ordre et le cours de nos pensées: l'esprit conservant même la faculté de donner son attention aux suites d'idées ou de conceptions qui se succèdent en lui, puisque autrement il serait impossible d'expliquer comment l'âme au moment du réveil, conserve le souvenir de ses songes, car il est bien certain que nous ne nous rappelons et que nous ne pouvons nous rappeler que les choses qui ont été l'objet de notre attention[43].»

Dans sa *Physiologie de l'homme*, le docteur Adelon admet la possibilité du sommeil sans rêves, comme plusieurs de ses devanciers; mais telle est la force de la vérité, qu'il est entraîné par la logique à se contredire lui-même sur ce point si important et si controversé, quand il écrit: «Selon que le sommeil est plus ou moins profond, on conserve ou non le souvenir de ses rêves.»

Et il sera contredit formellement aussi par Brière de Boismont qui, d'accord avec Jouffroy, posera hautement ces conclusions précises: «On a objecté contre le rêve, justement nommé le repos de l'esprit, qu'il manquait très souvent et qu'une foule de personnes se réveillaient sans avoir rêvé.» Cette objection n'est pas fondée. Une expérience décisive ne laisse aucun doute à cet égard. Si vous êtes entouré d'individus qui dorment, et si le sommeil ne peut approcher de vos paupières, vous serez témoin de gestes, de paroles, d'actes qui sont autant d'indices révélateurs des rêves, et il suffira de les rappeler à ceux qui prétendent n'avoir rien rêvé pour les mettre sur la voie. Cet oubli du rêve après le sommeil n'est pas plus extraordinaire que ce qui a lieu dans l'état de veille, où l'on ne se rappelle pas à la fin de la journée la centième partie des pensées qui s'y sont produites[44].»

Le docteur Adelon, de son côté, combattra l'opinion de ceux qui nient la persistance de la volonté durant le sommeil. Il s'appuiera sur l'expérience de Condillac, et nous dira: «Quelquefois, pendant le sommeil, de véritables travaux intellectuels se produisent, que la volonté semble diriger. Souvent on résout tout à coup, avec promptitude, des difficultés de mémoire, de jugement, d'imagination qu'on n'aurait pas pu vaincre pendant la veille. On est étonné de la lucidité de ses idées et de la facilité avec laquelle on les exprime alors. Cela vient sans doute de ce que l'activité de l'esprit est toute concentrée sur un objet, et n'en est distraite par aucune autre action.»

La même absence de distraction, la même concentration des forces vitales, tandis que les actions de la veille sont suspendues, auront pour résultat d'exalter jusqu'à l'extrême toutes les émotions de l'ordre sensuel. «Si le songe est relatif à la génésie, les organes extérieurs, sous sa dépendance, agissent. Les fonctions des organes intérieurs, qu'émeut d'ordinaire la passion, sont aussi modifiées; la respiration devient haletante, entrecoupée de soupirs; le cœur palpite avec force. L'homme qui est sous le poids du *cauchemar* ou de l'*incube*, est dans le même état d'angoisse que s'il était en proie à la souffrance la plus réelle.»

Sur ce point, je serai tout à fait d'accord avec l'auteur que je cite, et je prendrai note aussi de cette déclaration conforme à mes observations personnelles; «qu'on s'interroge parfois pour savoir si les scènes qu'on vient d'avoir sous les yeux sont réelles, ou bien si elles ne sont que le produit d'un songe, et que l'on peut

---

[43] *Cours complet de philosophie*, par M. Rattier, t. II, p. 422.

[44] Brière de Boismont, *De l'identité du rêve et de la folie*.

alors plus ou moins y donner suite, les faire renaître quand elles plaisent, ou les faire cesser par le réveil quand le contraire a lieu[45].»

Mais sur la question de la lucidité des idées en songe, et de la perfection des travaux d'esprit qu'on y peut accomplir, je serai porté à garder une opinion intermédiaire entre celles de Müller et de Cabanis.

Müller dit: «Il arrive parfois qu'on raisonne en rêve avec plus ou moins de justesse. On réfléchit sur des problèmes, et l'on se félicite d'en avoir trouvé la solution. Cependant, lorsqu'on s'éveille à temps, on trouve souvent que les résultats auxquels on croyait être arrivé sont purement illusoires, et que la solution dont on se réjouissait n'a pas le sens commun.»

Cabanis, au contraire, a écrit: «Nous avons quelquefois en songe des idées que nous n'avions jamais eues. Nous croyons converser par exemple avec un homme qui nous dit des choses que nous ne savions pas. En effet, l'esprit peut continuer ses recherches dans les songes; il peut être conduit par une certaine suite de raisonnements, à des idées qu'il n'avait pas; il peut faire, à son insu, comme il le fait à chaque instant durant la veille, des calculs rapides qui lui dévoilent l'avenir; enfin, certaines séries d'impressions internes, qui se coordonnent avec des idées antérieures, peuvent mettre en jeu toutes les puissances de l'imagination, et même présenter à l'individu une suite d'événements dont il croira quelquefois entendre, dans une conversation régulière, le récit et les détails[46].»

J'estime qu'il y a lieu de faire d'importantes distinctions, suivant la nature des travaux dont il s'agira. Les travaux qui exigent l'application réfléchie d'une infinité de notions complexes, acquises par l'étude pendant la vie réelle, des comparaisons prises de loin, des raisonnements et des déductions suivies, ces travaux-là seront généralement mauvais. Ceux qui demandent au contraire plus d'inspiration que de sang-froid, et pour lesquels une demi-ivresse ne serait pas nuisible; ceux où l'esprit s'exerce sur une matière simple, positive, homogène, où les idées conséquentes s'enchaînent d'elles-mêmes, comme dans les calculs mathématiques, par exemple; ou bien encore où les réminiscences et les rapprochements par analogie de formes sont d'une grande ressource, comme les compositions des musiciens, des peintres et des architectes, ceux-là pourront parfois être excellents.

Cette question sera développée plus loin au livre des observations pratiques. J'essayerai d'y expliquer, et d'appuyer de quelques exemples, ce que je ne fais ici que mentionner.

J'ai lieu de croire, du reste, que mes propositions sur la possibilité de guider ses propres rêves n'eussent pas été, *a priori* du moins, défavorablement accueillies par le célèbre physiologiste prussien, puisqu'il a dit aussi: «Quand le

[45] Adelon, *Physiologie de l'homme: du sommeil*, t. II, p. 361.
[46] Cabanis, *Rapport du moral et du physique de l'homme.*

rêve se rapproche beaucoup de l'état de veille, on sent très bien qu'on rêve et malgré l'intime conviction qu'on en a, on peut cependant continuer de rêver[47].»

Un autre passage du même écrivain pourrait encore appuyer de son autorité quelques-uns des moyens que je compte exposer touchant la direction des songes. «La lueur d'une lampe qui brûle, pendant qu'on dort, écrit-il, exerce, comme son extinction, une certaine influence sur les rêves. La cessation d'un bruit auquel on s'était accoutumé en dormant provoque des idées dans l'âme, aussi bien que le ferait un bruit inaccoutumé[48].»

Assurément, si l'on convient d'abord de ces deux points essentiels, la prolongation de la volonté durant le sommeil, et l'action efficace des agents extérieurs sur le cours des idées de l'homme endormi, on ne sera pas bien loin d'admettre que les rêves puissent être modifiés et même dirigés à volonté.

J'ai nommé tout à l'heure Brière de Boismont. Pour suivre exactement l'ordre chronologique, j'aurais dû parler auparavant de l'article *Sommeil*, publié en 1841, dans son *Encyclopédie nouvelle*, par le célèbre apôtre du socialisme, M. Pierre Leroux.

L'auteur s'attache d'abord, et surtout, à démontrer que ce sujet est encore l'un des moins élucidés des connaissances humaines, il attaque à la fois les psychologues et les physiologistes les plus renommés de la science moderne, pour montrer que ni les uns ni les autres n'ont su donner du sommeil et des songes une explication vraiment satisfaisante.

Les théories de Magendie, de Bichat, de Gassendi et de l'école de Leibnitz sont très finement critiquées par lui. Jouffroy, non plus, n'est point épargné: «Singulier résultat de la physiologie et de la psychologie enseignées aujourd'hui,» s'écrie-t-il enfin; «si je demande au physiologiste en quoi consiste le sommeil, il me renvoie immédiatement à l'âme, puisque, suivant lui, le corps ne présente d'autres phénomènes qu'une diminution dans l'état de veille. C'est donc l'âme, ou, comme disent les physiologistes, la vie de relation, qui seule peut expliquer le sommeil. Cessation momentanée ou suspension de la vie de relation, voilà en effet le dernier mot du physiologiste: mais si je m'adresse au psychologue, c'est tout l'inverse. Lui, il me renvoie au corps; il ne veut pas entendre que son âme dorme, qu'elle entre dans un état spécial, qu'elle soit différente dans le sommeil de ce qu'elle est dans la veille. C'est le corps, me dit celui-ci, qui est soumis à un état particulier qu'on nomme sommeil; l'âme est trop noble pour dormir. Le résultat de ces deux sciences, au point où elles sont aujourd'hui, serait donc évidemment de nous faire nier que le sommeil existe, puisque le corps ni l'âme ne veulent s'en charger, et que physiologiste et psychologue se renvoient alternativement les difficultés.»

---

[47] Müller, *Physiologie der Mentschen.*

[48] Müller, *Physiologie der Mentschen.*

La conclusion de M. Pierre Leroux et l'expression de son sentiment personnel, c'est que «l'être qui est en nous n'est ni pensée ni matière; en d'autres termes, que les idées que nous nous faisons de pensée et de matière, comme si la pensée et la matière existaient quelque part telles que nous les concevons, ne sont que chimères et qu'illusions; qu'il n'y a nulle part ni pensée pure, ni matière pure.»

On voit que pour tenir le milieu entre les psychologues et les physiologistes, le philosophe socialiste se jette lui-même, en niant l'existence isolée de la pensée, dans un matérialisme qu'on pourrait appeler très pur. Notre tâche n'étant point de porter la discussion sur ce terrain, bornons-nous à constater ici qu'aux yeux de M. Pierre Leroux «le sommeil n'est ni une intermittence de l'âme, ni une intermittence du corps; mais, au contraire, un travail en commun de l'âme et du corps, comme la veille, c'est-à-dire un état où ce qu'on nomme la vie de relation se continue sous une forme différente de la forme que cette vie affecte pendant la veille, tandis que ce qu'on nomme la vie organique se continue également sous une forme différente de la forme que cette vie affecte pendant la veille.»

Enfin, «que l'étude approfondie des songes doit être le seul moyen d'arriver à bien connaître le sommeil.»

J'ai montré par ce qui précède combien sont variées et contradictoires les opinions des nombreux écrivains qui ont abordé plus ou moins directement la question des songes. L'Académie des sciences morales parut prendre en considération cette absence de méthode, ce manque de données précises, révélant l'état peu avancé de la science dans cette branche si intéressante pourtant de la physiologie humaine, lorsqu'elle donna en 1854 le sujet de concours qui a été consigné plus haut[49].

Le mémoire couronné fut celui de M. Albert Lemoine, qui mérite une attention particulière, et que nous allons examiner avec soin.

Je continuerai d'ailleurs d'exposer au passage mes propres observations et mes propres idées, à mesure que l'occasion favorable s'en présentera.

[49] Page 8.

V

Du sommeil au point de vue physiologique et psychologique; par M. Albert Lemoine. — Existe-t-il un sommeil sans rêves? — Faut-il voir dans le rêve une forme particulière de la pensée? — Sur la transition de la veille au sommeil. — Nouvelles considérations sur la valeur des mots *rêver* et *penser*. — L'âme a-t-elle besoin de repos? — La théorie des ébranlements de fibres, et le système de Maine de Biran,— Comment M. Lemoine explique l'incohérence des songes. — Du plus ou moins de netteté dans les images, et pourquoi nos rêves offrent très rarement un égal degré de lucidité. — Au milieu de quelles circonstances une dame revoit en songe un frère qu'elle avait perdu plusieurs années auparavant. —Altération de certains *clichés-souvenirs* et merveilleuse conservation de certains autres. — De la transition par substitution ou par superposition d'images. — Sur la part de chacun de nos sens dans la formation de nos rêves. — Impuissance des théories matérialistes pour expliquer les illusions du sommeil. — Alternatives d'activité et de passivité de notre esprit, et conséquences de ce phénomène sur la trame de nos rêves. — Comment je classerais volontiers les songes. — De l'influence des sensations organiques sur l'esprit pendant les rêves, et réaction des préoccupations de l'esprit sur les organes. — Ce qui empêche quelquefois le sommeil d'être réparateur. — Nature de l'effort que fait l'esprit pour réveiller le corps. — Sensibilité morale. — Les sentiments que l'on éprouve en rêve ressemblent-ils toujours à ceux qu'on a quand on est éveillé? — De l'intelligence, en rêve, et pourquoi les jugements qu'on porte dans cet état sont très souvent erronés. —Comparaison du rêve et de la folie. — De la conscience, de la mémoire, de l'association des idées et de l'imagination, selon M. Lemoine.— Importantes distinctions à faire à propos du rôle que joue dans nos rêves cette dernière faculté. — De l'attention et de la puissance locomotrice.

Existe-t-il un sommeil sans rêves? Peut-on dormir sans rêver? Sur cette question capitale et primordiale, M. Lemoine nous offrira tout d'abord les plus cruelles hésitations.

«La première période du sommeil qui suit l'assoupissement *est presque toujours exempte de rêves*,» lira-t-on dès le début (page 20).

Mais un peu plus loin, voilà que le même chapitre contiendra des passages tels que ceux-ci:

«Si le souvenir d'un rêve s'est dissipé avec le sommeil, nous disons n'avoir pas rêvé. Qu'un témoin de nos songes surprenne, sur notre visage ou dans nos mouvements, la preuve que nous sommes agités par un rêve, et qu'il nous raconte ce qu'il a vu, nous dirons seulement que nous en avons perdu le souvenir; j'ajouterai même, à ce sujet, que j'ai réveillé des gens qui rêvaient et que je les ai forcés de convenir, en leur rappelant leurs dernières paroles ou leurs derniers gestes, qu'ils rêvaient véritablement.

«Il n'est pas douteux que pendant la veille nous ne cessons jamais de penser ou de sentir, cependant nous ne pourrions pas, à la fin de la journée, nous rappeler toutes les pensées qui ont occupé notre esprit, toutes les sensations qu'à éprouvées notre âme. Si nous ne conservons pas le souvenir de nos sensations et de nos pensées de la veille, à plus forte raison pouvons-nous oublier les rêves de la nuit. Lorsqu'au milieu d'une conversation familière, un silence de quelques instants vient surprendre les propos qui se croisent, qui donc n'a pas été surpris par cette question inattendue d'un ami : A quoi pensez-vous? Qui donc n'a répondu, comme réveillé en sursaut: Je ne pensais à rien, et corrigeant aussitôt la sottise de la première réponse, n'a pas ajouté: Oui, j'avais une pensée sans doute, plusieurs peut-être, mais si légères, si indécises, que votre question les a fait envoler sans qu'elles laissent aucune trace dans mon esprit (page 24).

«Cela prouve que lorsqu'au sortir d'un long et profond sommeil, je réponds à celui qui me raconte ses rêves de nuit que je n'en ai fait aucun pour ma part, il n'est pas certain du tout que cela soit. Cela prouve même qu'il est au moins possible que, pendant le sommeil du corps, l'esprit ne cesse jamais d'être occupé. L'absence de tout souvenir n'est pas une preuve que nous n'avons pas rêvé, car ce peut être l'oubli. Au contraire, la présence du souvenir en est une que nous pourrions rêver toujours, puisque nous rêvons quelquefois.

«Au sortir d'un sommeil lourd et profond, nous nous souvenons rarement d'avoir rêvé, ce qui est plus fréquent au contraire quand nous avons dormi d'un sommeil léger. Mais il *pourrait bien se faire que la profondeur du sommeil fût une circonstance aussi favorable aux songes et plus peut-être que la légèreté.»*

L'auteur appelle à l'appui de cette opinion très juste le fait déjà mentionné que les somnambules, c'est-à-dire ceux de tous ces dormeurs dont le sommeil est le plus profond, ceux dont les rêves sont les plus clairs et les plus suivis, sont aussi ceux qui se souviennent le moins de leurs songes, au point que les physiologistes font de cette amnésie un caractère essentiel du somnambulisme.

Il ajoute encore: «Il ne serait donc pas impossible que le sommeil le plus profond comme le plus léger, depuis l'existence de l'assoupissement jusqu'à celui du réveil, ne fut qu'une longue suite de rêves.» (Page 34.)

Et, posant ces axiomes que je suis bien loin de combattre:

«Une pensée qui dort, c'est ce qu'il est aussi impossible de comprendre qu'un esprit qui meurt;»

«Un esprit qui ne pense pas, c'est un corps grave qui ne pèse pas:» il arrive forcément à cette conclusion: «Il n'y a point de sommeil de la pensée, l'esprit ne connaît pas le sommeil.» (Page 61.)

Déjà Leibnitz avait dit: «Un état sans pensée dans l'âme et un repos absolu dans le corps me paraissent également contraires à la nature, et sans exemple dans le monde. Si le corps n'est jamais en repos, l'âme ne sera jamais non plus sans perception[50].»

Ne croyons pas cependant que M. Lemoine reviendra si complètement sur son opinion première. A peine a-t-il émis ces idées qu'il semble déjà les trouver trop hardies. Il cherche dès lors à les tempérer par des restrictions dont j'ai bien du mal, je l'avoue, à saisir la subtilité. Écoutons-le:

«Autre chose est prétendre que l'esprit ne cesse pas un instant de rêver pendant le sommeil, autre chose est dire simplement que la pensée n'est jamais

[50] Leibnitz, *Nouv. essais* éd, Erdmann. p. 223.

complètement suspendue pendant le repos des organes. *Le rêve est une pensée d'une espèce particulière.* C'est la forme la plus frappante et la plus commune peut-être de l'activité de notre esprit pendant le sommeil, *mais ce n'est pas la seule.*» M. Lemoine néglige de nous dire quelle autre forme peut revêtir l'activité de notre esprit durant le sommeil. Il continue: «Rarement même le rêve est sans aucun mélange de pensées et de sensations *d'une autre espèce*; jamais il ne remplit à lui seul toute la durée de notre sommeil, à moins que l'on n'appelle *songe* toute espèce de sentiments et de pensées, toutes les manifestations de l'activité de notre esprit, tous les phénomènes enfin dont la suite constitue l'état et l'histoire de l'âme durant le sommeil.»

Pour moi, j'estime en effet que *toute pensée de l'homme endormi est un rêve* plus ou moins lucide, et que c'est précisément cette forme de la pensée, ou du moins cette forme qu'elle revêt pendant le sommeil, qui constitue, au point de vue psychologique, la différence entre le songe et la veille. Un homme s'endort; tant qu'il est encore éveillé, sa pensée ne prend ni corps, ni couleur, le monde ambiant l'en empêche; à mesure que le sommeil gagne, sa pensée se colore et prend corps; c'est là le rêve, et le rêve est la forme de la pensée durant le sommeil. Quant à cette troisième forme de la pensée, dont semble parler M. Lemoine, je suis persuadé qu'il lui serait très malaisé de la définir. — Il est très vrai qu'on ne s'endort pas comme on se réveille, c'est-à-dire brusquement et sans transition; de sorte qu'on ne saurait préciser au juste le moment où la pensée perd son caractère de *veille* pour devenir *rêve*; mais cet état transitoire ne constitue pas plus un état particulier de l'esprit que le crépuscule ne constitue un caractère particulier de la lumière, ni que le moment où les images de la lanterne magique ne sont pas encore bien nettes (parce qu'on n'a pas encore fermé complètement les volets) ne constitue un phénomène particulier d'optique. — C'est la transition d'un état à un autre, mais ce n'est point un état *sui generis.*

Voyez du reste ce qui se passe au réveil:

Je rêve que je suis aux Tuileries et que je regarde en passant quelque statue dont ma mémoire a particulièrement conservé le souvenir. L'image de cette statue et celle des arbres qui l'ombragent m'apparaissent véritablement avec toutes les illusions de la forme et de la couleur. Je me réveille. Le rêve que je faisais est encore très présent à mon esprit, mais j'ai les yeux frappés maintenant par les objets du monde réel qui m'entoure. Leur image s'est substituée à celle de la statue que je contemplais tout à l'heure, comme le tableau de la décoration et de l'ameublement d'une salle se substitue à celui des images de la lanterne magique, si l'on vient à ouvrir subitement les volets; je pense à la statue, je n'y rêve plus. Encore une fois voilà la différence entre rêver et penser.

Cette comparaison ne se rapporte, il est vrai, qu'aux illusions de la vue, puisque la vue est le seul de nos sens sur lequel les images de la lanterne magique fassent impression; mais il est bien entendu que ma remarque doit s'étendre à toutes les illusions sensorielles du rêve; soit qu'on imagine toucher ou entendre, soit qu'on croie sentir ou goûter. Je n'hésiterai pas à déclarer que s'il s'agit d'idées purement morales ou métaphysiques, qui ne sauraient entraîner aucune image ou perception sensorielles, il n'existera véritablement point de différence *dans la forme de l'activité de l'esprit* durant le sommeil ou durant la veille, en un mot, entre la pensée de l'homme éveillé et la pensée de l'homme endormi[51].

Je disais tout à l'heure que l'on ne s'endort pas comme on se réveille; que le sommeil arrive toujours graduellement. M. Lemoine cite à ce sujet l'opinion matérialiste du docteur Bertrand, qui veut que l'intelligence de l'homme qui s'endort s'appesantisse et s'engourdisse enfin complètement avec le corps. Tout en persistant à garder une certaine neutralité sur ce point capital, de savoir s'il peut y avoir ou non sommeil de l'âme, M. Lemoine s'exprime cependant de manière à ce qu'on le doive croire plus rapproché des doctrines de Jouffroy que de celles du docteur Bertrand. Les mêmes hésitations se renouvellent à propos de cette autre question tout à fait solidaire : l'âme, l'esprit, la partie immatérielle de notre être est-elle, ou n'est-elle pas accessible à la fatigue, a-t-elle, ou n'a-t-elle pas besoin de repos?

«Oui, l'âme se fatigue aussi bien que le corps; comme lui, elle a besoin de repos,» écrira-t-il d'abord (page 52) ; mais, après force considérations atténuantes, nous le verrons arriver à ces conclusions bien éloignées du point de départ :

«Nous nous méprenons sur notre état et sur notre nature quand nous attribuons à notre esprit une impuissance qui n'est bien souvent que celle des organes.

«Lorsque l'estomac vide a besoin d'aliments, c'est l'âme qui souffre la douleur de la faim, mais la faim est un besoin du corps. Après une attention longtemps soutenue, si la distraction de la pensée devient nécessaire, ce n'est pas toujours l'esprit qui la réclame, c'est l'organe; ce n'est pas de la pensée que souffre le savant qui a passé la nuit au travail, c'est de la tête.

«C'est une méprise singulière que de croire, parce que ma pensée se trouble, ma sensibilité s'émousse, mon activité se ralentit, que c'est mon esprit qui se fatigue, que c'est lui qui a besoin de sommeil. Cela me rappelle le mot d'un enfant qui, voyant les chevaux d'un attelage couverts d'écume après un long voyage, disait que le cocher devait être bien fatigué de les avoir fouettés si longtemps. Le corps qui meurt et dépense sans cesse se fatigue et a besoin de repos; le sommeil est fait pour lui; le sommeil est tout organique. L'âme qui ne se meurt pas, qui ne perd rien, qui ne meurt pas, ne se fatigue pas à la manière du corps. La fatigue du corps la fait souffrir: elle repose le corps pour cesser sa souffrance; elle perd quelquefois dans l'action difficile son courage, non sa force, elle le retrouve dans l'oubli que le sommeil des organes lui procure.

---

[51] Il faudra seulement remarquer que, de même que nous ne pensons jamais à quelque chose, dans l'état de veille, sans qu'il existe un milieu réel où nous soyons momentanément placés, de même nous n'aurons jamais en rêve une pensée, si abstraite qu'elle soit, sans croire en même temps notre individualité entourée d'objets quelconques, formant nécessairement un fond de tableau.

Elle jouit par occasion du sommeil du corps, mais ce sommeil n'est pas le sien. Si Dieu, dans sa sagesse, a vu ce bien de l'âme dans le repos des organes, ce n'est pas cependant en vue de l'âme qu'il a donné cette loi au corps; mais tout est si harmonieux et si sage dans les œuvres de Dieu que les choses et les êtres mêmes, en vue directe desquels les phénomènes ne s'accomplissent pas, en profitent cependant comme d'une occasion favorable que Dieu semble avoir faite pour eux seuls et qu'il a faite autant et plus même pour d'autres encore. Ainsi le sommeil est le sommeil du corps; mais il agit sur l'âme par une occasion si merveilleusement ménagée qu'on pourrait croire que la distraction de l'âme et l'oubli de la réalité sont le but direct du sommeil des organes.

«Si les actions de l'âme sont plus faibles, ses sensations plus lourdes, ses pensées plus indécises, c'est à la torpeur des organes qu'il faut en attribuer la cause, *mais l'esprit ne connaît pas le sommeil.*» (Page 58)[52].

A mesure que l'on avance dans l'examen de ces questions si complexes, on se voit entraîné à traiter des sujets auprès desquels on avait cru d'abord que l'on pourrait passer sans s'arrêter. C'est ainsi que le désir de suivre pas à pas M. Lemoine va nous conduire un moment dans les domaines limitrophes du pays des songes proprement dit. Il s'agira des fonctions du cerveau, en tant que représentant de l'âme, et instrument de ses commandements.

«On a tour à tour défini l'âme,» dit l'auteur du mémoire couronné par l'Institut, «une intelligence servie puis asservie par des organes; ni l'une ni l'autre de ces définitions ingénieuses ne sont vraies; il serait plus juste de les réunir. L'âme est plutôt une intelligence servie et à la fois asservie par des organes.

«Une des plus belles et des plus récentes applications de la science peut nous fournir une image de l'état de l'âme et du corps, dans la veille et dans le sommeil, dans la santé et la maladie. Sans admettre cette hypothèse ingénieuse, mais trop peu autorisée jusqu'ici, qui fait circuler dans les nerfs un fluide électrique, qui fait des substances blanche et grise du cerveau les deux principes opposés d'où le fluide s'échappe sans cesse; dans la veille et la santé, le cerveau et le système nerveux sont comme un foyer d'électricité, d'où partent en tout sens les

[52] Déjà Jouffroy avait abordé remarquablement cette question dans le passage suivant:
«Dans l'état de pure rêverie, nous laissons aller notre esprit à son gré; il part de l'idée qui l'occupait au moment où nous lâchons les rênes, et celle-là lui en rappelant une autre, celle-ci une troisième, cette troisième une quatrième, et ainsi de suite, il voyage ainsi à l'aventure et parcourt une série de pensées qui n'ont entre elles d'autres liens que les capricieuses associations qui les ont amenées à la file dans la mémoire.... C'est là, pour notre esprit, sa manière de se reposer; il n'en a pas d'autres. Ce qui le fatigue, ce n'est pas l'activité; l'activité est son essence; l'absence de l'activité ne serait pas pour lui le repos, mais la mort. Ce qui le fatigue, c'est la direction de son activité, c'est la concentration de ses facultés sur un sujet. Cette concentration, qu'on appelle attention, le fatigue, parce qu'elle est un effort étranger à son allure naturelle. Il travaille toute la journée comme le corps; mais quand vient la nuit, il se sent fatigué comme son compagnon, et convié au repos par l'assoupissement des organes; il s'abandonne à sa libre nature. Quelquefois aussi, il se donne congé pendant le jour; et il a si bien conscience de l'identité de ces deux états, qu'il appelle l'un *l'état de rêve* et l'autre *l'état de rêverie.*»

rayons conducteurs, du dedans au dehors, du centre aux extrémités, où aboutissent aussi d'autres rayons qui convergent du dehors au dedans, des extrémités au centre, en un mot comme le double système de va-et-vient d'un télégraphe électrique. La double machine fonctionne de Paris à toutes les villes frontières et de celles-ci à la capitale.

«Il en est vraiment ainsi du cerveau et des cordons nerveux. Les nerfs de la locomotion sont les fils qui rayonnent, ceux de la sensibilité les fils qui convergent; le cerveau est la batterie et le cadran; l'âme, libre et intelligente, est l'employé au télégraphe, qui envoie les ordres et reçoit les dépêches. Tout va bien quand la machine est en bon état, quand les fils conduisent convenablement l'électricité que la batterie dégage. Mais supposons que les fils qui rayonnent du centre cessent d'être conducteurs parce qu'ils sont coupés ou mis en communication avec le sol, Paris ne cesse pas de recevoir les nouvelles de ses provinces, celles-ci ne reçoivent plus de la capitale aucune dépêche. Supposons, au contraire, que les rayons divergents soient intacts, et la communication des fils convergents détruits, Paris commande, les provinces reçoivent ses ordres; c'est au tour de la capitale à demeurer étrangère au reste de la France. Si, dans une partie quelconque de notre corps, les nerfs de la sensibilité pouvaient seuls perdre pour un temps leur propriété conductrice par l'effet d'une ligature ou de la paralysie, le premier cas se trouverait réalisé, l'âme commanderait au membre sans en recevoir aucune impression ; elle souffrirait au contraire de sa maladie sans avoir la puissance de le mouvoir, si, les nerfs de la sensibilité intacts, ceux de la locomotion étaient liés ou engourdis.»

Je serai loin de tomber d'accord avec M. Lemoine quant à l'usage qu'il entendra faire de cette ingénieuse comparaison pour expliquer la production des songes; mais elle nous donne si bien la clef de sa théorie que je la cite *in extenso* très volontiers.

«Lorsque les organes des sens, ouverts et vigilants, entretiennent la communication libre entre le monde extérieur et nous, les objets du dehors impriment aux nerfs de la sensibilité, à ceux de la vue, de l'ouïe, du toucher et de tous les organes des sens des mouvements de quelque nature qu'ils soient, qui, à leur tour, excitent en notre âme des sensations et des idées sur la cause desquelles nous portons aussi des jugements. La plupart du temps, ces jugements sont vrais, ces idées sont justes, ces sensations sont rapportées par nous à leur cause véritable; c'est ainsi que nous percevons l'idée des objets visibles qui sont devant nos yeux, des corps sonores qui frappent nos oreilles, en excitant l'extrémité des nerfs optiques et acoustiques, en faisant naître dans notre âme une sensation qui n'abuse pas notre jugement, et dont l'esprit place l'objet au dehors dans le monde qui nous entoure.

«Mais, lorsque les organes des sens, engourdis ou relâchés à leur extrémité périphérique, demeurent impassibles au contact des objets du dehors et ne font plus vibrer à l'unisson de leurs moindres mouvements les racines intérieures du cerveau, alors une cause organique intime et cachée peut seule, *en un point quelconque de leur trajet* que n'a pas envahi le sommeil, imprimer aux nerfs un ébranlement qui, lui aussi, pour être parti de plus près, n'en éveille pas moins un écho dans l'âme. Une sensation, une idée, un jugement se produisent; mais la plupart du temps, cette sensation nous abuse, cette idée est mensongère, ce jugement est faux. En vertu des lois qui associent dans l'esprit les idées aux idées, dans les organes les mouvements aux mouvements, dans l'homme les mouvements organiques aux pensées et les pensées aux modifications des organes, l'ébranlement nerveux, né seulement à l'intérieur, est suivi en notre esprit de la même sensation et de la même idée qu'il aurait produites, s'il eût pris naissance à la dernière extrémité du rayon nerveux; bien plus, abusés par cette sensation, nous la rapportons à un objet extérieur qui ne l'a pas fait naître, mais qui plus d'une fois l'a produite telle que nous l'éprouvons.»

D'où il suit que:

«Le rêve, dans toute sa simplicité, dans toute sa pureté, sera l'hallucination[53] produite par le sommeil, c'est-à-dire *ce mouvement intestin, né dans les profondeurs du cerveau ou peut-être sur un point quelconque du trajet des nerfs de la sensibilité*, qui éveille dans notre âme une sensation ou une image que n'a pas produite l'objet extérieur qu'elle représente ou qu'elle rappelle, et que notre esprit abusé rapporte cependant à cet objet fantastique comme à sa cause véritable (page 97).

«Le point de départ de tous nos rêves n'est donc autre chose qu'un de ces mouvements aveugles des organes intestins, imperceptibles pendant la veille, mais qui devient sensible au milieu du silence du monde extérieur, devenu étranger pour nous; à chaque instant, de nouveaux ébranlements fournissent ensuite les matériaux de nouvelles illusions.» (Page 106)

Ce système peu spiritualiste conduit l'auteur à décider que les phénomènes de la folie, du délire, etc., ont la plus grande analogie avec celui du rêve, puisqu'ils résultent uniformément, selon lui, de fausses perceptions transmises mécaniquement au cerveau par des fibres malades.

Deux objections bien simples, mais assez difficiles à écarter, me paraissent surgir d'abord à l'encontre de cette façon d'expliquer tous les phénomènes du rêve et de la folie par un ébranlement morbide des nerfs de la sensibilité sur un point quelconque de leur parcours.

---

[53] M. Lemoine veut établir une distinction entre les mots *illusion* et *hallucination*, «L'*illusion*, dit-il, a lieu lorsque notre esprit apprécie une sensation produite par un objet extérieur; l'*hallucination*, lorsqu'il se rapporte à un objet extérieur (qui n'existe pas) une sensation produite par un ébranlement organique interne.»

D'après ce système il me semble qu'on ne pourrait guère avoir, en songe, autre chose que des *hallucinations*.

J'userai, pour ma part, indifféremment de ces deux expressions; et, de même que pour les mots *rêve* et *songe*, j'adopterai purement et simplement la synonymie que le dictionnaire de l'Académie leur attribue.

En premier lieu, c'est que le rêve, comme l'hallucination de l'homme éveillé, présente souvent des images dont il serait difficile d'expliquer l'étrangeté par des sensations analogues empruntées à l'état de veille ou de raison.

Ensuite, c'est qu'une hallucination du dormeur ou de l'insensé ne se borne presque jamais à une erreur de la vue, de l'ouïe ou du toucher isolément. Elle est presque toujours complexe, en rêve du moins; c'est-à-dire que nous croyons voir, toucher, entendre tout à la fois le fantôme qui est le produit de l'hallucination. Il faudrait donc, pour justifier la théorie ci-dessus proposée, qu'il arrivât de deux choses l'une: ou bien que j'eusse toute seule une hallucination de la vue, de l'ouïe, du toucher, ce qui advient peut-être chez les fous, mais ce qui n'arrive guère en songe; ou bien qu'au moment ou *cette cause intestine, ce jeu anormal de quelque fibre*, du nerf optique, par exemple, me fait croire faussement à l'apparition d'un fantôme, il y eût précisément un autre *jeu anormal* du nerf auditif pour me faire croire de même que ce fantôme me parle ; et si le fantôme vient à me toucher, c'est encore par un accord merveilleux de circonstances anormales de la part des nerfs du tact. — Inutile d'insister sur ce qu'une pareille thèse aurait d'insoutenable. M. Lemoine le sent bien, et voici comme il s'en tire:

«Supposez que la fièvre précipite le sang dans ses vaisseaux, que les fumées du vin montent jusqu'à mon cerveau, qu'une inflammation de quelqu'une de ses enveloppes produise dans l'encéphale quelque dérèglement, ou même que, dans l'état de santé le plus complet, un de ces mille mouvements qui naissent sourdement et sans être aperçu soit excité tout à coup dans ses profondeurs; ma raison, si ferme d'ordinaire, s'égare; je vois un fantôme qui n'est pas devant moi; j'entends des paroles qu'aucune bouche ne prononce; je suis le jouet d'une hallucination. Ma main pourrait sans doute se promener dans l'espace, me convaincre que cette image n'a point d'objet; mais la maladie m'en a enlevé l'usage, la terreur me glace et m'interdit le moindre mouvement ou bien l'organe déréglé redouble les sensations, accumule les images, m'étourdit par la rapidité de leur succession ou les représente, toujours les mêmes, avec une telle clarté, avec une telle obstination que le tableau fantastique efface l'image de la réalité. Je ne puis douter de l'existence d'un objet dont l'image est si vive et si persistante, j'affirme qu'il existe; bien plus, *l'erreur se propage, je l'entends, je le touche*, ma raison n'est plus; la fièvre, l'ivresse, la folie m'en ont ravi l'usage.» Je *l'entends, je le touche* (l'erreur s'est propagée); voilà une façon commode de dénouer le nœud gordien. Tout à l'heure, la terreur ou la maladie empêchait ma main *de se promener dans l'espace* pour reconnaître l'erreur; maintenant *je touche*, à ce qu'il paraît, le fantôme, je l'*entends* aussi me parler. Et pourquoi? et comment, s'il vous plaît? La raison n'est plus là, dites-vous. Il est clair que la raison fait toujours défaut en ces sortes de phénomènes; mais j'avoue que l'aveu de ce résultat ne m'explique nullement comment on y est arrivé. Ces mille mouvements qui naissent, me dit-on, dans les profondeurs de l'encéphale, outre qu'ils ne sont peut-être qu'un produit du cerveau de l'auteur, ne m'expliquent absolument rien. — Si de tels mouvements existaient, s'ils pouvaient se produire aussi facilement, chez un homme dont le cerveau n'est pas malade, toutes les nuits, chaque fois qu'il dort, et cela par le seul fait de l'immobilité et de l'inaction, est-ce qu'on ne verrait pas quelquefois le même phénomène se reproduire dans l'état de veille? est-ce que chacun de nous ne serait pas exposé ainsi chaque jour à subir les hallucinations de quelque sens? Je veux bien qu'étant éveillés, et n'étant pas toujours soumis à la fièvre ou à la terreur, nous pourrions rectifier, par le témoignage des autres sens, ce que cette impression de l'un d'entre eux aurait eu de mensonger; mais enfin le fait de l'hallucination n'en aurait pas moins eu lieu. Or, est-il quelque lecteur qui se rappelle avoir jamais rien éprouvé de semblable en pleine santé?

Une dernière remarque sur ce système, M. Lemoine suppose qu'une première hallucination, du sens de la vue, par exemple, ayant été provoquée par quelque petit ébranlement fibral des nerfs optiques, sa seule puissance contagieuse suffit aussitôt pour entraîner également des hallucinations de l'ouïe et du toucher. Il admet donc que l'imagination possède par elle-même la force d'agir aussi puissamment que tous les menus agents cérébraux? Or, si l'intervention (purement théorique) de ces agents n'est pas indispensable, à quoi bon substituer la fantaisie à l'observation?

Des réflexions analogues seront inspirées par un autre passage du même chapitre. Après avoir insisté sur cette idée que les organes fournissent la matière du rêve, l'auteur nous montre l'esprit se livrant à la lâche laborieuse et difficile de coudre ensemble toutes ces perceptions disparates, pour en former une trame quelconque, pareil à l'improvisateur qui cherche à marier entre eux des bouts-rimés.

«C'est-là,» s'écrie-t-il, «qu'il faut reconnaître le travail propre de l'esprit du dormeur qui relie les uns aux autres toutes ces bribes, tous ces lambeaux, le moins invraisemblablement possible, le plus conformément qu'il peut aux lois de la nature.

«Quels efforts ne fait-il pas pour trouver des transitions, pour expliquer la présence de celui-ci ou de celui-là, pour créer des rapports absurdes entre des personnages que séparent des siècles et des mers? Malgré ce travail de la pensée, les rêves sont incohérents; mais la faute en est aux données même du rêve et non à l'ouvrier.» (Page 134.)

Mais si, comme moi, vous accordez à l'esprit de l'homme endormi cette activité prodigieuse, si vous lui reconnaissez assez de pouvoir et d'initiative pour inventer des incidents transitoires, pour évoquer les images diverses que ces transitions entraînent généralement, pourquoi donc n'évoquerait-il point lui-même des séries entières de tableaux, en suivant tout simplement le cours de ses inspirations propres? A défaut même d'expérience pratique, et à ne voir là qu'une théorie, celle-là du moins n'aurait-elle pas plus d'apparence de réalité que celle de ces continuels ébranlements cérébraux, et de ce perpétuel travail de rapiéçage auquel l'esprit serait condamné?

Si l'étude des rêves n'a pas fait plus de progrès jusqu'à ce jour, c'est peut-être parce que la plupart des auteurs qui ont traité ce sujet se sont efforcés de rechercher des causes au lieu de s'attacher à étudier des effets, suivant en cela une méthode toute contraire à celle dont on a fait usage avec tant de fruit dans l'étude des sciences positives, telles que la physique et la chimie. Déjà Maine de Biran avait adopté cette méthode vicieuse des théories préconçues. Tous les songes, selon lui, doivent se ranger en quatre catégories, sans qu'il y en ait une seule qu'il ne rapporte à l'influence des organes, grâce à la concentration de la sensibilité dans l'un d'entre eux. Concentrée dans les organes intérieurs, le foie, l'estomac, le système génital, elle produira les songes *affectifs*, le cauchemar; dans les extrémités cérébrales des sens internes, optique, acoustique, *les visions*; dans les profondeurs du cerveau, les songes *intellectuels*, aussi rares que précieux; enfin, concentrée dans une division du cerveau ou dans l'organe interne qui lui correspond, elle produit tous les prétendus miracles du somnambulisme. Voilà qui est assurément fort ingénieux, mais de preuves à l'appui pas la moindre.

Moins systématique, M. Lemoine écrit cependant «qu'un grand nombre de nos songes, dont nous ne pouvons expliquer le sujet ni la suite, deviendraient clairs à nos yeux si nous savions quels bruits, quels phénomènes extérieurs ont pu exciter faiblement nos organes endormis; que tous deviendraient sûrement plus intelligibles que bien des pensées de la veille, si nous pouvions savoir la suite des mouvements infiniment petits qui se sont accomplis dans les profondeurs de l'encéphale.» Il cite alors les exemples si connus de la boule d'eau chaude placée aux pieds d'un dormeur, lui faisant croire qu'il se promène sur le Vésuve; du bonnet de nuit trop serré qui fait rêver à un autre qu'il est scalpé par des sauvages, etc., etc. Enfin, ce désir de tout expliquer par des causes physiques conduit un écrivain ordinairement si prudent à émettre hardiment l'opinion que voici, sans l'appuyer non plus, bien entendu, sur aucune preuve: «C'est par l'action des organes de la pensée qu'il faut expliquer les bizarreries et l'incohérence des rêves. Lorsque dans un songe suivi apparaît tout à coup une idée, une sensation, une image qui jure avec le reste du tableau, *ce n'est pas l'esprit qui l'évoque spontanément*; reconnaissez à cette contradiction même une nouvelle intervention du cerveau qui ne se soucie ni de la beauté des images qu'il suscite, ni de la vérité des jugements qu'il occasionne, ni de l'accord du tout. L'esprit n'agit pas si déraisonnablement même pendant le sommeil et la folie; les idées, les images qu'il appelle, ou peint *de lui-même*, ont toujours quelques rapports directs ou indirects avec les précédents. Or, dans nos rêves, ces éléments hétérogènes, qui paraissent n'avoir aucune raison d'être, *qui n'en ont aucune en effet, si on la cherche dans le travail propre de l'esprit, dans les associations de nos idées, dont les spontanéités de la mémoire, ni les extravagances de la fantaisie, ne peuvent rendre un compte suffisant, ces idées, ces images, sont éveillées*, sans que l'esprit puisse les repousser, *par quelque ébranlement des organes.*»

Pour moi, qui crois avoir puisé dans une longue observation des données plus exactes et surtout positives, je suis loin d'accorder aux causes organiques une aussi large influence sur l'origine et sur la marche de tous nos rêves. Assurément, il arrivera parfois que des impressions du dehors ou des mouvements intestins viendront en modifier le cours, soit en y introduisant divers éléments d'incohérence, soit en brisant subitement la trame du rêve; mais ce fait sera l'exception au lieu d'être la règle constante, et chaque fois d'ailleurs qu'il se produira, ce sera, suivant moi, par quelque cause directe, efficiente et réelle, telle qu'une piqûre, un bruit fortuit, une souffrance interne, et non par ces prétendus ébranlements spontanés de fibres auxquels je ne vois nulle raison d'ajouter foi.

Par l'analyse que je donnerai de plusieurs rêves, j'essaierai de prouver que l'association des idées préside seule, en général, à la marche du rêve. Elle suffit pour enfanter ces anomalies étranges, ces bizarreries et ces incohérences, qui semblent inexplicables à M. Lemoine sans l'intervention de tous les petits moyens théoriques dont il se plaît à faire jouer le mécanisme dans les profondeurs de notre cerveau.

Aux premières pages de cette étude, j'ai comparé les innombrables souvenirs accumulés dans les arcanes de notre mémoire à ces énormes séries de clichés dont les photographes en renom ont de grandes armoires pleines. Pour la création de chacun de ces clichés, certaines conditions, certaines opérations ont été nécessaires; il a fallu notamment la présence devant l'objectif d'un objet réel placé dans des conditions de lumière et de distance qui aient permis d'en obtenir bien nettement ce qu'on appelle le *négatif*. Les procédés employés pour tirer des épreuves seront ensuite tout différents de ceux qui ont été mis en œuvre pour la formation des clichés. Or, cet ordre de faits n'est peut-être pas sans analogie avec ce que nous pouvons observer à l'égard des impressions conservées par notre mémoire. De même que les procédés à l'aide desquels on fait passer les images du cliché sur le papier sont tout différents de ceux qui ont servi à créer ce cliché négatif, de même l'opération intellectuelle par laquelle l'esprit retrouve une impression dans la mémoire est tout à fait distincte de celle au moyen de laquelle fut gravé son *cliché-souvenir*. D'où j'arrive à cette conclusion, qu'à part son inconvénient d'être purement arbitraire, la théorie des ébranlements de fibres de M. Lemoine aurait encore le tort de nous engager dans une voie fausse, en voulant établir, entre le mécanisme psychologique du souvenir et celui de la perception directe, une similitude qui n'existe pas.

Si nous poursuivons la comparaison des clichés et des souvenirs, je ferai cette remarque encore: Il est des clichés si nettement venus, grâce à tout un concours de circonstances, qu'ils donneront toujours de belles épreuves, saillantes, vigoureuses, précises dans leurs moindres détails. D'autres, formés sous des influences moins heureuses, ne fourniront jamais que des contours vagues et des images confuses, malgré tous les efforts tentés pour en tirer parti.

Nous avons de même des souvenirs si bien gravés dans la mémoire, grâce aux conditions physiques et morales au milieu desquelles ils ont pris naissance, que s'ils viennent à être évoqués en songe, les scènes et les tableaux qu'ils reproduisent ont vraiment toute l'apparence de la réalité; tandis que certains autres, demeurés incomplets et incolores, n'offrent jamais que de pâles silhouettes dans la fantasmagorie du sommeil. Quelque large part que je me sente disposé à faire aux illusions du rêve, je ne saurais donc aller jusqu'à dire, avec M. Lemoine, «que l'incohérence des images est pour nous le seul signe qui les distingue de la vie réelle.»

Une autre différence très notable existe entre le rêve et la réalité, c'est que, dans l'état de veille, les objets réels qui nous entourent agissant réellement et tous ensemble sur les organes de nos sens, les images et les impressions variées qui résultent pour nous de ces sensations complexes sont toujours d'une netteté et d'une égalité de perception en rapport avec leur valeur relative; tandis qu'à l'état de rêve, il est très rare, au contraire, qu'un ensemble d'illusions se présente avec un égal degré de lucidité.

La raison très simple en est le plus souvent dans l'inégalité de perfection des souvenirs que l'association des idées a réunis capricieusement pour en former un tableau unique. Le tissu du rêve ressemble alors à quelque tenture dans laquelle on aurait fait entrer des morceaux de tapisseries usées ou passées, cousus bord à bord avec d'autres morceaux d'une éclatante fraîcheur.

Quant à cette inégalité dans la perfection des souvenirs, elle procède de causes très nombreuses. Les unes, d'un ordre général, tiennent uniquement à ce fait déjà consigné que nous conservons des impressions plus ou moins vives de toute chose suivant que nous avons porté plus ou moins d'attention à la perception première, ou que nous avons été impressionnés dans des circonstances plus ou moins exceptionnelles. D'autres, que j'appellerai volontiers d'ordre relatif, par rapport à leur action particulière sur les phénomènes des songes, mériteront qu'on leur accorde ici quelques développements.

J'ai cité cet exemple de la figure d'un vieux mendiant qui m'apparut plusieurs fois, en rêve, toujours indécise et comme entourée d'ombre, parce que c'était le soir, à la tombée du jour, qu'elle était entrée dans ma mémoire, de telle sorte que le rappel de cette image ne pouvait acquérir en rêve plus de netteté que l'impression originaire n'en avait eue. J'ai parlé aussi d'une jeune fille dont je rêvais en des conditions analogues, ne l'ayant jamais vue que de loin[54].

Des faits du même genre se produiront souvent en songe, soit qu'il s'agisse de souvenirs dus au sens de la vue, lesquels manqueront parfois de netteté pour avoir été originairement recueillis dans de mauvaises conditions de lumière, comme celui dont il vient d'être question, ou bien à de trop grandes distances, ou bien encore avec trop de rapidité; soit que le vague et l'imperfection du rêve se rapportent aux impressions d'un autre sens.

---

[54] Voir plus haut, page 17 et suiv.

Une dame m'a raconté qu'elle fit un rêve où elle se croyait assise devant son piano, ayant à côté d'elle un de ses frères, tué quelques années auparavant à la guerre d'Italie, lequel lui apparaissait revêtu de son uniforme d'officier, sans que d'ailleurs elle s'en étonnât. Elle jouait une marche militaire, mais quelque pression qu'elle exerçât sur la pédale, le piano ne rendait que des sons sourds, métalliques, presque éteints. S'étant tournée vers son frère, comme pour lui en témoigner sa surprise, elle ne l'aperçut plus, mais vit défiler silencieusement au fond du salon une longue file de soldats qui semblaient autant d'ombres à demi effacées. Le souvenir de la perte de son frère lui revint alors tout à coup à la mémoire. Elle en ressentit une émotion très vive et se réveilla en sursaut.

La dame qui avait eu ce rêve n'en parlait jamais sans éprouver encore une sorte de terreur qui tenait à la nature des impressions qu'il avait ravivées, en même temps qu'à certaines idées d'intervention mystérieuse dont il avait fait naître l'appréhension dans son esprit. Pour moi, qui n'y vois que l'enchaînement d'une série de réminiscences parfaitement conforme aux lois ordinaires de l'association des idées, je le cite précisément comme un exemple de la lucidité inégale qui règne et qui doit régner dans les divers éléments d'une même vision. Cette dame se croit devant son piano, voilà le point de départ; son frère s'y asseyait jadis auprès d'elle; le souvenir de ce frère est tout naturellement évoqué; l'image lui en apparaît claire et nette; car c'est une image fortement gravée dans sa mémoire. De l'officier en uniforme à l'inspiration d'une marche militaire qu'elle a souvent entendue de loin, de soldats qu'elle a dû voir aussi de loin défiler à quelque revue, la liaison ne saurait être plus facile à saisir. Mais cette marche qu'elle se rappelle, elle ne peut se la remémorer plus nettement ni plus fortement qu'elle ne l'a originairement entendue. Ces soldats dont les silhouettes se ravivent ne peuvent non plus se montrer plus distinctement qu'ils n'ont été réellement vus. L'imagination, qui a le pouvoir de lier entre elles en une même action toutes ces réminiscences, n'a point celui de leur imprimer un caractère uniforme d'intensité.

De là cette incohérence dans la lucidité des sujets de nos rêves, aussi bien que dans les scènes qu'ils représentent. De là cette notable différence que je signalais tout à l'heure entre les tableaux du songe et ceux de la réalité.

Des clichés-souvenirs parfaitement nets à l'origine seront-ils communément altérés par le temps? Ne seront-ils point déformés parfois sous l'influence de diverses causes jusqu'à ne plus nous fournir que des portraits infidèles ou des composés bizarres dont le type primitif aura disparu? — Cette double question m'a donné bien souvent à réfléchir et m'a fourni matière à quelques observations qu'on trouvera plus loin[55].

Sur le premier point, il est constant que si d'anciens souvenirs, jadis très vifs, semblent quelquefois comme effacés, alors que l'association des idées les ramène tout à coup au milieu d'un songe après une longue période d'oubli; on peut citer, d'un autre côté, et trouver dans sa propre expérience de nombreux exemples

[55] *Observations pratiques.*

d'une lucidité prodigieuse avec laquelle la mémoire nous aura représenté inopinément durant notre sommeil, tantôt le visage d'une personne morte depuis l'époque de notre enfance, tantôt certaines scènes ou certains petits détails dont, éveillés, nous aurions eu grand' peine à recueillir le moindre souvenir. Ceux qui veulent accorder des facultés surnaturelles aux somnambules ont cité, comme preuve à l'appui de cette croyance, l'exemple d'un rêveur magnétisé, lequel parvint à lire, non-seulement sans voir, mais à une distance de cent lieues, divers passages d'un livre rare renfermé dans la bibliothèque publique d'une ville étrangère, où il ne l'avait eu sous les yeux que quelques instants, plusieurs années auparavant. Que ce fait soit extraordinaire, je l'accorde; qu'il soit surnaturel, je n'en conviens pas. Je n'y reconnais, pour ma part, qu'un tour de force de mémoire, et je demande si l'exacte et vivante représentation en songe, aux yeux de notre esprit, d'une personne qui depuis dix ans est dans la tombe, fait qui ne passe point pour être exceptionnel, ne constitue pas un phénomène psychologique du même ordre, tout aussi surprenant.

L'absence de netteté dans les images qui ne peuvent être nettes par cela même qu'elles n'ont jamais été nettement perçues, devient très fréquemment une source notable d'incohérence, en provoquant des phénomènes de transition qui s'expliquent ainsi: Par suite d'un enchaînement quelconque de souvenirs, l'image d'un commissionnaire, qui me remit un jour une lettre, vient à se présenter dans mon esprit; je crois aussitôt voir cet homme, puisque c'est le propre du rêve d'évoquer instantanément l'image, dès que la pensée dont elle est solidaire a surgi. Je le vois donc, mais sans distinguer ses traits d'une façon lucide, car à peine ai-je aperçu son visage la seule fois qu'il ait été devant mes yeux. Dans cette ébauche nuageuse, la mémoire saisit pourtant un ensemble qui lui rappelle d'autres traits mieux connus, ceux d'un professeur célèbre dont j'ai quelquefois suivi les leçons. Déjà le commissionnaire est loin de ma pensée. J'assiste maintenant au cours du professeur.

La transition aurait pu toutefois s'opérer d'une autre manière. Le visage du professeur pouvait s'encadrer purement et simplement dans la silhouette du commissionnaire, et j'aurais vu ce savant stationner au coin d'une rue avec une médaille sur la poitrine; ou bien je me serais imaginé qu'il montait en chaire, une veste de velours sur l'épaule et le crochet traditionnel sous le bras.

Au premier cas, il y aurait eu ce que j'appellerai *transition par substitution simple*; au second cas, *transition par superposition d'images*. Ces deux sortes d'enchaînement jetteront toujours beaucoup de décousu dans la suite du rêve; le dernier surtout, bien entendu. Et cependant, c'est toujours le phénomène psychologique de l'association des idées, sans l'intervention mécanique d'aucun agent physicho-cérébral.

Ainsi qu'on l'a vu plus haut, M. Lemoine veut bien accorder à l'esprit une certaine latitude pour coordonner et pour coudre ensemble tous ces lambeaux disparates, qu'il lui suppose exclusivement fournis par les fameuses petites fibres douées d'une continuelle initiative et d'une si merveilleuse agilité.

La variété qui existe naturellement dans les matériaux de nos rêves, quant à la nature des impressions ou des illusions sensorielles auxquelles ils sont dus, inspire à M. Lemoine, ainsi qu'à plusieurs auteurs, l'idée de baser une sorte de classification des rêves sur la prise en considération de ceux de nos sens qui s'y trouveraient surtout intéressés. On arrive à établir ainsi que les hallucinations de la vue sont les plus nombreuses; que celles de l'ouïe et du toucher viennent ensuite, et qu'enfin les plus rares sont celles où le goût et l'odorat sont mis en jeu. Je ne fais aucune objection à l'encontre de cette proposition en elle-même; mais ce que je ne saurais admettre, c'est qu'on en veuille tirer la conséquence matérielle que les sens fournissant le moins d'éléments à nos rêves seraient ceux dont les organes demeureraient le plus profondément engourdis. S'il en était ainsi, les auditions et les olfactions seraient bien plus fréquentes que les visions mêmes, car l'ouïe est assurément de tous nos sens celui qui reste le plus impressionnable durant le sommeil. La vérité est simplement que les matériaux du rêve étant fournis par la mémoire (soit qu'il y ait enchaînement spontané des idées, soit qu'il y ait provocation d'un ordre particulier d'idées par suite de quelque sensation organique occasionnelle[56]), la mémoire fournit naturellement ces matériaux dans la proportion, pour chacun d'eux, de la quantité qu'elle en possède. La vue est de tous nos sens celui qui joue le plus grand rôle dans nos impressions réelles de chaque jour; s'il est des instants où nous voyons sans rien entendre ni sans rien toucher, il n'en est guère où nous touchions, où nous écoutions sans rien regarder. La mémoire est approvisionnée de souvenirs par nos yeux autant et plus peut-être que par les organes de tous les autres sens réunis. Il est donc tout simple que les visions constituent la base dominante de nos rêves, et que les autres réminiscences sensorielles n'y entrent à leur tour que pour une part proportionnée à leur importance dans notre vie de relation. Grâce à la solidarité qui s'établit d'ailleurs dans notre mémoire entre les diverses sensations simultanément perçues, le souvenir d'une impression sensorielle de l'ouïe ou du toucher ne se réveillera jamais sans appeler avec elle le souvenir de la vision dont elle fut accompagnée lors de la perception originaire.

Quant à ce fait avancé par Montfalcon, Lemoine et Brillat-Savarin (qui s'en étonne), que les réminiscences du goût et de l'odorat seraient en songe d'une extrême rareté, je ne possède point d'observations particulières assez concluantes pour l'affirmer ou le combattre; mais je trouverais dans mes observations générales et dans les considérations que j'exposais tout à l'heure une manière parfaitement logique de l'expliquer. Il suffirait de signaler la difficulté que les impressions de ces deux sens, le goût et l'odorat, éprouvent à se graver dans la mémoire. On se rappelle bien, en fermant les yeux, le visage d'un ami; on retient à

[56] Comme si le son d'une cloche, par exemple, nous rappelle les cérémonies d'une naissance ou d'un enterrement.

merveille une chanson; mais je doute que par la seule puissance de l'imagination, un homme éveillé se puisse remémorer le parfum d'une fleur ou la saveur d'un mets.

Une autre observation, qui découle de celle-ci, semblerait d'ailleurs de nature à la confirmer: c'est que l'imagination qui compose des formes et des airs, ne saurait mentalement, de la même façon, inventer une saveur ni une senteur[57]. Les créations de l'imagination n'étant, à proprement parler, que des combinaisons nouvelles formées par elle avec des matériaux tirés des magasins de la mémoire, la cause de son impuissance pourrait procéder dans ce cas de l'impuissance même où serait la mémoire de fournir, à sa sollicitation, les premiers éléments de composition.

Je dis à sa sollicitation, pour n'appliquer cette remarque qu'au fait de la réminiscence volontaire; car si rares qu'elles puissent être, il est incontestable que nous avons parfois en rêve des réminiscences spontanées du goût et de l'odorat de la plus exquise finesse.

Poursuivons nos observations à l'égard deux sens dont il est question, en examinant la part d'activité qu'ils conservent et l'influence particulière qu'ils peuvent exercer sur le cours de nos idées pendant le sommeil. Nous insisterons d'abord sur ce que ce serait une très grande erreur de croire, avec Montfalcon, «que les organes du goût et de l'odorat tombent dans une inaction complète aussitôt que le sommeil est profond.» Si le goût ne transmet guère de sensations au dormeur, cela s'explique par la disposition même de ses organes qui sont à l'abri de toute impression fortuite; mais excitez le palais d'un homme endormi et vous constaterez facilement qu'il n'est pas engourdi plus profondément que son oreille. En ce qui concerne le sens de l'odorat, je le considère précisément comme le plus apte peut-être à continuer de percevoir, durant le sommeil, des sensations extrêmement délicates; mais je signale sur sa façon d'influencer les songes une particularité singulière que l'expérience pratique m'a permis plusieurs fois de constater: qu'un bruit inopiné vient à frapper l'oreille du rêveur, sans l'éveiller, mais assez sensiblement pour introduire dans son rêve une idée nouvelle; qu'un contact agisse de même sur quelque partie de son corps, soit qu'il en résulte une simple modification dans les tableaux qui se déroulent aux yeux de son esprit, soit qu'il s'y accomplisse un revirement subit et que le phénomène de la rétrospection se produise[58], ce nouvel élément du rêve sera presque toujours *en rapport direct avec la nature de la sensation perçue*, et cette sensation, qui impressionnera souvent le dormeur plus fortement que dans l'état de veille, sera par lui

---

[57] Il ne faudrait pas objecter qu'un cuisinier ou un parfumeur peuvent inventer des sauces et des *bouquets*. Le fait est très-différent. Ceux qui composent ainsi ne goûtent pas et ne dégustent pas à l'avance, par la pensée, ces mélanges qui ne sont que le produit d'un raisonnement. Autre chose est imaginer une cause de sensation, autre chose est s'en imaginer mentalement le résultat, c'est-à-dire la sensation elle-même.

[58] Voir page 33.

directement ressentie. C'est ainsi que le craquement d'un meuble pourra devenir un coup de pistolet, la piqûre d'une mouche une morsure de serpent, etc., le bruit ou la douleur, c'est-à-dire la sensation réelle dominant ainsi le rêve provoqué. Il en sera le plus souvent tout différemment à l'égard des sensations qui affecteront l'organe de l'odorat pendant notre sommeil, soit qu'elles arrivent à l'âme considérablement atténuées, soit que la mémoire, qui les retient difficilement, nous l'avons vu, éprouve aussi quelque difficulté à s'en représenter immédiatement les images solidaires, je constate neuf fois sur dix que leur action, tout en influençant le rêve d'une manière indubitable, passe cependant inaperçue en tant qu'impression directe, pour amener seulement, au moyen de l'association des idées, l'idée solidaire qui s'en trouve la plus rapprochée. Je respire, par exemple, une odeur de soufre; elle me remémore une salle à manger dont les lampes avaient été allumées avec des allumettes grossières, et où j'eus pour voisin de table une personne que je n'ai point revue depuis longtemps. Je revois cette personne; je crois causer avec elle; quant à l'odeur du soufre, je n'y songe pas. Ma cheminée fume et des vapeurs de suie se répandent dans ma chambre. Peut-être croirai-je assister à un incendie; peut-être, m'éloignant encore d'un degré de l'idée première, croirai-je visiter une caserne de pompiers. Quant à l'odeur même de la fumée, je n'y songe pas non plus directement.

Sans attacher trop d'importance à cette petite nuance analytique, elle me semble pourtant avoir son intérêt que je laisse le soin d'apprécier aux physiologistes. La sensation est perçue nettement par l'organe, puisqu'elle amène une association d'idées dont la modification du rêve a fait foi; et cependant elle n'est point perçue comme dans l'état de veille, puisque la notion de la sensation directe ne semble pas même parvenir à l'esprit.

Un phénomène à peu près semblable intéressera parfois aussi le sens de l'ouïe. Des airs de musique entendus de loin ou faiblement pourront, sans entrer eux-mêmes dans le rêve, y évoquer des images de lieux et de personnes au souvenir desquels ils se seront associés dans l'esprit du rêveur; mais l'analogie ne sera pas complète, parce qu'alors le motif musical et la personne sont tellement identifiés dans une seule même pensée qu'il y a véritablement rapport direct entre la sensation perçue et l'image évoquée; comme si l'odeur du soufre m'avait fait rêver que j'allumais moi-même de mauvaises allumettes, ou comme si le parfum d'une fleur me faisait voir, en songe, un bouquet. Il faut ajouter aussi que ces effets sont exceptionnels, en ce qui concerne le sens de l'ouïe, tandis qu'ils forment la règle ordinaire relativement à l'odorat.

En résumé, ce serait donc une pure distraction que de vouloir juger, d'après la nature de nos rêves, du plus ou moins de vigilance que nos organes sensoriels conserveraient pendant le sommeil. On confondrait ainsi *la perception réelle* avec le *souvenir des sensations antérieurement perçues*, ce qu'il est pourtant nécessaire de bien distinguer, si l'on veut étudier les phénomènes du rêve dans leurs causes occasionnelles. Que je pose en dormant ma main sur un marbre, et qu'il en résulte un rêve où j'imagine manier de la neige. Je dois ce rêve à une perception directe instantanée que me transmet le sens du toucher, mais la neige que je crois voir, mais les autres accessoires purement imaginaires de cette vision évoqués par l'association des idées, je les dois uniquement à ma mémoire; ce ne sont que des souvenirs de perceptions reçues antérieurement.

Tandis que le toucher, l'ouïe, le goût, l'odorat continuent à percevoir, durant le sommeil, des sensations de nature à influencer plus ou moins directement le rêve, il n'est précisément que la vue dont on puisse regarder l'exercice comme entièrement suspendu; l'œil du dormeur étant de tous les organes sensoriels celui qui demeure le mieux fermé aux impressions du dehors. Les rêves relatifs aux quatre sens les plus accessibles peuvent donc résulter ou du travail seul de l'imagination et de la mémoire, ou bien de sensations instantanées que les organes conservent durant le sommeil la faculté de percevoir, tandis que les *visions* proprement dites seront toutes des réminiscences pures. Et si quelque cause occasionnelle les évoque, ce ne sera jamais que par l'association des idées et par l'intermédiaire d'un autre sens[59].

Il est vrai qu'on me dirait aussitôt, pourvu qu'on adoptât la théorie de M. Lemoine: «Les fibres qui desservent l'organe de la vue ont une tendance bien plus développée que les autres à s'ébranler sur leur parcours durant le sommeil. Pourquoi? nous n'en savons rien; mais enfin c'est ainsi que nous l'établissons, et c'est pour cela que les visions abondent dans nos rêves, et voilà comment le sens de la vue est celui qui conserve le plus d'activité chez l'homme endormi.» Qu'il me soit donc permis de hasarder encore quelques raisonnements à propos de cette pure théorie, suivant laquelle chaque idée étant pour ainsi dire incarnée dans un nerf, la mémoire, au lieu d'être une faculté de l'âme, ne serait plus que le résultat de la propriété qu'auraient les fibres du cerveau d'exécuter, par une sorte de galvanisme, des enchaînements rétrospectifs de certains petits ébranlements de fibres précédemment exécutés ; de telle façon que le phénomène de l'association des idées demeurerait lui-même réduit à quelques petits tiraillements cérébraux.

Voyons, avec un tel système, comment le mécanisme du songe est expliqué. Je suppose d'abord que nous devrons admettre dans le cerveau l'existence d'autant de fibres qu'il pourra contenir d'idées. Ceci convenu, voilà que l'une de ces fibres innombrables se prend tout à coup à tressaillir; cette fibre-là se trouve justement représenter un forgeron debout devant son enclume, un marteau en l'air d'une main et ses tenailles de l'autre, avec une pièce de fer rouge au bout. Mais ce ne sera là qu'une image stéréotype, immobile, et qui ne sera susceptible d'aucune modification, si le premier ébranlement automatique n'est point suivi d'autres mouvements secondaires justement coordonnés de manière à représenter le forgeron abaissant la main qui tient le marteau pour frapper le fer rouge, agitant

[59] Une rare exception pourrait être faite pour le cas ou l'œil serait impressionné à travers la paupière par quelque rayon de soleil ou quelque autre lumière très-vive; mais dans l'ordre habituel des choses, rien de semblable ne se produit.

ses tenailles, relevant son marteau, etc., etc. Or, si le premier tiraillement des fibres cérébrales a été accidentel, comment supposer que tous les autres mouvements qui devront le suivre, pour la continuation du rêve, auront lieu de même accidentellement? Cela paraît-il vraiment admissible?

On me répondra peut-être que ces ébranlements de fibres s'enchaînent les uns aux autres par la seule force de l'habitude, et qu'il suffit qu'un certain enchaînement se soit effectué une fois pour qu'il se reproduise indéfiniment. Je veux concéder encore cette hypothèse, mais alors, comme le premier enchaînement aurait eu lieu dans la vie réelle, et par suite d'impressions réellement perçues, on ne pourrait voir se dérouler en rêve que des scènes et des tableaux rigoureusement pareils à ceux qui auraient impressionné déjà les sens dans l'état de veille. Si ce forgeron, par exemple, était en repos quand j'en ai recueilli le souvenir, je ne pourrais jamais le rêver en mouvement. Or, qui voudrait soutenir une pareille opinion, et que deviendrait l'incohérence des songes avec elle? Remarquons, d'ailleurs, que nos rêves sont bien rarement la simple reproduction des incidents passés de notre vie et comme une seconde représentation de scènes précédemment mises en action. Presque toujours, au contraire, et surtout dans les rêves les plus lucides, nous croyons voir des choses toutes différentes de la réalité accomplie, nous croyons assister à la réalisation de ce que nous supposons qui pourrait advenir.

Ceux qui se rendent à cette évidence, tout en voulant réserver une part aux petits vaisseaux du cerveau, déclarent que si ce n'est pas toujours la série des mouvements organiques qui règle le cours des idées, le mouvement des idées n'en occasionne pas moins dans les fibres cérébrales des ébranlements solidaires, indispensables aux conventions d'une bonne physiologie. Il y aurait donc tantôt mouvement organique qui susciterait une pensée, tantôt initiative de l'esprit qui mettrait en avant la pensée, laquelle provoquerait aussitôt le petit mouvement de fibres son acolyte. Il est clair que l'esprit qui a le pouvoir de faire mouvoir mon bras sur un ordre de ma volonté, aura bien aussi celui d'imprimer un certain mouvement à l'organe, s'il faut que l'organe soit ébranlé de telle ou telle façon, quand telle ou telle pensée s'éveille; mais du moment qu'on admettra quelquefois l'initiative intellectuelle, où sera la nécessité d'en restreindre l'action? à quoi bon ces stériles discussions sur des faits dont la vérification est impossible? Le mouvement de l'esprit lui-même, voilà ce qui nous intéresse, et non pas le mécanisme fibro-cérébral dont il peut être accompagné[60].

---

[60] La preuve que l'initiative des tableaux du rêve appartient souvent à l'esprit résultera de plusieurs observations consignées dans la troisième partie de ce volume. Elle réside d'ailleurs dans ce fait qu'il suffit très-souvent de désirer ou de craindre, en rêve, qu'une image apparraisse, ou qu'un fait s'accomplisse pour qu'à l'instant ce désir ou cette crainte soient réalisés. — D'autres fois, sans qu'il y ait précisément crainte ou désir, il y a simplement prévision, c'est-à-dire que nous devinons ce qui va s'offrir à nos yeux, et cela précisément parce que la pensée de l'objet précède, dans ce cas, le phénomène de sa représentation imaginaire aux yeux de notre esprit.

Quel que soit, d'ailleurs, la manière dont le cerveau fonctionne, soit qu'il obéisse entièrement aux impulsions que l'association des idées lui imprime durant nos songes, soit qu'il transmette à l'âme de temps en temps quelques avertissements des organes, la part de l'esprit comme initiative sera toujours, suivant moi, de beaucoup la plus grande, du moins chez l'homme en bon état de santé. Il faudra seulement remarquer que son esprit passera successivement par des alternatives de passivité et d'activité, dont l'observation a été pour moi le premier point de départ des expériences qui m'ont conduit au résultat de guider à volonté la marche de mes rêves. Tantôt il laissera les idées se succéder au gré des liens capricieux qui les unissent, et que nous nommons l'association: il en résultera ces songes éminemment décousus et disparates où les *abstractions* et les *superpositions* les plus monstrueuses se mêleront à des éclairs de vraisemblance et de raison, état qui constituera pour lui le véritable repos réparateur. Tantôt, séduit ou intrigué par une des idées qui se succèdent et qui le frappe au passage, il la retient, s'y attache, en suit les développements et prend alors la direction du rêve sans s'en apercevoir.

Un exemple éclaircira cette distinction:

Je rêve d'abord, je suppose, que je voyage en chemin de fer, les sites que je traverse, les visages qui m'entourent, mille incidents puérils qui s'accomplissent ne captivent aucunement mon attention. Ce voyage en wagon a réveillé toutefois le souvenir d'une ville que j'ai visitée. Je m'y reporte, et me voilà sur un pont qui se montre couvert d'une foule agitée, par suite de quelque autre souvenir spontanément évoqué. Mais que peut regarder cette foule agglomérée sur l'un des parapets? Un homme se serait-il jeté dans le fleuve? des bateliers chercheraient-ils à le sauver? — Ici, mon esprit, sans s'en douter, va prendre la direction du rêve qui l'occupe; il va commencer à provoquer lui-même la succession des tableaux qui se dérouleront devant lui; laissant bien encore quelque latitude à l'association des idées, mais ne lui permettant plus de passer brusquement d'un sujet à un autre, et de lui faire perdre ainsi de vue l'idée principale à laquelle il s'est attaché. — Par cela même que la pensée d'un homme en danger de se noyer m'est venue, mon imagination n'a pas manqué de me représenter immédiatement des tableaux en rapport avec cette pensée. Tout ce que je me figurerai comme devant arriver; tous les incidents au-devant desquels mon esprit marchera de la même manière, soit qu'il les appelle ou les redoute, ne manqueront pas de se réaliser de même en tout point. Je vois un homme qui se débat dans l'eau, une barque qui s'approche de lui pour le secourir, un marinier armé d'une gaffe qui s'efforce de l'accrocher par ses vêtements, etc. Cette *présidence* de l'esprit sur le fond du rêve n'empêchant point d'ailleurs l'association libre des idées de fournir les détails, si j'ai jamais regardé quelque tableau représentant une scène analogue, l'homme qui se noie pourra bien ressembler à celui que le peintre avait figuré. Dans les costumes des assistants, dans l'aspect des maisons du rivage, dans une infinité de petits accessoires, les affiliations les plus singulières en apparence se manifesteront sans que j'en sois étonné. Que l'homme en péril, dont l'image est tirée d'un tableau, se trouve ressembler aussi à quelque personne de ma connaissance, il n'y aura rien de surprenant à ce que ce soit aussitôt cette personne qui captive mon attention. Tout cela n'empêche point mon imagination de poursuivre, en les suscitant elle-même toutes les péripéties du drame qui s'accomplit. Maintenant, s'il vient à me passer par l'esprit la crainte que la barque ne chavire, ou qu'un harpon ne blesse celui qu'on veut sauver, ces accidents se réaliseront très probablement avec la rapidité de la pensée. – Si je suis, au contraire, une direction d'idées qui ait le sauvetage pour résultat, je pourrai me trouver tout à coup à côté du sauvé, le félicitant de tout cœur et lui serrant affectueusement la main. Lui ai-je donné déjà quelque poignée de main au milieu d'un bal, en le complimentant sur quelque heureux événement de famille? Ce bal ressuscitera peut-être aux yeux de mon esprit sans autre transition. Je rêverai que je valse; l'association des idées s'engagera dans une tout autre voie, et mon esprit, cessant dès lors d'y apporter son attention dirigeante, les incidents les plus disparates pourront se succéder et s'emmêler de nouveau sans qu'aucune action suivie les domine, sans que je puisse découvrir, au réveil comment ils se sont liés les uns aux autres, pourvu que j'aie perdu le souvenir du moindre chaînon.

Remontons à l'une des phases de ce rêve: si, tandis que l'homme était dans l'eau, le cours de mes idées m'avait fait songer à le sauver moi- même, c'est moi qui me serais trouvé avoir la gaffe en main, c'est moi qui aurais blessé cette personne amie que je voulais sauver; peut-être même l'aurais-je tuée, si la crainte m'en était venue, puisque nous savons que redouter une image, en rêve, c'est le plus sûr moyen de l'évoquer. Alors, j'aurais pu me figurer la douleur de sa famille, je me serais senti suffoqué de larmes; et au lieu d'assister à un bal, comme dans l'autre combinaison, je me serais cru à l'enterrement du défunt au milieu d'une église tendue de noir. Enfin, si par un nouveau revirement d'idées, la mémoire m'avait subitement ramené au souvenir d'une tout autre personne, avec laquelle je me serais rencontré à quelque convoi, mais aussi dans quelque partie de plaisir, ce nouveau souvenir ravivé aurait brisé la trame dont l'esprit dirigeait le fil; le catafalque aurait disparu, d'autres décors auraient pris sa place, et l'esprit serait rentré dans son rôle passif indiqué plus haut.

C'est ainsi que les phénomènes alternatifs d'activité et de passivité se manifestent. C'est ainsi que les images s'enchaînent et se succèdent dans les songes, c'est ainsi que les scènes et les tableaux les plus disparates en apparence sont toujours étroitement liés par le principe de l'association des idées, quand aucune cause matérielle anormale ne vient les interrompre ou les modifier.

Si la part des fibres cérébrales doit être faite, je dirai qu'elles sont comme les cordes du violon sous les doigts de l'artiste. Elles peuvent vibrer, elles peuvent donner un son, mais elles n'en sont pas moins elles-mêmes un instrument inerte, et le motif musical, c'est l'inspiration de l'artiste qui le produit.

Et maintenant, pour revenir à l'origine même du rêve qui vient d'être succinctement analysé, si l'on demande comment fut amenée d'abord l'idée du voyage en chemin de fer, premier chaînon de la série d'impressions décrites, je répondrai quelle a pu l'être également par une simple filiation d'idées antérieures, spontanément associées, et dont le point de départ a précédé le sommeil, ou bien par l'intervention d'une cause physique interne ou externe, telle qu'un mouvement du sang, ou le sifflement d'une serrure, ou tout autre bruit capable de réveiller, par analogie de sensations précédemment perçues, l'idée de ce genre de locomotion.

Si j'étais obligé, pour ma part, d'adopter une classification des rêves considérés dans leur cause première, je les diviserais donc simplement en trois catégories:

1° Ceux qui sont dus à la seule association des idées.

2° Ceux qui sont provoqués par des sensations internes.

3° Ceux qui sont provoqués par des causes externes.

Au sujet de l'influence des sensations organiques sur la production des rêves, j'appellerai volontiers l'attention des physiologistes sur ce fait curieux que tantôt la moindre impression externe ou interne introduit immédiatement et évidemment au milieu du rêve un élément nouveau en rapport avec elle, et tantôt quelque bruit très fort passe au contraire sans être entendu; quelque douleur physique intense demeure engourdie, oubliée durant le sommeil, au point qu'on songe parfois à des choses agréables dans le temps même où cette douleur existe très réellement. Faut-il en conclure que, même durant le sommeil profond, il y a des alternatives de sensibilité physique et d'engourdissement complet, ou bien qu'il est des instants où l'esprit est tellement captivé par l'objet de ses rêves qu'il prête alors bien moins d'attention encore aux avertissements des organes qu'il ne pourrait le faire, dans l'état de veille, sous l'empire même d'une très violente préoccupation?

Tandis qu'un léger malaise interne, encore inappréciable pendant la veille, influe parfois considérablement sur la nature des songes, ainsi qu'Hippocrate l'avait remarqué, des maux d'une vivacité extrême, comme l'odontalgie, par exemple, laissent le plus ordinairement toute liberté à l'association des idées, si le sommeil a pu l'emporter sur la douleur. Cette douleur est-elle persistante? amène-t-elle enfin des rêves auxquels elle se trouve mêlée? il est rare que ce soit dès la première nuit où l'on en souffre, ce qui semblerait indiquer que c'est moins la douleur elle-même qui agit alors sur le rêve, que le souvenir de cette douleur ressentie déjà depuis quelques jours, lequel souvenir s'est marié déjà avec beaucoup d'autres et peut être ramené plus fréquemment par l'association des idées.

M. Lemoine fait cette remarque ingénieuse «que la sensation des objets extérieurs est rare pendant le sommeil et généralement confuse, que si elle était plus fréquente et plus claire, elle dissiperait l'engourdissement des organes. Elle n'est vraiment bien vive, ajoute-t-il, que lorsque les sensations véritables qui naissent en notre âme peuvent entrer dans le cadre de notre rêve, sans nous rappeler à la réalité.» Mais il raisonne sans tenir compte des phénomènes de la *rétrospection*[61] que ni lui, ni ses devanciers n'ont observé.

Après cette question de l'influence des organes sur l'esprit, pendant le rêve, celle qui se présente tout naturellement comme sa contrepartie, consiste à examiner l'action partielle ou incomplète, mais très réelle, que l'esprit peut exercer à son tour sur les organes dans certains cas de surexcitation morale, que n'exclut point le profond sommeil. Cette action (qu'il ne faut pas confondre avec celle du sentiment de vigilance instinctif dont les mouvements automatiques sont le résultat) empêche suivant moi le sommeil d'être réparateur, lorsqu'elle se manifeste, bien plus que les songes tumultueux auxquels l'esprit seul aura pris part[62]. Si je manque à cet égard d'observations multiples, si j'ai considéré cet ordre de faits comme appartenant à la physiologie pathologique plutôt qu'à l'étude des rêves proprement dits, j'appellerai cependant l'attention de tous ceux qui aiment à s'étudier eux-mêmes sur la nature de cet effort douloureux que l'âme fait parfois dans un rêve pénible, pour agiter un membre ou pousser un cri. Je signalerai surtout l'acte de véritable volonté, par lequel, se révoltant contre des images illusoires qui l'obsèdent et dont elle a fini par comprendre la fausseté, l'âme secoue tout à coup le sommeil intense et force le corps à se réveiller. Cet effort extraordinaire n'est plus dirigé contre aucun de nos membres en particulier; il l'est à la fois contre tous ; il agit en même temps sur tout l'organisme, il semble enserrer la poitrine et les entrailles; on a parfaitement le sentiment de son énergie, au moment où il nous rend à la vie réelle. La résistance des organes, leur mauvaise volonté à se soumettre font reconnaître, mieux qu'en toute autre circonstance, la dualité psychocorporelle.

Je reviens à l'ouvrage de M. Lemoine, dont l'analyse amène tant de sujets de digressions. Dans un chapitre intitulé: *Des facultés de l'âme pendant le sommeil*, l'auteur, après avoir déclaré qu'il adoptera la division la plus généralement suivie en *sensibilité*, *intelligence* et *activité*, adopte aussi un mode de subdivisions par paragraphes que je suivrai moi-même très volontiers, chaque question n'ayant qu'à gagner à se voir ainsi nettement détachée. L'écueil sera peut-être ici de revenir sur quelques sujets déjà discutés, et qui reparaîtront encore; mais tout en suivant l'ordre des paragraphes de M. Lemoine, je ne jugerai pas indispensable de les mentionner tous indistinctement.

Je passe d'abord ce qui est dit de la sensibilité organique, interne et externe. Le sommeil s'attaque particulièrement à la première, tandis que, sous son influence, la seconde parvient quelquefois au contraire à son plus haut degré d'intensité. C'est là un fait acquis sur lequel il serait inutile de revenir.

Voyons quelques propositions successivement développées.

---

[61] *Observ. pratiques.*

[62]Voir plus haut l'observation de Moreau (de la Sarthe), page 64.

SENSIBILITE MORALE. — «Plus l'image du rêve est colorée et nettement dessinée, dit M. Lemoine, plus les idées sont claires et précises, plus les sentiments sont vifs et ardents, et plus aussi la violence de ces états de notre âme s'écarte du sommeil *véritable* et *réparateur*.»

J'admets, dans une certaine mesure, la seconde partie de cette proposition, c'est-à-dire que si l'âme est en proie à des passions violentes durant le rêve, elle exerce en général sur l'organisme une action pénible qui empêche le sommeil d'être réparateur; mais en ce qui touche la première assertion, à savoir la prétendue incompatibilité des images nettes et des idées suivies avec un sommeil véritable et réparateur, je l'ai niée déjà formellement, étant très persuadé que la netteté des images, lorsqu'elle peut s'allier à des tableaux doux et tranquilles, est au contraire l'un des caractères du meilleur et du plus profond sommeil.

L'opinion suivante ne me paraît pas moins erronée; «Les passions se conduisent toujours dans les rêves les plus affreux et dans les plus beaux comme pendant la veille et d'après les mêmes lois. Les sentiments du sommeil ressemblent si bien à ceux de la veille que le sens du bien lui-même n'est pas affaibli dans nos rêves (p. 180).»

Les passions ne se conduisent pas toujours en rêve comme dans la veille, car elles inspirent souvent au dormeur des désirs bizarres et inqualifiables, qu'il ne comprend pas même à son réveil.

Les sentiments du sommeil ressemblent parfois si peu à ceux de la veille, et le sentiment du bien notamment peut se trouver en rêve perverti de telle sorte qu'on s'imagine accomplir, comme une action la plus simple, des faits qui seraient monstrueux ou insensés en réalité.

C'est ainsi qu'une jeune et charmante femme, accoutumée aux recherches les plus aristocratiques, m'avoua un jour qu'elle avait vu en rêve un gros monsieur de sa connaissance servi sur la table en guise de rôti; le maître de la maison le découpait le plus tranquillement du monde, et, loin de s'en étonner elle-même, elle n'avait songé qu'à tendre son assiette afin d'y recevoir une tranche de ce mets au moins singulier.

Le phénomène de transition par substitution d'images[63] auquel sont dus les rêves de ce genre, n'est point le seul du reste à produire des effets analogues. Nous verrons bientôt que l'exaltation de la sensibilité morale ou physique, concentrée pendant le sommeil sur quelque idée particulière ou sur quelque portion de notre organisme, arrive assez fréquemment, par la rupture de tout équilibre moral, à nous inspirer de tels désirs et à nous faire commettre en songe de tels actes, que celui qui agirait de même dans la vie réelle passerait à bon droit pour un maniaque ou pour un insensé.

«Comme la fiction peut accroître la vivacité de nos sensations, continue M. Lemoine, comme elle fait du bruit le plus léger l'éclat du tonnerre, le rêve embellit ou enlaidit tout ce qu'il crée. Ce n'est pas dans une veille calme et froide, où les

---

[63] Voir plus haut, p. 178, et aux *Observ. prat.*

choses se présentent à lui telles qu'elles sont, que l'artiste peut voguer avec amour sur l'océan de la beauté; c'est lorsque l'inspiration, l'enthousiasme et presque le délire s'emparent de lui, lorsque la sensibilité se monte au ton le plus élevé, que l'amour et le sentiment du beau enfantent dans son imagination le modèle ou le type idéal qu'il a longtemps poursuivi. Cette surexcitation de toutes les facultés sensibles et particulièrement du sens esthétique, elle nous ravit à son heure; il faut l'attendre sans la devancer. Mais s'il est un temps et des conditions qui lui soient plus favorables et qui l'appellent, c'est le temps du sommeil. De là ces visions rares et sublimes que les songes présentent avec clarté au peintre, au musicien, au poète. De là, la sonate du diable que Tartini cherche en vain pendant la veille, qu'il entend dans un rêve, et qu'il reconstruit par lambeaux dans son souvenir. Mais de là aussi ces figures hideuses, tous ces monstres horribles, toutes les formes de la laideur, tous les caprices de la difformité qui réunissent dans un seul corps tout ce que la nature, dans ses moments d'erreur, n'a tiré qu'à moitié du chaos (page 182).»

Je cite avec grand plaisir ce passage éloquent. L'auteur y reconnaît comme moi l'incomparable intensité des émotions qu'on ressent en rêve, justifiant ainsi le charme et l'intérêt qu'on peut attacher à l'idée de maîtriser ses rêves et les diriger.

DE L'INTELLIGENCE. M. Lemoine émet, à propos de l'intelligence, une opinion que je partage encore, c'est que si nous portons souvent des jugements faux, en rêve, cela ne prouve nullement que nous soyons alors sous l'influence d'une altération momentanée des facultés de notre entendement. Si nos jugements sont faux, c'est parce que les éléments de nos comparaisons et de nos raisonnements sont le plus souvent disparates et incohérents. Ainsi ferait un mathématicien qui ne se tromperait pas dans ses calculs, mais qui aurait basé ses opérations, dès le principe, sur des chiffres erronés.

Ceci nous conduit tout naturellement à signaler au passage une autre opinion bien capable de donner à réfléchir. C'est que la folie, la fièvre, l'ivresse réduisent l'âme, sous ce point de vue, aux mêmes conditions qui lui sont faites par le sommeil. «S'il y a une différence aux yeux des médecins, il ne saurait y en avoir aux yeux du psychologue, parce qu'il n'y a de différence que dans l'état des organes; il n'y en a vraiment aucune pour l'âme elle-même.

«La démence, la folie sont donc improprement appelées des maladies mentales. L'âme n'est point malade, mais seulement l'organe. L'aveugle n'est privé du spectacle de la lumière que par le vice ou la maladie de l'organe visuel. La puissance de voir est d'ailleurs aussi intacte chez lui que chez celui qui voit en effet. Ainsi, la raison du fou, de l'homme ivre et du dormeur est seulement dévoyée par les illusions ou les hallucinations dont il est le jouet.»

Le docteur Bayle a publié l'observation remarquable d'une hallucinée qui se croyait entourée de démons. Elle répondait à ceux qui essayaient de lui démontrer son erreur: «Comment connaît-on les objets? Parce qu'on les voit et qu'on les touche. — Or, je vois, j'entends et je touche les démons qui sont hors de moi, et je sens de la manière la plus distincte ceux qui sont dans mon intérieur.

Pourquoi voulez-vous que je répudie le témoignage de mes sens lorsque tous les hommes les invoquent comme l'unique source de leurs connaissances.»

D'un autre côté, M. Brière de Boismont, dans son *Traité des hallucinations* cite plusieurs exemples de fous et d'hallucinés qui, tout, en se montrant vivement impressionnés par des bruits et des apparitions terribles, ne laissaient point cependant de reconnaître et de convenir que ces bruits ou ces apparitions n'avaient rien de réel.

Le fou est donc peut-être un rêveur qui rêve tout haut. L'étude des opérations de l'esprit chez les insensés pourrait donc aussi, peut-être, jeter une certaine lumière sur l'état de l'âme pendant le sommeil.

Il y aurait toutefois cette notable différence entre le rêve du simple dormeur et celui de l'insensé que, par un violent effort de volonté, le dormeur qui a conscience de son état peut toujours secouer son rêve, tandis que le fou, même conscient, ne saurait se débarrasser des illusions qui l'obsèdent.

DE LA CONSCIENCE. — M. Lemoine pense que la conscience, en tant que puissance d'observer avec attention ses sensations et ses pensées, est supprimée durant le sommeil; que nous ne pouvons, en dormant, nous rendre compte de l'état dans lequel nous sommes, et que nous n'avons enfin qu'une *conscience rétrospective* des rêves que nous avons eus.

Si cette assertion n'était pas avancée d'une manière absolue; si l'on n'entendait l'appliquer qu'à la généralité des dormeurs, qui n'ont jamais eu la pensée de s'étudier pendant cette phase de leur existence, je ne ferais nulle difficulté de l'admettre, ayant souvent constaté, dans mes entretiens sur ce sujet avec un grand nombre de personnes, que la conscience du rêve, pendant le rêve, était, en effet, chez la plupart d'entre elles, un accident tout exceptionnel; mais, d'un autre côté, ayant expérimenté par moi-même et par le concours de plusieurs amis, avec quelle promptitude et quelle facilité on acquiert la faculté de posséder cette conscience, pourvu qu'on y exerce son esprit, je ne puis que nier très énergiquement ce que M. Lemoine avance. Je pose, au contraire, en principe que parmi les gens qui voudront bien prendre la peine d'écrire seulement pendant trois mois, tous les matins, leurs songes de la nuit (en faisant quelque effort de mémoire pour les retrouver, quand il leur semblera de prime abord *qu'ils n'ont rien rêvé* suivant la locution reçue), l'exception sera du côté de ceux qui n'auront pas déjà fréquemment, durant le songe, et la conscience de leur sommeil, et, qui plus est, la pensée d'en suivre attentivement les images afin de s'en souvenir au réveil.

M. Lemoine, du reste, sent bien vite qu'il s'est peut-être un peu trop avancé. Il ajoute donc en manière de correctif: «Lorsque nous savons (en rêvant) que nos rêves sont des rêves, c'est à *certains signes* que le sommeil n'a pas complètement effacés que nous le reconnaissons; nous ne le savons pas par la conscience.»

Or, quels peuvent être ces signes particuliers? on ne nous le dit pas, et je dois avouer que je ne saurais les deviner.

Ce que je crois savoir et ce que je dois répéter ici, c'est que le sentiment de savoir en rêvant que l'on rêve sera justement le point de départ pour arriver à la conduite des songes, ainsi que je me propose de le démontrer[64].

DE LA MEMOIRE ET DE L'ASSOCIATION DES IDEES. — «Dans le sommeil, dit M. Lemoine, plus d'associations ni de réminiscences volontaires; tout, est spontané, tout est indifférent.»

«L'association des idées, qui est le fond même de la mémoire, perd comme elle, durant le sommeil, tout ce que l'attention et la volonté lui donnent dans la veille de constance et de raison (p. 215).»

Je ne cite ces deux passages que pour constater le désaccord le plus radical entre mes idées et celles de M. Lemoine, à cet égard.

DE L'IMAGINATION. «On donne le nom d'imagination à des puissances bien différentes. Le peintre qui saisit d'un seul coup d'œil tous les traits d'une figure, tous les détails d'un paysage et qui les voit encore lorsqu'ils ne sont plus sous ses yeux, le musicien qui perçoit distinctement toutes les parties d'un orchestre, tous les airs d'un opéra, et qui les entend encore dans le silence, sont doués d'une imagination puissante; mais c'est une imagination presque passive.

«Nous attribuons le don d'une imagination plus précieuse à celui qui, au lieu de percevoir fidèlement mais simplement les sons et les couleurs et tout ce qui a réellement affecté ses sens, voit, comme dans un tableau intérieur, avec des traits et des couleurs qui ne frappent pas ses yeux, un objet idéal que son esprit conçoit en le créant tout entier, ou entend comme une voix mentale modulant une suite de sons harmonieux qui n'ont jamais retenti à aucune oreille. L'imagination de celui-là est vraiment active, puisqu'elle accomplit le plus grand de tous les actes: elle crée.

«De quelque nom qu'on appelle la première, imagination sensible, passive, animale, mémoire imaginative, elle tient de plus près encore à la sensibilité qu'à l'intelligence; elle dépend presque autant de la sensibilité des organes que de celle de l'âme. Ses qualités ne sont que celles d'un miroir ou d'un écho qui réfléchit ou répète, avec plus ou moins de fidélité et de distinction, les images et les bruits. La seconde, l'imagination qui fait le poète dans le sens grec du mot, suit une marche inverse de la précédente. Au lieu d'être le miroir ou l'écho des organes du dehors, elle rayonne sur les sens et les organes qui imitent et représentent à leur manière, avec les sons, les couleurs et les mouvements de toute sorte, les conceptions de l'esprit. Ces représentations sont bizarres ou belles; ce sont des combinaisons mesquines ou de grandes et véritables créations; au moins est-ce toujours l'esprit qui agit sur les sens et la matière.

«S'il importe pour la psychologie de la veille d'établir cette différence, elle a bien plus d'importance encore dans la psychologie du sommeil et l'analyse des rêves, pour faire la part de l'influence des organes et celle de l'esprit.

---

[64] *Observ. prat.*

«On doit, en effet, distinguer deux sortes d'hallucinations dans le sommeil, comme dans la folie: l'une qu'on pourrait appeler organique *et qui a pour cause l'état d'engourdissement ou de maladie du cerveau et le mouvement intestin qui y prend naissance;* l'autre, qu'on peut dire intellectuelle, et qui résulte de l'action volontaire ou forcée que donne l'esprit à une pensée. Dans l'une, le signe matériel d'un objet absent éveille l'idée de la chose signifiée ou de quelque chose de semblable; dans l'autre, l'objet de la pensée prend une forme et se réalise en dehors, *en suscitant dans le cerveau le mouvement qui en est le signe familier* ou ceux qui lui ressemblent. Lorsqu'un fantôme m'apparaît tout à coup dans un rêve, sans qu'il, y ait aucune raison, tirée même de l'association de nos idées, qui puisse en avoir suscité l'apparition, c'est une hallucination organique; *l'ébranlement de quelque fibre a provoqué cette image.* Mais lorsque, effrayé de sa laideur, je veux fuir, c'est ma peur qui met en mouvement le fantôme et le lance à ma poursuite, c'est une hallucination intellectuelle.»

Je viens d'emprunter à M. Lemoine un fragment qui débute par des considérations excellentes, à mon avis, sur une distinction à établir entre deux sortes d'imaginations; mais il est bien entendu que je fais toutes réserves à l'égard des passages transcrits en lettres italiques. Ces passages se lient au système de l'auteur sur les ébranlements des fibres cérébrales considérés comme cause efficiente des rêves, ce que j'ai déjà repoussé. J'avouerai aussi que je préfère appeler simplement *mémoire*, ou *mémoire imaginative* si l'on veut, cette faculté qui consiste uniquement à se rappeler le souvenir des objets tels qu'ils furent perçus, réservant le nom d'imagination à cette autre faculté distincte de combiner mentalement, d'une façon nouvelle, les matériaux fournis par la mémoire, de manière à en former aux yeux de l'esprit comme à ses oreilles (si l'on peut user de cette figure), des images qu'il n'a jamais réellement vues, des airs qu'il n'a jamais réellement entendus, des créations en un mot, en tant que l'homme puisse créer.

D'autre part, on aura ici l'occasion de constater encore l'écueil de ces raisonnements purement théoriques, dont le moindre inconvénient est de ne conduire à rien de certain. Qui m'indiquera jamais si l'hallucination est organique ou intellectuelle? Comment saurai-je jamais, d'une manière positive, qu'une image (fantôme ou autre objet) aura surgi *sans qu'il y ait aucune raison, tirée même de l'association de mes idées, qui puisse en avoir suscité l'apparition?* Et si l'image de ce fantôme qui m'apparaît est telle que jamais semblable figure n'avait affecté mes sens, comment peut-il préexister dans mon cerveau *un certain mouvement qui en soit le signe particulier*? Comment l'ébranlement de quelque fibre peut-il *rappeler* une idée qui n'existait pas encore?

Je ne saurais trop le redire, vouloir ainsi toucher du doigt ces mystères insolubles de l'union psycho-corporelle, ces relations intimes de l'âme et de la matière, me paraît la plus aride de toutes les méthodes: elle ne peut enfanter que de vaines suppositions; elle n'a que le doute en perspective.

Si nous revenons, du reste, à l'opinion de M. Lemoine, en la dégageant de sa partie spéculative, en substituant, par exemple, à la théorie arbitraire des fibres agents ou instruments de la pensée, le simple aveu de ce fait incontesté que tantôt l'initiative des rêves est due à l'association spontanée des idées (qu'elle soit active ou passive[65]), et tantôt à diverses causes physiques, externes ou internes, qui viennent impressionner le dormeur, nous arriverons sur ce point à une parfaite conformité de vues; nous conviendrons ensemble que tous nos rêves émanent nécessairement de ces deux principes.

A vrai dire, il n'est peut-être aucun rêve dont la trame appartienne à l'un ou à l'autre exclusivement. Un rêve qui procéderait de la seule association des idées, sans aucune interruption d'aucune sorte, serait la conséquence d'une telle perfection dans l'équilibre du corps humain, en même temps que d'un calme si absolu dans le monde ambiant, que s'il est aisé d'imaginer cet état par la pensée, il serait sans doute impossible de le rencontrer en réalité.

Nos rêves sont donc perpétuellement et alternativement composés de ces successions d'idées engendrées par le travail spontané de l'esprit, et de ces mille notions incidentes provoquées par les influences du monde matériel. La façon dont ces deux principes se combinent et réagissent tour à tour l'un sur l'autre renferme surtout le secret des rêves les plus décousus et les plus incohérents.

Quant au rôle que joue dans nos rêves l'imagination proprement dite, si nous y portons soigneusement l'analyse, nous reconnaîtrons qu'il ne consiste pas seulement à former des composés nouveaux avec les éléments acquis, en enfantant parfois de ces visions enchanteresses qui semblent résumer toutes nos aspirations vers l'idéal, ou de ces monstrueux assemblages, hideuse réunion de tout ce qui nous inspire le plus d'aversion. A part ces conceptions qui ont toujours quelque chose d'exceptionnel, on constatera de sa part une fréquente tendance à devancer le travail spontané de l'association des idées, en lui imprimant elle-même cette direction que j'ai signalée plus haut lorsque j'ai parlé de l'activité et de la passivité de l'esprit durant le sommeil. L'imagination demeure-t-elle passive, il y a toujours incohérence et décousu à l'égard des sujets qui occupent l'esprit, parce qu'alors l'enchaînement des idées s'opère au moyen d'associations tout à fait étrangères à un ordre logique de succession réelle. L'uniforme d'un soldat me fait penser à un officier de ma connaissance; cet officier à sa sœur; sa sœur à une autre dame qui lui ressemble; cette dame à un théâtre où je l'ai rencontrée, puis à la pièce que l'on y jouait; la scène se passait en Orient; me voilà devant une mosquée, etc, etc. L'imagination tient-elle les rênes, le songe offre, au contraire, une action toujours suivie (qu'elle soit d'ailleurs raisonnable ou non).

Résumons, avant de passer à un autre sujet, ce qu'il nous semble résulter des diverses remarques que nous avons pu faire jusqu'ici, touchant la part qui revient à l'imagination dans le tissu de nos rêves. Cette part sera naturellement plus ou moins grande, selon la nature des esprits et selon leurs dispositions

---

[65] Voir ci-dessus p. 94.

momentanées; mais on peut dire, en principe, qu'elle ne sera jamais absolue, puisqu'une notable portion de nos rêves procédera de la seule association spontanée des idées, c'est-à-dire de la mémoire exclusivement.

La puissance de l'imagination n'ira jamais, bien entendu, jusqu'à fournir des images ni des harmonies absolument nouvelles, puisqu'elle ne saurait rien produire qui ne soit formé des matériaux empruntés par elle à la mémoire, mais, trouvant sous l'influence du sommeil une énorme facilité pour sonder tous les casiers de la mémoire, profitant des combinaisons que le hasard amène, comme l'artiste profite parfois d'un heureux désordre qu'il n'avait pas cherché, opérant des abstractions et des rapprochements dont l'idée ne viendrait jamais à l'homme éveillé, l'imagination, affranchie d'ailleurs du joug de la raison par l'anéantissement momentané du monde réel, peut enfanter des composés d'autant plus nouveaux dans leur ensemble que nous ne saurions plus ressaisir, à l'état de veille, les lambeaux de souvenirs dont ils sont formés.

Ajoutons enfin qu'elle nous prouve constamment à quel point l'aspiration vers le beau est innée dans l'esprit de l'homme. Une image se présente-t-elle à l'état d'ébauche confuse dans le tableau mouvant des souvenirs, si l'imagination l'achève, ce sera pour la poétiser et l'embellir. Elle obéira, en cela, aux mêmes lois qu'elle observe durant la veille, alors qu'un jour indécis, un voile, une lumière discrète lui font prêter à quelque visage entrevu dans la pénombre un charme purement imaginaire.

DE L'ATTENTION. — Ici, et contre ses habitudes, M. Lemoine se décide à embrasser nettement une opinion tranchée. Cette opinion, je dois la repousser énergiquement de mon côté, car elle est absolument contraire aux résultats de mon expérience. Voici donc ce qu'il avance:

«L'attention est impossible dans *le sommeil qui suspend la volonté*[66]. De quelque souplesse, de quel que fidélité que la mémoire fasse preuve dans le sommeil, je ne puis volontairement poursuivre un souvenir qui m'échappe, je ne puis choisir parmi les visions de mes songes une image où je fixe ma vue, parmi les idées qui se succèdent dans mon esprit, celle qui m'agrée pour l'analyser.»

Autant d'affirmations, autant d'erreurs positives, prouvant que l'auteur n'a traité cette question qu'en théorie, et non point d'après une méthode observatrice.

L'attention peut continuer de s'exercer pendant le sommeil, et cela par l'action d'une volonté non suspendue.

On peut s'accoutumer promptement à choisir, parmi les visions et les idées qui se succèdent en songe, celles que l'on veut fixer, retenir, analyser, ou éclaircir. Ce résultat nécessite parfois un certain effort de l'esprit qui ne s'obtient pas sans

[66] On pourrait croire à première vue que M. Lemoine admet peut-être un sommeil *suspendant la volonté*, et un autre ne la suspendant pas; mais il résulte clairement des développements qui accompagnent ce fragment, que cette phrase doit être entendue ici d'une manière absolue.

une sorte de contention presque douloureuse, mais le fait n'en est pas moins du domaine des choses possibles, psychologiquement parlant.

DE LA PUISSANCE LOCOMOTRICE. — Ce dernier paragraphe de l'étude consacrée par M. Lemoine au sommeil naturel et aux rêves qui l'accompagnent traite surtout du plus ou moins d'action que l'âme conserve, pendant le sommeil, sur les divers organes de la locomotion. C'est déjà s'écarter quelque peu du sujet que nous traitons ; c'est s'occuper de la physiologie du sommeil, plutôt que de la psychologie du songe.

Pour moi, je n'hésite pas à poser en principe que si l'âme conserve quelque action sur les organes, tandis qu'elle rêve, c'est qu'alors le sommeil est incomplet. Dans la suspension complète de toute action de l'âme sur les organes, dans la suspension de la puissance locomotrice, en un mot, je vois tout à la fois le caractère principal du sommeil et une loi admirable de la création imposée à la nature humaine afin d'assurer au corps le repos qui lui est nécessaire. L'âme qui n'a pas besoin de repos, ainsi que l'a dit lui-même M. Lemoine, n'aurait jamais laissé reposer le corps sans cette loi-là. Rappelons-nous ces moments d'insomnie où nous faisons tout ce qui dépend de nous pour maintenir le corps en repos, en avons-nous jamais le pouvoir? Que l'incessante activité de l'esprit soit au contraire occupée par les tableaux illusoires dont l'imagination lui donne le spectacle; que l'âme se figure faire mouvoir le corps sans agir réellement sur lui, alors le corps se repose. Et par le corps on doit entendre, non-seulement l'appareil locomoteur, mais aussi tous les organes intérieurs sur lesquels, soit dit par parenthèse, une influence malfaisante est la seule que nous sachions exercer quand il nous arrive d'en exercer une; témoin les effets de l'attente, du chagrin, de la joie, ou même le seul désir de ne pas penser à un mal que nous redoutons.

Obligé de remplir le cadre du programme tracé par l'Académie, M. Lemoine aborde enfin les questions périlleuses du magnétisme, dans l'examen desquelles je ne prétends nullement m'aventurer. J'arrête donc ici l'analyse critique de son remarquable mémoire, non sans en conseiller la lecture à ceux qui voudront approfondir le sujet. Ils y trouveront, sur plusieurs particularités de nos rêves, d'ingénieuses opinions que je n'ai pas cru devoir relever parce qu'elles m'ont paru purement théoriques, mais que je ne saurais rejeter non plus absolument, en tant que purement théoriques, puisqu'il n'est pas interdit à la théorie de se rencontrer parfois avec la vérité.

VI

Examen sommaire du récent ouvrage de M. Alfred Maury, *le Sommeil et les Songes.*— Les hallucinations hypnagogiques.—De l'intelligence considérée comme une fonction du cerveau, et de la localisation encéphalique des facilités de l'entendement, d'après les doctrines de cet écrivain.— Observations intéressantes que M. Maury a faites sur lui-même, — *Dissolving views.* — Des rêves où l'on reprend le fil d'un rêve antérieur, précédemment oublié. — Comment on peut commettre sans remords de fort méchantes actions, en songe, et de quelle façon l'on peut dire que notre libre arbitre nous est alors enlevé. — Opinions des docteurs Macario et Cerise, qui se rapprochent beaucoup plus des miennes que de celles de M. Alfred Maury. — Réflexions de Charma et de Brillat Savarin, à propos de l'exquise sensualité de certains rêves. — Que l'étude du sommeil et des songes naturels est la meilleure introduction à celle du somnambulisme et du magnétisme. — Quelques réflexions du docteur Cerise pour clore la revue des écrivains qui ont traité la question du sommeil et des rêves, depuis l'antiquité jusqu'à nos Jours.

Des théories essentiellement conjecturales, assez franchement matérialistes, où l'auteur s'attache, comme M. Lemoine, à expliquer tous les phénomènes du rêve par des vibrations secrètes des fibres de l'encéphale, et par ces mille mouvements intestins du cerveau sur lesquels on discourra toujours avec d'autant plus de liberté que jamais à cet égard la discussion ne pourra sortir de l'ordre spéculatif ;

Des observations très fines, très délicates, très judicieuses, où je suis heureux de trouver la confirmation de plusieurs faits psychologiques que je croyais avoir été jusqu'ici le seul à constater; tels sont les deux éléments très distincts que je saisis tout d'abord, en lisant le livre de M. Alfred Maury sur le sommeil et les rêves[67].

M. Maury commence par consacrer un chapitre spécial à ces premières images, à ces premières sensations qui surgissent, quand le sommeil nous gagne. Il les nomme *hallucinations hypnagogiques*, et veut en faire un phénomène particulier, auquel certaines personnes seulement seraient sujettes. Je m'étonne de voir proposer une pareille distinction par un écrivain qui a de la tendance à généraliser plutôt qu'à subtiliser. Pour moi, qui éprouve journellement le phénomène dont il s'agit, je ne saurais y voir rien autre chose que le commencement de la représentation aux yeux de l'esprit des objets qui occupent la pensée, c'est-à-dire du rêve lui-même. J'ai déjà signalé ces premières apparitions de figures ou de paysages vivement colorés, comme un indice certain que le sommeil est proche; M. Maury, ne convient-il pas lui-même implicitement qu'ils ne sont que les avant-coureurs du sommeil quand il écrit: «Le café noir, le vin de Champagne, qui même pris en petite quantité, provoquent chez moi des insomnies, me disposent fortement aux visions hypnagogiques. Mais dans ce cas elles

[67] *Le Sommeil et les Rêves*, par Alfred Maury, de L'Institut, Paris, 18.

n'apparaissent qu'après un temps fort long, quand le sommeil, appelé vainement durant plusieurs heures, va finir par me gagner.»

Ce qui équivaut à dire qu'en retardant l'invasion du sommeil, ces boissons excitantes en retardent naturellement les premiers symptômes; et qu'en surexcitant d'ailleurs le système nerveux, elles nous prédisposent à percevoir avec plus de force les idées-images, ou les sensations diverses dont nos songes seront formés.

Qu'il y ait des personnes particulièrement impressionnables, chez lesquelles les idées-images se produisent, dès la première invasion du sommeil, avec plus de vivacité que chez d'autres, cela se comprend à merveille; M. Maury est de ce nombre et moi de même; mais nous n'en devons nullement conclure que, sous le nom d'*hypnagogiques*, ces premières manifestations du premier sommeil, constituent chez nous un phénomène particulier.

Je ne puis admettre davantage que ces images soient «des répercussions de pensées, indépendantes des dernières préoccupations de l'esprit.» Mes observations pratiques m'ont prouvé maintes fois le contraire[68].

Après avoir ainsi traité des hallucinations qui se présentent dans le premier assoupissement, M. Maury abordant l'étude du sommeil plus profond n'hésite pas à déclarer que, pour être complet, ce sommeil doit être vide de tout rêve. Une solidarité parfaite existe, à ses yeux, entre l'engourdissement total ou partiel du cerveau durant le sommeil, phénomène physiologique qu'il ne met pas en doute, et la suspension plus ou moins complète des facultés de l'esprit[69]. Comme Gall et Spurzeim il croit d'ailleurs à la localisation de ces facultés dans certaines parties déterminées de l'encéphale, et pense que selon la portion de l'organe sur laquelle le sommeil exerce son empire avec le plus de force, telle ou telle passion peut être plus ou moins affaiblie dans nos rêves.

---

[68] Ne pas faire de confusion entre cette prétendue répercussion spontanée et ce qui se produit quand une sensation réelle vient à réveiller une idée, en évoquant par suite son image solitaire. C'est ce qui arrive à M. Maury quand il a un élancement dans le pied, et qu'il voit apparaître aussitôt un pied dans son rêve. C'est ce qui arrive dans les rêves génésiques, alors qu'une surexcitation ou qu'une pléthore des organes entretiennent des rêves lascifs, en répétant sans cesse des sensations physiques qui appellent des images en rapport avec les souvenirs qu'elles évoquent.

[69] «On a trop appuyé, pour le sommeil, sur la distinction de l'âme et du corps. Les deux mécanismes agissent de concert et gardent leurs relations réciproques» (p. 22).

«Plus l'engourdissement moral domine, plus le rêve est vague, fugace, plus certains organes ont été éveillés dans le sommeil, plus le rêve laisse, au contraire, sa trace dans notre esprit.

«Ajoutons que certaines parties du cerveau peuvent demeurer éveillées, et même être susceptibles d'un haut degré de surexcitation, tandis que d'autres restent engourdies; l'affaiblissement dont est atteinte une faculté et *nécessairement l'organe encéphalique qui y préside* pouvant varier d'ailleurs pendant la durée du sommeil» (p. 36 à 37).

«Le rêve, en un mot, tient à ce que certaines parties de l'encéphale et des appareils sensoriaux restent éveillés, par suite d'une surexcitation qui s'oppose à l'engourdissement complet» (p. 53).

«Nul doute que selon la partie du cerveau ou du système nerveux qui est attaquée, selon le genre de lésion des organes de la vie intelligente (dans l'aliénation mentale), telle ou telle passion ne puisse être plus ou moins surexcitée ou aflaiblie» (p. 145)

Cette ligne d'idées n'est point de celles que je serais instinctivement disposé à écarter. Refuser de demander l'explication des mouvements de notre esprit à des hypothèses anatomiques invérifiables, ce n'est point perdre de vue l'évidente corrélation qui existe, chez l'homme, entre l'état de son cerveau et celui de son esprit. La critique que je devrais faire, en général, des opinions théoriques de M. Maury, si ce n'était point m'exposer à répéter tout ce que je viens de dire à propos de celles de M. Lemoine, ne m'entraînerait donc pas à repousser sans examen l'étude d'un ordre de faits dans lequel j'entreverrais, au contraire les plus intéressantes observations pratiques à recueillir.

La doctrine phrénologique frappe vivement l'imagination de tout psychologue. Bien souvent j'ai conçu le plan d'une série d'expériences à tenter durant notre sommeil, à l'effet de vérifier la concordance possible entre une irritation quelconque exercée sur quelque point du crâne, et la nature des impressions et préoccupations morales dont nos rêves offriraient alors le tableau. Si je n'ai pu saisir pour mon propre compte aucune révélation bien concluante, je n'en recommanderai pas moins cette voie d'expérimentations aux observateurs.

J'arrive à la partie la plus intéressante, selon moi, du livre de M. Maury, celle où se trouvent nettement consignées bon nombre d'observations que l'auteur a faites sur lui-même, et qui témoignent surtout de la puissance de notre mémoire pendant le sommeil.

«J'ai passé mes premières années à Meaux, dit M. Maury, et je me rendais souvent dans un village voisin, nommé Trilport, situé sur la Marne, où mon père construisait un pont. Il y a quelques mois je me trouve en rêve transporté aux jours de mon enfance et jouant dans ce village de Trilport; j'aperçois un homme, vêtu d'une sorte d'uniforme, auquel j'adresse la parole, en lui demandant son nom. Il m'apprend qu'il s'appelle C... qu'il est le garde du pont, puis il disparaît pour laisser la place à d'autres personnages. Je me réveille avec le nom de C... dans la tête. Était-ce là une pure imagination, ou y avait-il à Trilport un garde du nom de C...? Je l'ignorais, n'ayant aucun souvenir d'un pareil nom. J'interroge, quelque temps après, une vieille domestique, jadis au service de mon père, et qui me conduisait souvent à Trilport. Je lui demande si elle se rappelle un individu du nom de C..., elle me répond aussitôt que c'était un garde du pont de la Marne quand mon père construisait un pont. Très certainement je l'avais su comme elle, mais le souvenir s'en était effacé. Le rêve en l'évoquant, m'avait comme révélé ce que j'ignorais.»

«Un autre jour, écrit ailleurs M. Maury, le mot de *Mussidan* me revint à la mémoire; je savais bien que c'était le nom d'une ville de France, mais où était-elle située, je l'ignorais, ou, pour mieux dire, je l'avais oublié. Quelques jours après je vis en songe un certain personnage qui me dit qu'il venait de Mussidan: je lui demandai où se trouvait celle ville. C'est, me répondit-il, un chef-lieu de canton du département de la Dordogne. Je me réveille; je me hâte de consulter un dictionnaire géographique et à mon grand étonnement je constate que l'interlocuteur de mon rêve savait mieux la géographie que moi, c'est-à-dire, bien entendu, que je m'étais rappelé en rêve un fait oublié à l'état de veille, et que j'avais mis dans la bouche d'autrui ce qui n'était qu'une mienne réminiscence.»

«Enfin, rapporte encore M, Maury, j'avais, il y a maintenant dix-huit années, passé la soirée chez le peintre Paul Delaroche, et j'y avais entendu de gracieuses improvisations sur le piano d'un habile compositeur, M. Ambroise Thomas. Rentré chez moi, je me couchai et demeurai longtemps sans pouvoir m'endormir; à la fin, le sommeil me gagna, et voilà que j'entends comme dans le lointain plusieurs des jolis passages qu'avaient exécutés les doigts brillants de M. Ambroise Thomas. Notez que je ne suis pas musicien et que j'ai la mémoire musicale peu développée. Je n'eusse certainement pu me rappeler à l'état de veille de si longs morceaux.»

Dans ces rêves où nous croyons nous entretenir avec diverses personnes, nous attribuons à autrui des pensées ou des paroles qui ne sont autres que les nôtres, cela est évident; mais on devra remarquer que l'une des raisons qui nous portent à imaginer que ces discours sont tenus par une personne étrangère, est précisément que *nous ne nous souvenons pas d'avoir conservé ces souvenirs*, s'il m'est permis de parler ainsi.

Un fait psychologique que j'ai cru pouvoir consigner déjà dans la première partie de ce volume[70], en l'appuyant sur mes observations personnelles, à savoir que l'imagination sait donner, en songe, toute l'apparence de la réalité vivante à des images dont le *cliché-souvenir* n'est dû cependant qu'à quelques gravures ou à quelques tableaux, se trouve confirmé par plusieurs attestations analogues de M. Maury, entre lesquelles je citerai la suivante:

«Une nuit je m'étais imaginé en songe voir la ville de New-York et en parcourir les rues, de compagnie avec un ami. Quand je m'éveillai le souvenir de ce rêve demeurait très présent à mon esprit; j'avais encore comme devant les yeux l'aspect général de la ville et d'une de ses places. Dans la journée, je me rendis sur les boulevarts où je savais qu'était exposée, à l'étalage d'un marchand de gravures, une vue de la grande cité américaine, vue qui m'avait frappé quelques semaines auparavant, mais dans ce panorama nécessairement fort réduit il me fut impossible de reconnaître la grande place où je croyais m'être promené avec mon ami. Je cherchai longuement dans mes souvenirs, et je finis par me rappeler que la place en question devait être la grande place de Mexico, dont j'avais jadis remarqué, à Berlin, un magnifique dessin. Peu de temps après j'en eus la preuve positive, en tombant par hasard sur la planche d'un ouvrage où elle était représentée.»

Plus loin, M. Maury rapporte, d'une façon non moins précise, des rêves où il eut l'occasion d'observer et de suivre ce travail fantastique de sa propre imagination.

«Au moment de m'endormir, écrit-il, j'apercevais, suivant mon habitude, les yeux fermés, une foule de têtes et de figures grimaçantes, dont quelques-unes

---

[70] Pages 18 et 19.

ont produit assez d'impression sur moi pour que je me les représente encore fidèlement. Or je vis d'abord les traits d'une personne qui m'avait rendu visite deux jours auparavant, et dont la physionomie originale et quelque peu ridicule m'avait frappé. Puis, je vis, et c'est ici qu'est le fait curieux, ma propre figure très distincte qui disparut pour faire place à une nouvelle, à la manière de ce que l'on nomme *fantascope* ou en anglais *dissolving views.*»

Des documents de ce genre sont extrêmement précieux. Le jour où l'on en posséderait un grand nombre, on serait bien près de trouver dans leur étude comparative la clef de presque tous les mystères psychologiques du sommeil. Le livre de M. Maury, qui en contient beaucoup, est donc à mes yeux d'une grande valeur à ce titre, et si les explications matérialistes qu'il donne le plus souvent de ses propres remarques ne sont point de nature à me satisfaire, sa méthode observatrice, toute nouvelle en pareille matière, me paraît excellente à imiter.

M. le docteur Macario est beaucoup plus spiritualiste que l'auteur dont nous venons d'analyser l'ouvrage. D'accord en cela avec M. le docteur Cerise, qui a fait la préface de son livre[71], il n'admet pas qu'on puisse expliquer mécaniquement les phénomènes du songe par la seule physiologie du cerveau. Tous deux repoussent d'ailleurs la théorie d'un sommeil sans rêve.

«Aucun organe, aucun appareil ne sommeille dans un être vivant, écrit M. le docteur Cerise. Soyez sûr que la morale de la parabole des talents est mise en pratique dans l'organisme. Nul ouvrier n'est admis à y laisser un moment improductive la part de vie qu'il a reçue. Le docteur rappelle l'opinion de Cabanis qui ne voit dans le sommeil qu'une forme particulière de l'*activité* du cerveau et il ajoute: «Ne m'en demandez pas davantage; le fait intime et profond dans les fonctions vitales en général, dans les fonctions nerveuses surtout, est inaccessible à l'observation; en physiologie, la connaissance des effets n'implique pas nécessairement la notion exacte de la cause et de son mode d'action. En fait de sommeil surtout, les physiologistes ne sont guère plus sorciers que tout le monde.... Mieux vaut une belle peinture du dormeur que toutes les explications du sommeil, que toutes ces dissertations pour aboutir, hélas! au mot de Molière expliquant l'action de l'opium: *quia est in eo vis dormitiva.*

«Le sommeil sans rêve est une abstraction permise un instant au physiologiste, et dont il ne doit pas abuser. Ce que je puis vous dire, c'est que je ne suis jamais surpris par le sommeil, même pour une seconde, sans être lancé dans le monde des chimères.» «Dès que le sommeil appesantit nos paupières, dit à son tour le docteur Macario, dès que les sens se ferment plus ou moins complètement aux impressions du monde extérieur, les songes, ces productions fantasques de l'imagination, nous atteignent aussitôt et doublent notre existence. Tantôt clairs et précis, tantôt vagues et confus, ils agitent *sans cesse* l'âme d'affections diverses, et lorsque nous croyons n'avoir pas rêvé, c'est que nous en avons perdu le souvenir.»

Voilà qui s'accorde trop bien avec mes idées pour que je n'aie pas quelque

---

[71] *Du sommeil, des rêves et du somnambulisme,* Paris, 1857.

plaisir à le rapporter. Je ne citerai pas moins volontiers les passages suivants du même auteur:

«Il est un fait physiologique incontestable, c'est que la sensibilité se développe quelquefois d'une manière extraordinaire pendant le sommeil. Le propre des rêves est d'exagérer les sensations tant internes qu'externes, ce dont un médecin habile observateur peut tirer des inductions de la plus haute portée.

«Ce à quoi j'ajouterai naturellement que ce genre de diagnostic sera d'une importance bien plus grande encore, si l'habitude de s'observer en songe permet au dormeur d'analyser lui-même les sensations. En effet, comme on le sait, les maladies commencent en général par un travail morbide latent, qui a lieu dans les profondeurs de l'organisme; c'est ce qu'on appelle la période d'incubation. Pendant cette période les malades jouissent en apparence d'une parfaite santé, et assurément ils sont loin de se croire menacés d'un danger imminent. Eh bien! pendant le sommeil, ce travail morbide peut, dans certains cas, devenir sensible et appréciable, et provoquer des rêves qui auront des rapports plus ou moins directs ou sympathiques avec l'organe dans lequel s'opère ce commencement de travail pathologique. Ainsi, par exemple, supposons que l'organe lésé, soit le foie ou le cœur, le malade rêvera qu'il est percé par une épée, un poignard, un instrument quelconque qui traversera ces organes; et si ces rêves se répètent souvent, on pourra les regarder comme des signes précurseurs d'une affection grave dont le médecin pourra peut-être prévenir les effets par des moyens préventifs appropriés. Les exemples suivants prouvent la vérité de cette assertion:

«Arnaud de Villeneuve rêve qu'il est mordu par un chien à la jambe, et peu de jours après un ulcère cancéreux se développe sur le même point.

«Le savant Conrad Gesner rêva une nuit qu'il était mordu au côté gauche de la poitrine par un serpent et une lésion grave et profonde ne tarda pas à se montrer dans cette même partie. C'était un anthrax malin qui se termina par la mort au bout de cinq jours.

«M. Teste, l'ancien ministre de Louis-Philippe, rêva trois jours avant sa mort qu'il avait une attaque d'apoplexie, et trois jours après son rêve, il succombait effectivement à cette affection.

«Moi-même, ajoute enfin le docteur Macario, j'ai rêvé une nuit que j'avais un violent mal de gorge. A mon réveil j'étais bien portant, mais quelques heures plus tard je fus atteint d'une amygdalite intense.

«Plusieurs fièvres ataxiques sont souvent signalées par des rêves. On a vu même des maladies épidémiques dont les songes étaient le précurseur constant.»

Cette thèse, que j'appuierai de mes observations personnelles, est soutenue par M. Macario avec assez d'étendue: «La sensibilité externe étant parfois affaiblie au point de sembler presque suspendue, durant le sommeil, et la sensibilité interne, par contre, acquiérant un énorme surcroît d'activité, les besoins organiques et les actes intimes de la vie végétative sont une source inépuisable de rêves féconds en enseignements précieux.

«La sensibilité morale, c'est-à-dire cette disposition tendre et délicate de l'âme humaine à être touchée et émue devient aussi d'une vivacité extrême. De là le développement remarquable qu'acquiert le sentiment de la pitié, de la compassion, etc., dans les songes, au point de nous réveiller les yeux baignés de larmes. La joie, les chagrins, les peines et les plaisirs sont aussi plus vifs et plus profonds que dans la vie réelle[72].»

Charma et Brillat-Savarin, deux auteurs d'inspirations si différentes, s'étaient déjà trouvés d'accord sur le même sujet.

«Ne nous est-il pas démontré, avait écrit Charma, que nos affections malveillantes et bienveillantes s'élèvent, quand nous dormons, la liberté ne les contenant plus que d'une main affaiblie, à un degré d'exaltation auquel, pendant la veille, notre raison pleine et entière ne leur permet pas de monter? Affirmons hardiment que, dans les mêmes conditions et pour les mêmes causes, notre faculté de souffrir ou de jouir s'épanouira avec une vigueur qu'éveillés nous ne lui aurions pas soupçonnée.»

Brillat-Savarin avait épanché, de son côté, cette boutade sensualiste: «Il n'y a que peu de mois que j'éprouvais en dormant une sensation de plaisir tout à fait extraordinaire. Elle consistait en une espèce de frémissement délicieux de toutes les parties qui composent mon être. C'était une espèce de fourmillement plein de charmes qui, partant de l'épiderme depuis les pieds jusqu'à la tête, m'agitait jusque dans la moelle des os. Il me semblait avoir une flamme violette qui se jouait autour de mon front.

Lambare flamma comas et circum tempera pasci.

«J'estime que cet état, que je sentis bien physiquement, dura au moins trente secondes, et je me réveillai rempli d'un étonnement qui n'était pas sans quelque mélange de frayeur.

«De cette sensation qui est encore très présente à mon souvenir et de quelques observations qui ont été faites sur les extatiques et sur les nerveux, j'ai tiré la conclusion que les limites du plaisir ne sont encore ni connues ni posées, et qu'on ne sait pas jusqu'à quel point notre corps peut être béatifié. J'ai espoir que, dans quelques siècles, la physiologie à venir s'emparera de ces sensations extraordinaires, les procurera à volonté, comme on procure le sommeil par l'opium, et que nos arrière-neveux auront par là des compensations pour les douleurs atroces auxquelles nous sommes quelquefois soumis[73].»

Le fait de l'excessive exaltation de la sensibilité en rêve est un de ceux que personne n'a contestés. Quant au vœu formé par Brillat-Savarin, je crois qu'il ne sera pas nécessaire d'attendre plusieurs siècles pour le voir, en partie du moins, réalisé. Les moyens d'évoquer et de diriger les illusions de nos rêves, que je dois

[72] Macario. *Du sommeil, des rêves et du somnambulisme, ch. II.*
[73] Brillat-Savarin, *Physiologie du goût.*

indiquer dans la dernière partie de ce volume, permettront, j'espère, au lecteur d'arriver lui-même à des résultats immédiats et tout à fait concluants.

Je n'ai pas voulu suivre M. Lemoine dans sa théorie analytique du somnambulisme et du magnétisme, pour ne point m'égarer avec lui dans un nouveau champ de discussions que je n'ai pas suffisamment exploré. La façon dont M. le docteur Macario envisage cette double question ne saurait m'imposer la même réserve, puisqu'à ses yeux, comme à ceux du docteur Moreau (de la Sarthe) et comme aux miens, le somnambulisme spontané ou artificiel n'est autre chose qu'une modification plus ou moins anormale du sommeil et des songes naturels.

«Il n'y a point de développement ou création de nouvelles facultés dans le somnambule; il n'y a, il ne peut y avoir que surexcitation de ses facultés naturelles, dont la sphère d'activité se trouve alors prodigieusement agrandie. L'âme du somnambule ne brise donc point, si ce n'est par métaphore, les liens qui la rattachent à la terre; ses sens ne sont pas même transposés, comme le prétendent certains magnétiseurs; seulement la sensibilité devient plus exquise, toutes ses facultés acquièrent une plus grande extension et une plus grande activité. Pour expliquer, autant qu'il est possible de le faire, les facultés des somnambules, il suffit donc d'étendre, d'amplifier le champ d'activité d'une faculté naturelle et commune à tous les hommes, à savoir la perceptibilité. On voit déjà par là que l'étude des phénomènes somnambuliques entre dans le domaine de la physiologie» (page 181).

«Et d'abord il est certain que des faits donnés étant connus, les somnambules peuvent en prévoir les suites avec plus de netteté que ne le peuvent faire des esprits supérieurs par l'enchaînement logique des choses, car alors l'esprit du somnambule se concentre en lui-même comme les rayons lumineux dans un foyer et devient très lucide. Sa faculté de perception acquiert une activité surprenante, et sa mémoire un degré de précision fabuleux; les souvenirs les plus fugitifs et les plus éloignés se retracent alors avec une netteté et une exactitude qui tiennent du prodige. De ces réminiscences si précises et si fraîches, il pourra tirer des déductions d'une justesse telle qu'elle semble appartenir à la divination; d'un fait accompli, d'un mot, de l'ombre d'un souvenir, du moindre indice, il tirera des conclusions pour l'avenir, et l'avenir viendra le justifier.» (page 214)

Ce que pense M. le Dr Macario des phénomènes semi-merveilleux du somnambulisme est exactement ce que je pense moi-même de certains rêves dans lesquels nous semblons deviner le présent et même prévoir l'avenir. Bon nombre de faits que j'ai entendu rapporter avec admiration, comme preuves à l'appui d'une lucidité magnétique vraiment surnaturelle, m'ont paru s'expliquer le plus naturellement, du monde par les lois habituelles de la psychologie des songes. Ainsi certains troubles organiques d'une apparence singulière n'étonnent pas celui qui sait quelque peu l'anatomie du corps humain. La clef de plus d'un phénomène magnétique, réputé merveilleux pour n'être qu'exceptionnel, pourrait donc bien se trouver tout simplement dans l'analyse approfondie de nos rêves de chaque nuit, et des recherches de la nature de celles que recommande ce volume seraient le véritable secret pour les découvrir.

M. le docteur Cerise ne se montre pas moins disposé que je ne le suis à signaler l'étude des rêves naturels comme digne avant tout de captiver notre plus sérieuse attention. Un dernier emprunt que je vais lui faire terminera cette revue des écrivains qui se sont préoccupés du sommeil et des songes à diverses époques. On y lira, sur les faits magnétiques en général, quelques considérations auxquelles je m'associe d'ailleurs entièrement.

«Aller, venir, allumer des bougies, faire une besogne de ménage, descendre à la cave, monter au grenier, tout cela est digne sans doute de respect; mais je n'ai nulle intention de m'y arrêter.

«Il y a des rêves ordinaires auxquels on prête moins d'attention, et qui, à mon avis, en méritent davantage. Rappelez-vous ce que nous voyons de merveilleux, de magnifique dans quelques-uns de nos rêves ordinaires, que ce soit une église dans toute la splendeur d'une grande cérémonie religieuse et nationale (comme cela m'est arrivé dans un rêve en l'honneur de l'Irlande affranchie par O'Connel); que ce soit dans un tableau d'une noble composition et d'une admirable exécution, ou toute autre œuvre d'art que vous voudrez, c'est notre esprit qui les crée en les voyant, ou qui les voit en les créant. Étonnante simultanéité de la conception, de la composition, du regard et de la jouissance! Que d'innombrables détails choisis et disposés avec une exquise convenance sont mis en scène et concourent à l'effet d'un merveilleux ensemble, comme si le génie, aidé de longues études et de profondes réflexions y avait présidé! J'appelle votre attention sur cette spontanéité de l'esprit, pour laquelle le temps ni l'effort n'existent point, et qui improvise un chef-d'œuvre comme un nuage orageux improvise un éclair.

«Cette simultanéité d'actions diverses se concilie peu, il faut le dire, avec la passivité absolue de l'âme dans les rêves; car il faudrait croire que le cerveau fait mieux et plus vite sa besogne quand l'esprit ne s'en mêle point. En tout cas, elle laisse bien loin derrière elle le vulgaire somnambulisme qui consiste à faire bêtement, les unes après les autres, des choses d'un ordre peu élevé et cent fois répétées.

«Entre le rêve où l'imagination déploie toutes ses magnificences et le rêve où une vision clairvoyante et prophétique prodigue des révélations, il y a encore toute la distance qui sépare les illusions de la vérité. Cette distance, occupée par des phénomènes intermédiaires très considérables, est immense. Les plus extraordinaires, les plus sublimes spectacles offerts au rêveur ne valent pas un seul regard du visionnaire heureux qui atteint la réalité à travers les abîmes du temps et de l'espace, dans les ténèbres de la nuit sombre et de l'ignorance profonde. Mais il faut savoir si ce regard est bien sûr, si la réalité qu'il a atteinte n'est pas un mensonge, si, en un mot, la vérité n'est pas illusion. Là est la difficulté.

«Quant à cette même clairvoyance dont tant d'exemples sont racontés tous les jours, elle m'intéresse peu, je l'avoue, parce qu'aucun des malheurs que nous redoutons le plus et qui nous accablent n'est par elle prévu ni prévenu, parce que par elle nulle infortune n'est soulagée, aucun bien apporté, aucun problème résolu. L'authenticité manque à ses succès. Permettez-moi donc de ne pas toucher à des problèmes insolubles à propos de prophètes inutiles et de pythonisses stériles. Je ne pardonnerai point aux somnambules dits magnétiques, clairvoyants ou lucides, de n'avoir jamais prévu ni découvert rien d'important, pas plus pour les individus que pour les peuples, et surtout d'avoir pâli devant la concurrence des tables tournantes. Ils ont prodigué de grands prodiges que l'on conteste dans de petites choses qu'on ne vérifie point. Aussi les plus; célèbres d'entre eux passent-ils sur la terre comme l'insecte dans l'air, comme le poisson dans l'eau, sans laisser un écho de leur bruit, sans laisser une trace de leur passage[74].»

[74] Introduction à l'ouvrage de M. le docteur Macario, *du Sommeil, des Rêves et du Somnambulisme*, par M. le docteur Cerise; page XXIV et suiv.

TROISIEME PARTIE

OBSERVATIONS PRATIQUES SUR LES REVES ET SUR LES MOYENS DE LES DIRIGER.

La première partie de ce volume a initié le lecteur aux conditions dans lesquelles mon travail fut entrepris, en même temps qu'il lui a fait connaître tout d'abord mes idées générales sur le sujet que j'allais traiter.

Dans la seconde partie, consacrée principalement à faire l'historique des opinions professées sur le sommeil et les songes depuis l'antiquité jusqu'aux temps modernes, j'ai continué d'exposer les idées qui m'étaient propres, à mesure que l'occasion s'en présentait.

Avant d'aborder cette troisième partie, où je dois consigner surtout de nombreuses observations pratiques, tant à l'appui des assertions déjà formulées que pour la démonstration raisonnée de nouveaux faits et de nouveaux aperçus, je désire aller au-devant d'une critique qui n'aura point manqué de se produire, dont je suis prêt à reconnaître la justesse, mais en réponse à laquelle j'ai cependant quelques considérations à présenter. On aura jugé sans doute que j'avais manqué de méthode, en discutant prématurément plus d'une question à laquelle je serais forcé de revenir, en jetant çà et là des affirmations empiriques, sans les appuyer encore sur aucune preuve suffisante, ce qui laisse en suspens l'opinion et ne satisfait point l'esprit.

Je me suis adressé ces reproches à moi-même, et j'aurais voulu suivre une marche plus régulière. Mais, d'une part, l'étude préliminaire de tout ce qui s'est écrit sur les rêves me semblait, je l'ai dit, une introduction indispensable pour arriver, au moyen d'observations conscientes, à l'étude plus approfondie de leurs phénomènes; et, d'un autre côté, si je négligeais de combattre ou de commenter certaines théories au moment même où je les exposais, je me préparais la tâche ingrate d'avoir à renouveler plus tard des analyses entières, sous peine de n'être pas compris. J'ai donc pensé que mieux vaudrait procéder ainsi que je l'ai fait, et que l'inconvénient de revenir parfois sur le même sujet serait moindre que celui de revenir exactement sur les mêmes textes.

La difficulté du classement ne laissera pas que de m'embarrasser aussi, en ce qui regarde l'ordre que je devrai suivre pour distribuer les divers éléments de cette troisième partie. *L'axiome tout est dans tout* s'appliquerait merveilleusement à une infinité d'observations qu'il faut cependant cantonner à quelques places déterminées. Tel rêve nous offre un exemple curieux des tours de force de la mémoire, en même temps qu'il peut servir à prouver que l'attention n'est point suspendue pendant le sommeil. Tel autre nous montre à la fois comment certaines idées s'enchaînent, comment certaines images se déforment, et comment nous pouvons évoquer, retenir, guider ou chasser certaines illusions tout en dormant. Bien souvent les problèmes à résoudre sont eux-mêmes d'une nature très complexe; ils demanderaient précisément à être résolus pour être classés. A défaut de meilleure méthode, celle que j'adopterai sera donc celle-ci:

Rappelant d'abord quelques points capitaux sur lesquels nous venons de voir que la controverse s'était surtout exercée, je commencerai par grouper ensemble des observations tendant principalement à démontrer:

1° Qu'il n'est point de sommeil sans rêve.

2° Que ni l'attention, ni la volonté ne demeurent nécessairement suspendues pendant le sommeil.

Et, ces premières divisions faites, je chercherai ce que l'expérience peut nous enseigner sur la marche et le tissu des rêves, comme sur les moyens de les évoquer ou de les conduire; sans attacher d'ailleurs à la classification de ces notes plus d'importance qu'il ne convient dans un livre où l'auteur a moins en vue d'ériger un système, que de réunir des documents précis pour une science à venir.

OBSERVATIONS CONCERNANT LES REVES DU PREMIER SOMMEIL ET TENDANT SURTOUT A DEMONTRER QU'IL N'EST POINT DE SOMMEIL, SANS REVE.

I

—Extraits des plus anciens cahiers du journal de mes rêves.— Expériences faites sur un ami, pendant son sommeil. Premiers rêves où je parviens à saisir la transition de la veille au sommeil.— De la profondeur du sommeil et de la vivacité des songes à différentes heures de la nuit. —Comment l'intensité du sommeil et la vivacité des songes dépendent alternativement des dispositions du corps et de celles de l'esprit.— Expérience très concluante à l'appui de cette opinion que les images qui composent le rêve sont d'autant plus vives que le sommeil est plus profond.— De la période plus ou moins longue de nos rêves dont nous pouvons garder le souvenir au réveil. — Résumé des questions abordées dans ce paragraphe.

Nous avons vu que ceux qui admettent une phase du sommeil où la pensée serait pour ainsi dire anéantie, s'accordent tous à la placer dans cette première période durant laquelle les organes subissent au plus haut degré l'isolement du monde extérieur, symptôme apparent de ce qu'on nomme le profond sommeil.

Observons donc, avec plus de soin que nous ne l'avons fait encore, ce qui se passe en nous alors que le sommeil nous gagne. Etudions le caractère des songes qui se présentent les premiers à notre esprit. Peut-être arriverons-nous ainsi à résoudre, sinon par des preuves positives, du moins par des présomptions très fortes, cette question primordiale de savoir s'il est un sommeil vide de tout rêve, si l'homme peut perdre momentanément jusqu'au sentiment de son existence. Il est évident que si nous trouvons ce premier sommeil aussi peuplé de visions et d'idées que celui du matin, nous pourrons tenir pour bien ébranlé l'argument favori des matérialistes.

J'ouvre d'abord le premier cahier du journal de mes rêves et j'y lis ce qui suit[75]:

«15 sept. — Mes rêves de cette nuit sont coupés en deux parties, car je dormais déjà depuis une heure ou deux quand on est venu me réveiller pour me faire lever, parce qu'il y avait dans la chambre à côté un grand feu de cheminée, et qu'on avait peur de le voir se communiquer aux boiseries. Au moment où l'on m'a réveillé, j'étais en train de rêver que je me promenais dans les bois de la G... avec mon oncle, et que nous admirions de grands oiseaux très singuliers, perchés sur un arbre dépouillé de ses feuilles. En voici le dessin. (Suit la représentation de l'un de ces oiseaux, tel que la mémoire m'en était restée.) — Vers trois heures du matin, le

[75] Tout ce qui sera entre guillemets, est tiré textuellement de ce journal. Je ne change rien au style des notes qui sont extraites de mes cahiers d'écolier, afin de conserver leur valeur relative. On voudra bien en tenir compte.

feu étant complètement éteint, je me suis recouché et rendormi, et alors j'ai rêvé...» (Suit la narration des rêves de ce second sommeil.)

Quelques mois plus loin, dans ce même cahier qui remonte à l'époque de mon adolescence, je trouve la mention d'un autre réveil inopiné, durant la première phase du sommeil:

«J'ai été réveillé en sursaut, quelques minutes après m'être endormi, par la chute d'un devant de cheminée que le vent avait fait tomber. Or, je ne sais si c'est la vivacité du rêve que je faisais dans ce moment-là qui m'en gravait le souvenir plus fortement dans la mémoire, ou si le saisissement qui a accompagné mon réveil y a été pour quelque chose, mais enfin, en faisant retour sur moi-même, je me suis parfaitement rappelé tout ce que je venais de rêver et comment je l'avais rêvé, sans rien oublier, je crois, du commencement à la fin. J'imaginais être dans le parc du B..., causant avec le curé d'O..., qui me faisait voir une montre à répétition des plus extraordinaires, où les heures étaient frappées sur une enclume sonore par un petit forgeron d'or émaillé. Tout cela était très clair, et aussi net que si j'eusse été éveillé. Maintenant, en me rappelant très bien tout ce qui avait précédé, je puis le consigner ainsi: j'avais eu d'abord devant les yeux des images indistinctes et disparates, accompagnant des idées également confuses. C'était comme une vague représentation des gens et des choses auxquelles je pensais. Les figures m'apparaissaient tantôt plus nettes, tantôt plus sombres et plus embrouillées, suivant que je m'assoupissais davantage où que je reprenais par instant le sentiment de mon état de somnolence. Il y avait des moments où j'entrevoyais des branches d'arbres, avec leurs feuilles bien découpées et bien éclairées par le soleil. Dans un de ces moments-là, je pensais à la fourmilière que nous nous proposions de détruire, et qui se trouve au bout de la grande allée du parc; je crus la voir confusément d'abord, puis très nettement, jusqu'à distinguer les fourmis, etc., etc.

«Dès cet instant, je n'eus plus aucun retour vers le sentiment de mon existence réelle. Je crus bien à tout ce qu'il me semblait voir. J'étais donc bien endormi. Mon beau-frère était près de moi, dans mon rêve, disposant d'un grand sac pour y faire mettre la fourmilière. J'entendis une voix qui m'appelait du milieu de l'allée. Je me retournai et je vis un de nos voisins. M. de G... en compagnie du curé d'O..., qui lui faisait voir sa montre. J'oubliai mon beau-frère et les fourmis qui disparurent pour ainsi dire de mon rêve, et je regardais la montre du curé dont j'ai parlé plus haut, quand le bruit qu'on faisait autour de moi me réveilla presqu'en sursaut. Pourquoi ai-je rêvé à cette montre bizarre? je n'en sais rien, mais ce dont je suis bien sûr, c'est de m'être rappelé, en me réveillant, tout ce qui m'est passé par l'esprit d'une manière ininterrompue durant mon premier assoupissement et mon sommeil si court.»

Des observations analogues, à la suite de réveils fortuits, se reproduisent encore sept fois dans mes cahiers de date plus récente. Enfin, je me fais réveiller cent soixante fois pendant mon premier sommeil, à différentes époques de ma vie, notamment durant trente-quatre nuits consécutives, et toujours, comme M. le docteur Cerise[76], je constate que quelque pensée imagée occupait mon esprit.

Voilà pour mes observations personnelles. Voyons maintenant ce que j'ai pu expérimenter en dehors de moi:

Un intime ami, avec lequel j'ai fait un assez long voyage et qui s'intéressait à mes recherches, soutenait en homme convaincu que jamais il n'avait de rêve dans son premier sommeil. Plusieurs fois, je l'avais éveillé peu de temps après qu'il s'était endormi, et toujours il m'avait assuré de très bonne foi qu'il ne pouvait se souvenir d'aucun songe. Un soir qu'il dormait depuis une demi-heure environ, je m'approche de son lit, je prononce à mi-voix quelques commandements militaires: Portez-arme! apprêtez-arme! etc., et je l'éveille doucement.

«Eh ! bien, lui dis-je, cette fois encore n'as-tu rien rêvé?

— Rien, absolument rien, que je sache.

— Cherche bien dans ta tête.

— J'y cherche bien, et je n'y trouve qu'une période d'anéantissement très complet.

— Es-tu bien sûr, demandai-je alors, que tu n'as vu ni soldat...»

A ce mot de soldat, il m'interrompt comme frappé d'une réminiscence subite, «C'est vrai! c'est vrai! me dit-il, oui, je m'en souviens maintenant; j'ai rêvé que j'assistais à une revue. Mais comment as-tu deviné cela?»

Je demandai la permission de garder mon secret jusqu'à ce que j'eusse renouvelé l'expérience. Cette fois, je murmurai près de lui des termes de manège et une conversation presque identique s'établit entre nous deux, dès qu'il fut réveillé. Il n'avait d'abord présente à l'esprit la notion d'aucun rêve, puis il se rappelait, sur mes indications, celui que mes paroles avaient provoqué; et, mis dans cette voie de réminiscences, il retrouvait en outre le souvenir de plusieurs visions antérieures, dont mon intervention avait troublé le cours.

Peu de temps après cette seconde expérience, j'en fis encore une troisième qui n'eut pas moins de succès. Au lieu d'employer la parole comme moyen d'influencer le rêve de mon compagnon de route, je m'étais servi de petits grelots légèrement agités, dont le bruit avait suscité l'idée que nous poursuivions notre voyage, dans une malle-poste qui parcourait les grands chemins[77].

Ces faits et une infinité d'autres analogues ne m'ont guère laissé de doutes sur l'opinion que le premier sommeil des autres hommes ne devait aucunement différer du mien. Poursuivons en exposant ce que l'étude de mon propre sommeil

---

[76] «Ce que je puis dire c'est que je ne suis jamais surpris par le sommeil, même pour une seconde, sans être lancé dans le monde des chimères.»
Introd. à l'ouvrage de M. Macario, *du Sommeil et des Rêves et du Somnambulisme*, par M. le docteur Cerise, p. XVII.

[77] Notons en passant, comme un fait physiologique d'un autre ordre, que depuis cette triple expérience mon compagnon de voyage, qui jamais auparavant ne se souvenait de ses, songes, s'en rappela plusieurs spontanément.

a pu me permettre de constater, touchant la transition même entre les pensées de l'homme qui ne dort pas encore, et celles de l'homme qui dort tout à fait.

Un préjugé très généralement répandu veut qu'il suffise en s'endormant de rouler dans sa tête quelque pensée, pour qu'il en résulte une influence directe sur les songes de la nuit. Le plus souvent, la constatation d'un pareil fait sera tout simplement la preuve qu'on aura conservé le souvenir d'un rêve du premier sommeil, car l'un des caractères du songe est l'extrême mobilité des idées, et l'enchaînement spontané de celles qui occupent l'esprit au moment où l'on s'endort nous mène très rapidement bien loin du point de départ.

J'extrais de mon journal quelques fragments écrits à diverses époques, sous la première impression des faits observés:

«Je viens de m'arracher au premier sommeil dans un moment d'éclair où, me rappelant les observations que je veux faire, j'ai cru utile de consigner ce que je viens de ressentir. D'abord c'était comme une sorte d'engourdissement, durant lequel je pensais de la manière la plus confuse aux personnes qui ont dîné aujourd'hui avec nous, et à la jolie figure de Mme de S... Son visage ne m'apparaissait pas nettement d'abord; ensuite je l'ai mieux vu, et puis, sans que j'imagine comment cela s'est fait, ce n'était plus elle que je voyais, mais sa cousine, Mme L.., laquelle était assise devant un métier à tapisserie. L'ouvrage auquel elle travaillait représentait une guirlande de fleurs et de fruits admirablement nuancés, que je distinguais parfaitement bien, ainsi que tous les détails de la chambre et du costume de Mme de S..., quand l'idée que je rêvais et que je venais de m'endormir à l'instant me venant tout à coup à l'esprit, j'ai secoué le sommeil par un effort de volonté, et prenant mon crayon, j'ai aussitôt noté ceci, comme pouvant me servir à constater de quelle manière un songe commence. Il me semble bien n'avoir pas eu de lacune positive entre les idées que j'ai roulées dans ma tête en m'assoupissant, et ces dernières images si nettes, si complètes que c'était positivement un rêve véritable. La transition de Mme de S.,, à sa cousine est seulement ce que je ne m'explique pas très bien[78].»

Quelques mois plus tard:

«Aujourd'hui, j'ai eu la vive satisfaction de saisir bien positivement mon rêve dans son entier, depuis la dernière pensée que j'avais eue étant encore éveillé, jusqu'à l'idée qui m'occupait au moment de mon réveil, et cela sans rien perdre des différentes choses que j'ai cru voir, entendre ou faire successivement. Voici ce qui s'est passé: Etant encore éveillé, mais tout près de m'endormir, j'ai pensé vaguement à la visite que nous devions faire demain matin au château d'Ors... et la grande allée des marronniers par où l'on y arrive s'est présentée à mon souvenir. D'abord je l'ai vue comme dans un brouillard. Et puis j'ai distingué nettement des arbres avec leurs feuilles bien vertes et bien découpées. Seulement ce n'était plus

---

[78] Je donne ces extraits tels qu'ils ont été rédigés à l'époque où je les écrivis. Je ne trouve aujourd'hui rien de surprenant à ce que l'association très-naturelle des idées m'ait fait passer de l'image de Mme de S... à celle de sa cousine.

l'allée des marronniers d'Ors..., mais, je crois, une allée des Tuileries ou du Luxembourg. Beaucoup de gens s'y promenaient. J'y reconnus M. R... avec Alexis de B... et je me mis à causer avec eux. Pendant ce temps, des jardiniers ou bûcherons travaillaient à déraciner un gros arbre mort. Ils nous crièrent de nous éloigner, parce que l'arbre pourrait tomber de notre côté. Aussitôt, et avant même que nous ayons fait un pas pour nous ranger, je vis l'arbre écraser mes compagnons, et l'émotion que j'en ressentis m'éveilla.

«Je me crois bien sûr d'avoir compris, cette fois, comment on s'endort et comment le rêve commence.»

Je continue d'emprunter des exemples à mes cahiers de notes :

«Je ferme les yeux pour m'endormir en pensant à quelques objets que j'ai remarqués, le soir même, dans une boutique de la rue de Rivoli; les arcades de cette rue me reviennent en mémoire, et j'entrevois comme des arcades lumineuses qui se répètent et se dessinent au loin. Bientôt c'est un serpent couvert d'écailles phosphorescentes qui se déroule aux yeux de mon esprit. Une infinité d'images indécises lui servent de cadre. Je suis encore dans la période des choses confuses. Les tableaux s'effacent et se modifient très rapidement. Ce long serpent de feu a pris l'aspect d'une longue route poussiéreuse, brûlée par un soleil d'été. Je crois aussitôt y cheminer moi-même, et des souvenirs d'Espagne sont ravivés. Je cause avec un muletier portant la *manta* sur l'épaule: j'entends les clochettes de ses mules; j'écoute un récit qu'il me fait. Le paysage est en rapport avec le sujet principal; dès ce moment la transition de la veille au sommeil est complètement opérée. Je suis en plein dans l'illusion d'un rêve lucide. J'offrais au muletier un couteau, qui semblait lui plaire. en échange d'une fort belle médaille antique qu'il me montrait, quand je fus tiré tout à coup de mon sommeil par une cause extérieure. Il y avait dix minutes environ que je dormais, selon que la personne qui m'éveilla le put apprécier.»

Autre rêve: «J'étais très fatigué, ayant passé en voiture la nuit précédente. Prévoyant que je m'endormirais vite, j'ai prié un ami, qui s'est assis près de mon lit, de me réveiller cinq ou six minutes après qu'il m'aurait vu bien endormi. Les choses se sont passées comme je le désirais. On m'a réveillé au moment où je songeais que j'empêchais un chien de dévorer un oiseau blessé, rêve complètement formé dont je gardais l'impression très nette à mon réveil. Je remonte aussitôt dans mes souvenirs, et j'en retrouve la chaîne ainsi qu'il suit: Parmi les premières silhouettes qui me sont apparues, je me rappelle d'abord une sorte de faisceau de flèches qui s'est dressé, et puis a semblé s'entrouvrir et former un de ces longs paniers où l'on fait chauffer le linge dans les cabinets de bain. Des serviettes blanches se montraient à travers l'osier. Bientôt les brins d'osier ont paru s'amincir, se contourner, s'enrouler, se transformer enfin en un buisson verdoyant du milieu duquel s'élançait un arbre touffu. Un chien blanc (métamorphose évidente des serviettes) s'agitait de l'autre côté du buisson, s'efforçant de passer à travers, tandis qu'un oiseau blessé se traînait à mes pieds dans le gazon. Le chien étant parvenu à traverser les broussailles, je l'éloignais à coups de canne, quand on me réveilla. Depuis quelques instants déjà, l'état de rêve était franchement déterminé.»

Dans ces quatre exemples, le passage de l'état de veille à l'état de rêve s'opère au moyen de réminiscences sensorielles dues au sens de la vue, lesquelles prennent peu à peu l'apparence de réalités vivantes et colorées. D'autre fois c'est par la mémoire des sons que la transition s'opère. On songe à quelque opinion discutable. On se fait une objection à soi-même; on suppose cette objection dans la bouche d'un être imaginaire ou de quelque personne de connaissance. Cette personne apparaît, et voilà la conversation établie avec un interlocuteur qui forme ainsi la première image clairement évoquée, le premier élément du rêve véritable. J'ai noté seize observations de ce genre. J'en détache une qui me semble claire et concluante:

«Voici comment je me suis endormi hier soir; je m'en souviens très nettement ce matin. Tandis que j'étais dans cette période d'assoupissement qui n'est pas encore le sommeil et qui n'est déjà plus la veille, l'idée de la pluralité des mondes m'est revenue à l'esprit; l'ouvrage de Fontenelle sur cette matière ayant été lu par moi dans le jour, je me rappelai quelques objections que je m'étais faites à moi-même; je les attribuai, je ne sais pourquoi, à un personnage en robe noire et en perruque, et je discutai longuement avec lui. J'estime que mon rêve proprement dit commença par cette discussion imaginaire, car je me souviens parfaitement que je n'étais pas encore endormi et que je n'avais encore aucune vision. quand j'en agitai dans ma tête les premiers éléments. Peut-être le personnage en perruque me fut-il inspiré par un portrait de Fontenelle, placé en tête du livre que j'avais lu. Toujours est-il que ce personnage, avec lequel je discutais, tira de sa poche un instrument de forme singulière, etc., etc.» Suit le récit du rêve, qui dès lors est parfaitement caractérisé.

Ainsi le passage de la veille au sommeil, de la pensée de l'homme éveillé au rêve de l'homme endormi, peut s'opérer graduellement sans qu'il y ait interruption dans la chaîne des idées, sans qu'il se produise, en un mot, entre ces deux états, une sorte d'interrègne intellectuel. Les yeux du corps ne se ferment au monde réel, que pour laisser les yeux de l'esprit s'ouvrir au monde de la fantaisie et des souvenirs.

J'ai déjà fait la remarque que, dans ces instants d'insomnie où l'on attend depuis longtemps le sommeil, l'un des indices les plus certains qu'il approche, c'est l'apparition, si fugitive quelle soit encore, de quelque image bien nette et bien colorée, au milieu des silhouettes confuses qui accompagnent les idées de l'homme à demi assoupi. J'ajouterai que plus de vingt expériences m'ont prouvé que l'intensité dans la vivacité des images est toujours en rapport avec la profondeur du sommeil, en ce sens que plus le sommeil est profond plus les images sont vives, et *vice versa*.

Les observations qui m'ont inspiré une conviction si opposée à celle de tant d'écrivains ne sont pas toutes de même nature; toutes n'intéressent pas uniquement les songes du premier sommeil; mais profitant de la liberté que je me suis réservée d'empiéter parfois quelque peu d'un classement sur un autre, quand une certaine association d'idées m'y portera, je ne crois pas l'endroit mal choisi pour aborder ici ce sujet.

En premier lieu, m'étant fait réveiller souvent à des heures différentes de la nuit, et jugeant du plus ou moins de profondeur de mon sommeil par le plus ou moins de difficulté que j'éprouvais à m'y arracher, j'ai constamment observé que plus mon rêve était vif et plus cette difficulté était grande. Quand, par un simple effort de volonté, j'ai su me réveiller moi-même (ayant conservé en rêve le sentiment de ma véritable situation), j'ai toujours remarqué qu'il fallait un effort plus grand pour secouer un rêve bien lucide que pour chasser des visions incohérentes, des tableaux pâles et indécis.

Ceux qui veulent expliquer tous les phénomènes des rêves par des considérations tirées de l'ordre physique vous diront que l'intensité relative du sommeil dépend uniquement de la disposition des organes. Je dirai, moi, que dans les songes comme dans la vie de relation, une réaction continuelle se produit réciproquement du physique sur le moral, ainsi que du moral sur le physique. Si l'engourdissement du corps, sous l'influence de causes purement physiques, amène cet isolement de l'esprit qui constitue le rêve, l'esprit réagit à son tour sur la matière en augmentant ou diminuant l'engourdissement du corps.

Au moment de vous endormir, concentrez fortement votre pensée sur un souvenir; fixez la silhouette de l'une de ces hallucinations du premier sommeil qu'on a nommées hypnagogiques, si vous êtes du nombre des personnes à qui ces visions ne font point défaut. De cette concentration, de cet isolement de votre esprit résultera aussitôt une progressive augmentation dans la netteté des images naissantes, qui constituent déjà votre rêve.

Recommandez, au contraire, que l'on vous réveille peu à peu, alors que vous êtes bien endormi, et que l'on dissipe ainsi graduellement votre sommeil. Recueillez aussitôt vos souvenirs, et vous reconnaîtrez que vos visions perdaient sensiblement de leur netteté durant les derniers moments de ce sommeil troublé.

Je ne me chargerai pas de vous enseigner quel rôle jouent les fibres cérébrales dans ces réactions successives. Je répéterai seulement que de même que l'engourdissement du corps porte l'esprit à s'isoler, de même l'isolement de l'esprit amène l'engourdissement du corps, et sans craindre d'empiéter ici sur le chapitre suivant, où il sera spécialement traité de l'*attention* en rêve, je citerai à l'appui de cette opinion une expérience des plus probantes, que chacun pourra répéter dès qu'une certaine pratique lui aura donné l'habitude de s'observer parfois en rêvant[79].

[79] Sur quatorze personnes avec qui je me suis entretenu de la possibilité de s'observer soi-même en rêvant, et qui ont bien voulu essayer de suivre mes avis à ce sujet, deux m'ont déclaré tout d'abord qu'il leur était arrivé déjà quelquefois de s'apercevoir en rêve, qu'elles rêvaient; neuf sont parvenues très-vite au même résultat; deux ont mis trop peu de persévérance dans leurs tentatives

Vous rêvez, je suppose, que vous êtes dans un jardin; vous avez conscience de votre rêve, et vous admirez avec quelle netteté comme avec quelle vivacité de couleurs le miroir magique de votre mémoire reproduit tous ces arbres, ces fleurs, ces plantes qui semblent vous entourer. Si rien n'altère la pureté de ces illusions, le rêve se poursuit, se modifie au gré de l'association des idées, et le bois disparaît pour faire place à quelque autre tableau non moins net, mais si vous voyez pâlir et s'embrouiller aux yeux de votre esprit les images de ces arbres, de ces plantes, de ces fleurs, tout à l'heure si distinctes, vous pouvez tenir pour certain que votre sommeil se dissipe. Laissez l'effet se produire, et quelques instants plus tard vous serez complètement réveillé.

Préférez-vous diriger l'expérience dans la voie opposée? Affectez de garder (en rêve) une immobilité complète[80], et concentrez fortement votre attention sur l'un des menus objets dont l'image n'a point disparu, une feuille d'arbre par exemple. Cette image retrouvera peu à peu toute la netteté qu'elle avait perdue, vous verrez renaître graduellement la vivacité des contours et de la couleur, comme il en serait d'une image dans la chambre noire, à mesure que vous l'amèneriez *au point*. Quand vous en serez revenu à distinguer clairement les petits détails, vous pourrez mettre fin à cette contemplation momentanée, et promener de nouveau les yeux de votre esprit sur les illusions qui vous entourent. Le rêve aura repris son cours; le réveil immédiat sera conjuré. Vous aurez arrêté le *désengourdissement* des organes qui avait commencé à s'opérer sous l'influence de quelque cause externe ou interne, et le sommeil aura reconquis toute son intensité.

Les images qui composent le rêve sont donc d'autant plus vives que le sommeil est plus profond. La transition de la veille au sommeil est donc caractérisée par une intensité progressive dans la netteté des images, comme le retour de la veille au sommeil (en cas de réveil gradué) par la diminution progressive de cette même lucidité. Ce qui nous explique tout naturellement un fait que presque tous les auteurs se bornent à mentionner sans le commenter, à savoir que les songes les plus clairs sont aussi les plus suivis. Ils sont les plus suivis parce qu'ayant lieu durant le sommeil le plus profond, ils sont bien moins assujettis que les rêves d'un sommeil léger à ces mille petites causes de modifications qui résultent des impressions produites sur nos sens par le monde réel, quand toute communication n'est pas interceptée entre lui et notre esprit.

---

pour que l'on en puisse tirer aucune conséquence sérieuse; une seule m'a déclaré n'avoir pu vraiment y parvenir.

[80] Quand le sommeil est complet, l'action de la volonté sur les muscles est complètement suspendue. Vous pouvez commander, en rêve, tous les mouvements locomotifs sans que vos bras ni vos jambes en ressentent aucunement l'influence. Mais dès que le sommeil s'altère, il n'en est plus de même. Si faiblement que ce soit, la volonté reprend son action sur les muscles, et chaque mouvement qu'on leur commande en rêve contribue graduellement à dissiper l'engourdissement du corps. L'immobilité que le songeur s'efforcera de garder ne sera donc pas purement imaginaire. Elle contribuera puissamment au contraire à favoriser le sommeil.

Faites-vous réveiller deux heures après vous être endormi; rappelez-vous les rêves qui occupaient alors votre pensée; comparez-les à ceux dont vous conservez le souvenir le matin en vous éveillant, et vous serez frappé de la vérité de ces observations pratiques.

«Les physiologistes,» dit M. Lemoine à propos du somnambulisme, «ont remarqué que tandis que les rêves ordinaires naissent plus particulièrement dans le dernier sommeil, les accès somnambuliques, au contraire, se présentent presque aussitôt après l'assoupissement.» (Page 280.)

Cette remarque des physiologistes me paraît d'une naïveté tout à fait charmante. Ils oublient seulement de nous dire pourquoi nous aurions plus de confiance dans leurs remarques qu'ils n'en ont eux-mêmes dans la déclaration de ce somnambule, qui, lui aussi, ne se souvient que de ses rêves du matin. N'est-il pas bien plus présumable que l'accès du somnambulisme a lieu précisément dans le temps où les rêves se produisent avec le plus d'énergie? D'où cette double conséquence que les rêves les plus vifs auraient lieu dans le premier sommeil qui est le plus profond, et que plus le sommeil serait profond, plus il serait difficile d'en garder le souvenir.

En résumé:

A quelque moment de mon sommeil que je me sois éveillé ou fait réveiller, j'ai toujours eu le sentiment d'un rêve interrompu.

Un très grand nombre de fois, j'ai retrouvé toute la filière qu'avait suivie l'association de mes idées durant une période de cinq à dix minutes, écoulée entre le moment où j'avais commencé à m'assoupir et celui où j'avais été tiré d'un rêve déjà formé, c'est-à-dire depuis l'état de veille absolue jusqu'à celui de sommeil complet. Et plusieurs amis, sollicités par moi de faire les mêmes expériences, m'ont affirmé avoir obtenu les mêmes résultats.

Réveillé après plus d'un quart d'heure de sommeil, je n'ai jamais pu remonter sûrement le cours de mes visions jusqu'à cette période hypnagogique, qui avait dû servir de point de départ. J'ajouterai qu'ayant eu l'occasion de réveiller souvent une personne qui rêvait tout haut, de telle sorte qu'elle-même me fournissait ainsi tout en dormant un point de repaire dans ses rêves, j'ai constamment observé, en l'interrogeant aussitôt sur ce qu'elle venait de rêver, que ses souvenirs ne remontaient presque jamais au delà d'un laps de cinq à six minutes.

Ce temps si court suffit cependant pour laisser dans notre esprit des impressions qui semblent correspondre à l'écoulement d'une journée entière, car, ainsi que nous l'avons dit ailleurs, on juge du temps accompli par le nombre et la nature des événements qui ont paru se succéder. J'ai lu quelque part l'histoire d'un mangeur de hatchich, qui dans une nuit de surexcitation mentale crut avoir vécu cent années, et si je mets en doute qu'il ait pu garder, à son réveil, tous les souvenirs de cette longue carrière, j'admets parfaitement qu'il ait pu voir défiler en douze heures plus d'événements que n'en saurait contenir une vie de cent ans. Je crois même que, sous l'empire d'un sommeil normal et régulier, chacun de nous trouverait dans ses rêves d'une nuit de quoi remplir une année de son existence, s'il parvenait à se rappeler le matin tout ce qu'il vient de rêver; mais comment cela serait-il possible, s'il n'est pas un de nous qui pourrait seulement, après une demi-heure de rêverie, se rappeler la multitude des pensées qui ont traversé son esprit? Et combien ne serait-il pas plus difficile encore de ressaisir des associations d'idées d'autant plus fugaces qu'elles se sont opérées plus fantasquement?

Ne pouvant citer dans ce volume qu'un nombre très limité des observations que j'ai faites ou recueillies, je dois prévoir qu'on ne les jugera peut-être pas toujours suffisamment convaincantes; mais j'engagerai tous ceux que ce sujet intéresse à ne point reculer devant l'expérimentation personnelle, et je suis persuadé qu'ils seront très promptement d'accord avec moi pour établir les points suivants:

1° La théorie d'un sommeil sans rêve n'est qu'une théorie basée sur l'inexpérience. L'extrême difficulté que l'on éprouve à se rappeler une longue série de rêves a dû causer l'erreur de ceux qui, ne se souvenant que de leurs derniers rêves, ont cru pouvoir affirmer que le premier sommeil en était exempt.

2° Le passage de la veille au songe s'opère graduellement, sans qu'il y ait suspension de la pensée.

3° Le plus profond sommeil est précisément celui pendant lequel on a les songes les plus clairs et les plus suivis.

II

OBSERVATIONS TENDANT A DEMONTRER QUE NI L'ATTENTION NI LA VOLONTE NE DEMEURENT NECESSAIREMENT SUSPENDUES PENDANT LE SOMMEIL

Premières conditions nécessaires pour diriger les rêves.—Comment la volonté peut écarter les rêves pénibles et provoquer les rêves agréables. — Exemples de volonté et d'attention en rêve. — Volonté sous forme de désir. — Volonté dirigeante. — Attention et volonté— Moyen de changer brusquement le cours d'un rêve, et d'évoquer certaines images à volonté. — Ce qui advient, lorsqu'on fait naître, en rêve, une situation dans laquelle on n'ait jamais pu se trouver en réalité. — En quelles conditions un effort d'attention devient, en rêve, difficile et même douloureux. — Comment la volonté agit-elle pour provoquer un réveil immédiat, quand on s'est aperçu qu'on est le jouet d'un songe pénible et qu'on en veut résolument sortir?

Ceux qui ne veulent reconnaître dans les incidents de nos rêves qu'une suite d'impressions mécaniquement reproduites, sur la nature et la direction desquelles nous n'aurions aucun empire, non plus qu'un simple spectateur sur des tableaux qu'on lui ferait voir; ceux-là, tout naturellement, n'hésitent pas à déclarer incompatible avec l'essence même du rêve tout effort et même tout exercice de l'attention ou de la volonté. Pour moi qui me sens précisément redevable des meilleures observations que j'ai pu faire à la conservation pendant mon sommeil de ces deux facultés réunies, j'attacherai surtout de l'importance à bien convaincre le lecteur qu'il peut et doit exercer le même empire sur lui même. Nous touchons à l'application, la plus intéressante peut-être, des propositions vraiment nouvelles dont le contrôle sera soumis à l'expérimentation de chacun. En effet, c'est à l'action combinée de l'attention et de la volonté durant les songes que nous allons demander les premiers moyens d'en conduire, et d'en modifier la trame à notre gré.

Rappelons quelques considérations déjà présentées, mais dont il est important de se souvenir ici.

A l'état de veille, vous êtes toujours maître de fixer un instant votre pensée sur un objet quelconque, bien qu'il ne soit pas devant vos yeux, quant au résultat de cet acte d'attention et de volonté, il ne peut aller au delà d'une conception pure et simple, les hallucinés et les extatiques ayant seuls le privilège d'apercevoir, tout éveillés, les objets dont leur esprit est occupé.

Mais, si le même pouvoir de diriger volontairement notre pensée sur un sujet donné nous appartient également en songe, alors que nous en ferons usage, qu'adviendra-t-il? Que le rêve étant la représentation aux yeux de l'esprit de ce qui occupe votre pensée, ainsi que tant de fois nous l'avons dit, vous verrez apparaître aussitôt l'image de ce à quoi vous aurez volontairement pensé, et par conséquent rêvé: en d'autres termes, que vous aurez rêvé à ce que vous aurez voulu.

Ces principes sont, je crois, très clairs. Prouvons que des actes bien caractérisés de volonté et d'attention se rencontrent dans beaucoup de rêves; prouvons qu'il est possible en rêve, de diriger ses pensées; n'aurons-nous pas prouvé qu'il est possible de diriger ses rêves à volonté?

Je songe que mon père est malade et que je suis appelé près de lui; je cherche à lire sur le visage du messager une vérité que je crains qui me soit cachée. Dira-t-on que je fais cet examen sans attention? Je crois monter aussitôt en voiture, plusieurs incidents surgissent en chemin, spontanément amenés peut-être par diverses associations d'idées; mais l'idée du voyage lui-même n'appartient-elle pas à ma volonté?

«Dans un autre rêve, où je crois me promener à cheval par une belle journée, la conscience de ma véritable situation me revient en mémoire, comme aussi cette question de savoir si le libre arbitre de mes actions imaginaires m'appartient en songe ou ne m'appartient pas. Voyons, me dis-je, ce cheval n'est qu'une illusion, cette campagne que je parcours un décor; mais si ce n'est point ma volonté qui a évoqué ces images, il me semble bien du moins que j'ai sur elles un certain empire. Je veux galoper, je galope; je veux m'arrêter, je m'arrête. Voici maintenant deux chemins qui s'offrent devant moi. Celui de droite paraît s'enfoncer dans un bois touffu; celui de gauche conduit à une sorte de manoir en ruines. Je sens bien que j'ai la liberté de tourner à droite ou à gauche, et par conséquent de décider moi-même si je veux faire naître des associations d'idées-images en rapport avec des ruines ou avec ce bois. Je tourne d'abord à droite, puis l'idée me vient qu'il vaut mieux, dans l'intérêt de mes expériences, guider un rêve aussi lucide du côté des tourelles et du donjon, parce qu'en cherchant à me souvenir exactement des principaux détails de cette architecture, je pourrai peut-être, à mon réveil, reconnaître l'origine de ces souvenirs. Je prends donc le sentier de gauche, je mets pied à terre à l'entrée d'un pont-levis très pittoresque, et, durant quelques instants que je dors encore, j'examine très attentivement une infinité de détails grands et petits: voûtes ogivales, pierres sculptées, ferrures à demi rongées, fissures et altérations de la muraille, admirant avec quelle précision minutieuse tout cela se peint aux yeux de mon esprit. Bientôt pourtant, et tandis que je considère la serrure gigantesque d'une vieille porte délabrée, les objets perdent tout à coup leur couleur et la netteté de leurs contours, comme les figures du diorama quand le foyer s'éloigne. Je sens que je me réveille, J'ouvre les yeux au monde réel, la clarté de ma veilleuse est la seule qui m'éclaire. Il est trois heures du matin.»

Des actes manifestes de volonté et d'attention me paraissent réunis dans ce rêve. Je crois pouvoir affirmer que j'eus mon libre arbitre autant que je l'aurai eu dans la vie réelle, pour choisir véritablement entre les deux chemins qui se présentaient devant moi. Je pris celui de gauche, au bout duquel se montrait un château imaginaire.

L'association des idées m'a fourni, dans cette voie *choisie par moi*, des images aussi précises et aussi variées que celles que m'eût fournies la réalité. J'ai laissé à ma mémoire le soin de faire surgir ces mêmes incidents de la route dont l'imprévu dans la vie de relation eût appartenu au hasard; mais les images ont surgi dans l'ordre que ma volonté leur avait assigné, et j'ai guidé aussi réellement mon rêve que le dormeur éveillé des *Mille et une Nuits.*

Nul doute pour moi que si j'eusse préféré prendre le chemin de droite, celui qui s'enfonçait dans les bois, l'association des idées et des images n'eût aussi sûrement tiré des magasins de ma mémoire quantité de détails conformes à cet autre genre de tableaux, vers lesquels j'aurais dirigé le mouvement de mes pensées. Au lieu de ponts, de tourelles et de pans de murs séculaires, j'aurais vu des arbres de toute sorte, des allées en perspective, peut-être quelques scènes de chasse ou de brigands.

Assurément ma volonté, en tant que cause directe, n'eût été pour rien dans ces détails de mise en scène, dont ma mémoire a fait les frais; mais si nous voulions pousser à l'extrême l'esprit de comparaison et d'analyse, ne pourrions-nous trouver encore, entre les lois qui régissent nos rêves lucides et celles auxquelles la vie réelle est soumise, l'un de ces caractères généraux de similitude qui se rencontrent si souvent dans les choses de ce monde, c'est-à-dire deux parts à faire parmi les événements de notre existence, l'une subordonnée à notre initiative volontaire, l'autre placée tout à fait en dehors de nous? Eveillé, libre autant que l'homme puisse l'être, je sors de chez moi et je prends, suivant mon bon plaisir, un chemin qui me conduira aux Champs-Élysées, ou bien un autre qui me mènera au Luxembourg; mais les incidents qui surgiront devant moi sur mon passage, les rencontres agréables ou fâcheuses que je pourrai faire, évidemment cet ordre de faits ne m'appartient pas. Endormi et tout entier aux illusions du rêve lucide, je suis maître d'imprimer d'abord une direction déterminée au mouvement des idées-images qui formeront le fond du rêve; mais les associations spontanées, mais les réminiscences inattendues, voilà les incidents du chemin. De ce que l'exercice de la volonté me paraît évident dans certains rêves, il est bien entendu que je n'entends pas établir qu'il s'y manifestera constamment. Sans parler des rêves si nombreux provoqués par des sensations physiques externes ou internes, et de ceux non moins fréquents où l'esprit laisse pour ainsi dire flotter les rênes, il en est beaucoup d'autres où l'association de certaines idées acquiert une spontanéité si vigoureuse que la volonté même demeurerait impuissante à l'arrêter. C'est ce qui a lieu surtout lorsque les images évoquées sont de nature à exciter des émotions violentes. La crainte de voir apparaître une image suffit généralement pour en provoquer l'apparition immédiate, par cela même que l'esprit s'en préoccupe; c'est un fait que nous avons déjà mentionné; mais n'est-ce point encore, aux images près, ce qui arrive à l'état de veille, quand nous cherchons vainement à écarter quelque préoccupation douloureuse dont nous sommes obsédés?

Et, d'un autre côté, combien de songes où nous croyons avoir à prendre quelque détermination grave, où nous délibérons, où nous ordonnons une scène qui s'exécute sous nos yeux! Je rêve, par exemple, qu'on a surpris un voleur chez moi, qu'on me ramène, et qu'on me demande ce qu'il en faut faire. J'hésite un moment: je décide enfin qu'on le laisse échapper. Je vois l'homme s'enfuir. Ce tableau même n'est-il pas un produit de ma volonté?

Si nous parvenons à bien établir que la volonté peut conserver assez de force, durant le sommeil, pour diriger la course de l'esprit à travers le monde des illusions et des réminiscences (ainsi qu'elle dirige le corps dans la journée à travers les événements du monde réel), il nous deviendra facile de persuader qu'une certaine habitude d'exercer cette faculté, jointe à celle de posséder souvent en rêve la conscience de son véritable état, conduiront peu à peu celui qui fera des efforts suivis sur lui-même à des résultats très concluants. Non-seulement il devra reconnaître tout d'abord l'action de sa volonté réfléchie dans la direction des songes lucides et tranquilles, mais il s'apercevra bientôt de l'influence de cette même volonté sur les songes incohérents ou passionnés. Les songes incohérents se coordonneront sensiblement sous cette influence; quant aux songes passionnés, pleins de désirs tumultueux ou de pensées douloureuses, le résultat de cette conscience et de cette liberté d'esprit acquises sera d'en écarter les images pénibles et d'y favoriser au contraire les riantes illusions. La crainte d'avoir des visions fâcheuses devenant d'autant moins vive qu'on en appréciera l'inanité, et le désir d'en voir apparaître de séduisantes d'autant plus actif qu'on se sentira le pouvoir de les évoquer, le désir sera bientôt plus fort que la crainte, et l'idée dominante étant celle dont les images surgissent, c'est le rêve agréable qui l'emportera. Telle est du moins la façon dont je m'explique, en théorie, un phénomène éprouvé pratiquement par moi d'une manière constante.

Ces faits comportent de trop notables conséquences pour que je ne sois pas tenté de multiplier les exemples capables de les appuyer ou de les éclaircir. Je poursuis donc les citations de mon propre journal:

Volonté et attention. — «J'ai rêvé que j'étais dans une allée de jardin. J'avais le sentiment que je rêvais; je pensai aux divers problèmes dont je voudrais poursuivre la solution. Une branche de lilas en fleur était devant les yeux de mon esprit. Je la considère avec une *attention* indubitable. Je me souviens d'avoir lu que les réminiscences de l'odorat sont rarement justes dans nos rêves; je saisis la branche, et je m'assure d'abord que l'odeur du lilas se trouve rappelée dans ma mémoire par l'association des impressions solidaires que cet acte imaginaire, mais *volontaire*, a provoquées. Maintenant cette vision d'une grappe de lilas, intacte, oblongue, adhérente à l'arbuste, et telle que je l'aperçois enfin, est-ce une vision stéréotype, l'invariable reproduction d'une image-souvenir, gravée dans les fibres de mon cerveau, comme diraient les matérialistes? En ce cas, mon imagination et ma volonté seront impuissantes à la modifier. Tout en faisant ces réflexions, j'avais cassé la branche, et je déchirais la grappe de lilas, non sans remarquer, après chaque parcelle que j'arrachais, combien les aspects successifs de ce bouquet, de plus en plus réduit, étaient toujours nets et vraiment conformes à ce qu'ils eussent été si j'avais agi ainsi en réalité. Quand il ne resta plus qu'un très petit bouquet de lilas, je me demandai encore si j'achèverais mon œuvre de destruction illusoire, ou si je m'en tiendrais à cette dernière modification de l'image première. J'ose affirmer que cela dépendait bien de la libre détermination que j'aurais prise. A ce moment, je m'éveillai.»

Volonté sous forme de désir. — «Je me crois dans une rue déserte. Je vois une femme assaillie par deux assassins masqués. Je n'ai rien pour la défendre. Je pense à un long yatagan qui orne la cheminée de mon cabinet de travail. Que ne l'ai-je sous la main! A peine ce vœu est-il intérieurement formé que je me trouve armé de cette terrible lame, dont je fais l'usage le plus heureux. Par cela même que ma pensée s'est arrêtée fortement sur cet objet, l'image s'en est aussitôt montrée, et cela s'est effectué si naturellement que je n'ai reconnu ce qui s'était passé dans mon esprit qu'après m'être éveillé.»

— «Je rêve que je suis dans une chambre spacieuse et très richement décorée en style oriental. Vis-à-vis d'un divan, où je me suis assis, se trouve une grande porte fermée par des rideaux de soie brochée. Je pense que ces rideaux doivent me cacher quelque surprise, et qu'il serait bien gracieux qu'ils se soulevassent pour laisser voir de belles odalisques.— Aussitôt les rideaux s'écartent, et la vision que j'ai souhaitée est devant moi.»

Volonté dirigeante. — «Je rêve que j'ai découvert de grands secrets magiques par le moyen desquels je puis évoquer les ombres des morts, et aussi transformer les hommes et les choses selon le caprice de ma volonté. Je fais d'abord surgir devant moi deux personnes qui ont cessé d'exister depuis plusieurs années, et dont les images fidèles m'apparaissent néanmoins avec la plus parfaite lucidité. Je souhaite de voir un ami absent; je l'aperçois aussitôt, couché et endormi sur un canapé. Je change un vase de porcelaine en une fontaine de cristal de roche, à laquelle je demande une boisson fraîche qui s'échappe a l'instant d'un robinet d'or. J'avais perdu depuis plusieurs années une bague que je regrettais beaucoup. Le souvenir m'en vient à l'esprit. Je désire la retrouver: j'émets ce vœu, en fixant les yeux sur un petit charbon que je ramasse dans le foyer, et la bague est aussitôt entre mes doigts. Le rêve continue ainsi jusqu'au moment où l'une des apparitions que j'avais provoquées me charme et me captive assez pour me faire oublier mon rôle de magicien; et pour me jeter dans une nouvelle série d'illusions plus réalistes. A mon réveil, je suis frappé par cette idée que ma volonté seule avait successivement évoqué toutes ces images. Il est vrai que je n'avais pas eu le sentiment d'être le jouet d'un songe; mais je n'en avais pas moins rêvé exactement ce que j'avais voulu.»

Attention et volonté.— Ce que je rapporte ci-après a été rêvé, je crois, par un grand nombre de personnes. Plusieurs de mes amis du moins, et notamment le plus célèbre de nos caricaturistes, m'ont raconté des rêves presque identiques qu'ils avaient faits.

«Je n'avais pas la conscience que je rêvais, et je me croyais poursuivi par des monstres abominables. Je fuyais à travers une série sans fin de chambres en enfilade, ayant toujours de la peine à ouvrir les portes de séparation, et ne les refermant derrière moi que pour les entendre ouvrir de nouveau par ce hideux cortège, qui s'efforçait de m'atteindre et qui poussait d'horribles clameurs. Je me sentais gagné de vitesse; je m'éveillai en sursaut, haletant et baigné de sueur.

«Quels avaient été l'origine et le point de départ de ce rêve, je l'ignore; il est probable que quelque cause pathologique l'engendra pour la première fois, mais ensuite, et à diverses reprises dans l'espace de six semaines, il fut évidemment ramené par le seul fait de l'impression qu'il m'avait laissée, et de la crainte que j'avais instinctivement de le voir revenir. S'il m'arrivait, en rêvant, de me trouver seul dans quelque chambre close, le souvenir de ce songe odieux se ranimait aussitôt; je jetais les yeux sur la porte, et la pensée de ce que je redoutais de voir apparaître ayant précisément pour effet d'en provoquer la réapparition subite, le même spectacle et les mêmes terreurs se renouvelaient de la même façon. J'en étais d'autant plus affecté à mon réveil que, par une fatalité singulière, cette conscience de mon état, que j'avais dès lors si souvent pendant mes rêves, me faisait constamment défaut quand celui-ci revenait. Une nuit pourtant, à son quatrième retour, et au moment où mes persécuteurs allaient recommencer leur poursuite, le sentiment de la vérité se réveilla tout à coup dans mon esprit; le désir de combattre ces illusions me donna la force de dompter ma terreur instinctive. Au lieu de fuir, et par un effort de volonté assurément très caractérisé en cette circonstance, je m'adossai donc contre la muraille, et je pris la résolution de contempler avec une attention fructueuse les fantômes que jusqu'alors j'avais plutôt entrevus que regardés. Le premier choc moral fut assez violent, je l'avoue, tant l'esprit, même prévenu, a peine à se défendre d'une illusion redoutée. Je fixai mes regards sur le principal assaillant, qui ressemblait assez à l'un de ces démons hérissés et grimaçants sculptés aux porches des cathédrales, et l'amour de l'étude l'emportant déjà sur toute autre émotion, je pus observer ce qui suit: le monstre fantastique s'était arrêté à quelques pas de moi, sifflant et gambadant d'une façon qui tournait au burlesque dès qu'elle n'était plus effrayante. Je remarquai les griffes de l'une de ses mains ou pattes, comme on voudra les appeler, au nombre de sept et très nettement dessinées. Les poils de ses sourcils, une blessure qu'il semblait avoir à l'épaule, et une infinité d'autres détails offraient une précision qui permettait de ranger cette vision parmi les plus lucides. Etait-ce la réminiscence de quelque bas-relief gothique? En tout cas mon imagination y avait ajouté le mouvement et la couleur. L'attention que j'avais concentrée sur cette figure avait eu pour résultat de faire évanouir comme par enchantement ses acolytes. Elle-même parut bientôt ralentir ses mouvements, perdre sa netteté, prendre un aspect cotonneux, et se changer enfin en une sorte de dépouille flottante, pareille à ces costumes fanés qui servent d'enseigne aux magasins de déguisements pendant le carnaval. Quelques tableaux insignifiants se succédèrent, et puis je me réveillai.»

Ce rêve ne se renouvela plus; spontanément du moins; mais il fut pour moi l'occasion d'une autre expérience, plus concluante encore peut-être, touchant les effets sur la trame de nos songes de la volonté et de l'attention. Une nuit que je me sentais, en dormant, la pleine connaissance de mon état véritable, et que je regardais passer avec assez d'indifférence toute la fantasmagorie, d'ailleurs très nette, de mon sommeil, l'idée me vint d'en profiter pour faire quelques expériences sur le pouvoir que j'aurai ou non d'évoquer certaines images, par la seule initiative de ma volonté. En cherchant sur quel sujet je pourrais fixer à cet effet ma pensée, je me rappelai ces apparitions monstrueuses qui m'avaient si vivement impressionné jadis, grâce à l'effroi qu'elles m'inspiraient. J'essayai de les évoquer, en les recherchant bien dans ma mémoire et en souhaitant de les revoir, aussi fortement qu'il m'était possible de le faire. Cette première tentative n'eut aucun succès. Devant moi se déroulait en ce moment le tableau tout pastoral d'une campagne dorée par un beau soleil, au milieu de laquelle j'apercevais des moissonneurs et des charrettes chargées de blé. Pas le moindre spectre ne se rendait à mon appel, et l'association des idées-images qui formaient mon rêve ne paraissait nullement vouloir sortir de la voie si calme qu'elle avait prise naturellement. Alors, et tout en rêvant, je fis les réflexions que voici: un rêve étant comme un reflet de la vie réelle, les événements qui nous semblent s'y accomplir suivent généralement, dans leur incohérence même, certaines lois de succession conformes à l'enchaînement ordinaire de tous les événements véritables. Je veux dire, par exemple, que si je songe avoir eu le bras cassé, je croirai que je le porte en écharpe ou que je m'en sers avec précaution: que si je rêve qu'on a fermé les volets d'une chambre, j'aurai, comme conséquence immédiate, l'idée que la lumière est interceptée et que l'obscurité se fait autour de moi. Partant de cette considération, j'imaginai que si je faisais, en rêve, l'action de me mettre la main sur les yeux, je devrais obtenir tout d'abord une première illusion en rapport avec ce qui m'arriverait réellement, étant éveillé, si j'agissais de même; c'est-à-dire que je ferais disparaître les images des objets qui me semblaient placés devant moi. Je me demandai ensuite si, cette interruption des visions préexistantes étant produite, mon imagination ne se trouverait pas plus à l'aise pour évoquer les nouveaux objets sur lesquels j'essayerais de fixer ma pensée. L'expérience suivit de près ce raisonnement. L'apposition, dans mon rêve, d'une main sur mes yeux eut, en effet, pour premier résultat d'anéantir cette vision d'une campagne au temps de la moisson que j'avais inutilement essayé de changer par la seule force imaginative. Je demeurai sans rien voir pendant un moment, exactement comme cela fût arrivé dans la vie réelle. Je fis alors un nouvel appel énergique au souvenir de la fameuse irruption des monstres, et, comme par enchantement, ce souvenir nettement placé, cette fois, dans l'objectif de mes pensées se dessina tout à coup clair, brillant, tumultueux, sans même que j'eusse, avant de me réveiller, le sentiment de la façon dont la transition s'était opérée.

Cette confirmation, par l'expérience, d'un fait psychologique que j'avais moi-même théoriquement pressenti me causa tant de joie et me préoccupa si fort que, dans les six semaines suivantes, ayant eu seize fois en rêvant la conscience de mon état, je sus neuf fois renouveler cette épreuve de l'occlusion imaginaire des yeux, en songe, comme moyen de changer brusquement le cours d'une vision lucide. Depuis cette époque, et il y a de cela plus de quinze ans, j'ai si souvent fait usage de mon procédé, soit pour changer un rêve désagréable en un rêve gracieux, soit pour appeler simplement quelque image à mon gré, que je ne saurais indiquer combien de fois mon expérience première fut confirmée. Je mentionnerai cependant les proportions suivantes, dans les résultats particuliers obtenus sur une moyenne de quarante-deux observations consignées. Vingt-trois fois, la réussite est complète, c'est-à-dire qu'il y a substitution franche et immédiate d'une image désirée à celle qu'il s'agissait d'écarter. Treize fois, le résultat est ce qu'on pourrait appeler mixte: l'acte imaginaire de fermer les yeux met à néant la vision antérieure, mais celle qui lui succède n'est pas exactement conforme à mes vœux. Quatre fois, des associations d'idées aussi rapides qu'inattendues, s'opèrent spontanément dans le si court moment de la mutation des images, et ont pour effet d'appeler des tableaux tout à fait étrangers à ceux que j'avais d'abord souhaités. Une fois, la vision que je voulais chasser se retrouve devant mes yeux, quand je crois les rouvrir. Une fois, enfin, l'expérience tentée n'amène que le réveil.

Il advient bien souvent qu'une observation en appelle une autre; le même raisonnement qui m'avait conduit aux résultats qu'on vient de lire, raisonnement basé sur ce principe que les événements imaginaires de nos songes, tout incohérents qu'ils puissent être dans leur ensemble, n'en suivent pas moins, quant aux lois de leur enchaînement, une certaine logique empruntée aux réminiscences de la vie réelle, ce même raisonnement, dis-je, me fit penser que si je parvenais à me placer, en songe, dans une situation où je n'aie jamais pu me trouver en réalité, ma mémoire serait impuissante à fournir une image ou une sensation *conséquente* de telle sorte que, de quelque façon que l'imagination se tirât de cette impasse, une brusque interruption de la trame du rêve en devrait nécessairement résulter. Sauter par la fenêtre d'un cinquième étage, me brûler la cervelle, ou me couper la gorge avec un rasoir, évidemment voilà des impressions que je n'avais jamais ressenties; les provoquer, en songe, serait donc soumettre mon esprit à une intéressante épreuve. Je résolus de ne point laisser échapper la première occasion qui s'en présenterait, c'est-à-dire le premier rêve lucide au milieu duquel je posséderais bien le sentiment de ma situation. J'attendis près d'un mois; il faut avoir de la persévérance. Une nuit enfin que je rêvais me promener dans la rue, que toutes les images de mon rêve étaient bien nettes et que je sentais parfaitement néanmoins que je n'étais pas éveillé, je me souvins tout à coup de l'expérience à faire, je montai aussitôt jusqu'à l'étage supérieur d'une maison qui me paraissait très haute;

je vis une fenêtre ouverte, et le pavé à une grande profondeur; j'admirai un instant la perfection de cette illusion du sommeil, et, sans attendre qu'elle s'altérât, je me précipitai dans le vide, plein d'une anxieuse curiosité. Or, voici ce qui arriva et ce dont je ne me rendis compte, naturellement, qu'après que je me fus éveillé: Perdant instantanément le souvenir de tout ce qui précède, je me crus sur le parvis d'une cathédrale, mêlé à un groupe de curieux qui se pressaient autour d'un homme tué. On racontait autour de moi que cet inconnu s'était jeté du haut de la tour de l'église, et je vis emporter le cadavre sur un brancard. C'est ainsi que ma mémoire et mon imagination s'étaient tirées du piège que je leur avais tendu. C'est ainsi que l'association des idées-images avait procédé.

J'ai pu renouveler assez fréquemment cette expérience de me précipiter, en rêve, du haut d'un édifice, ou dans un gouffre ou dans un puits profond. Toujours, il s'est opéré quelque revirement d'idées, plus ou moins analogue à celui que je viens de raconter. Une fois, que je m'étais ainsi jeté au fond d'un puits pour faire cesser un songe désagréable, je rêvai que je me trouvais entouré de magiciens et d'astrologues, accoutrés à peu près comme le Mathieu Laensberg traditionnel des almanachs. Je me rappelai très bien, à mon réveil, que l'idée de *l'astrologue qui se laissa choir dans un puits* m'avait traversé l'esprit, au moment même de ma chute. La transition est des plus claires. Dans une autre circonstance, ayant cru prendre mon élan du haut d'une falaise, je rêvai tout à coup que j'étais en ballon.

Quant aux variantes que je voulais expérimenter à leur tour, de me couper la gorge avec un rasoir, ou de tourner des pistolets contre mon front, je dois dire que je ne pus jamais en conduire l'épreuve à bonne fin. Une fois, que je parvins, en rêve, à tenir un rasoir à la main, l'horreur instinctive de ce que je voulais simuler se trouva plus forte que ma volonté réfléchie. A l'égard des pistolets, il eût fallu que quelque vision s'en offrit d'abord spontanément aux yeux de mon esprit. En ce cas, j'aurais sans doute réalisé l'expérience projetée. Mais la nécessité de chercher ces armes, dans mon rêve, et de les préparer entraînait trop d'idées accessoires, pour que, subissant l'influence de cette mobilité imagée particulière aux songes, l'idée première ne fût pas constamment détournée de son cours avant d'être mise à exécution. Au moment de prendre mes pistolets, par exemple, j'arrêtais mon attention sur le petit paquet de clefs parmi lesquelles se trouve celle de leur boîte. J'apercevais, par la même occasion, celle d'un tiroir où je me souvenais que j'avais renfermé quelques photographies. L'une d'elles me revenait en mémoire, se peignait à mes regards, captivait mes pensées, et déjà mon esprit ne songeait plus du tout aux pistolets.

J'ai parlé, dans le chapitre précédent, d'une application particulière de l'attention, en songe, comme moyen de prolonger, le sommeil et d'augmenter son intensité[81]. Dans les conditions de rêve conscient et tranquille dont il a été question l'attention se pourra toujours prêter sans difficulté comme sans fatigue. Il est d'autres cas, il faut le reconnaître, où l'effort qu'elle exigerait serait impuissant et

[81] P. 126.

même douloureux. Je regarde, en premier lieu, l'attention suivie comme à peu près impossible durant cette période transitoire de la veille au sommeil, qui est le règne par excellence de l’anarchie des idées et de la confusion des images. Elle est très difficile quand l'association spontanée des idées, prenant une allure rapide, multiplie devant les yeux de l’esprit des images auxquelles il ne peut se défendre d'accorder une part de curiosité ou d'intérêt. Il est bien malaisé d'écarter des distractions répétées; c'est un fait dont l’application se rencontre chaque jour dans la vie réelle. En songe, j’ai constaté plusieurs fois que si j'essayais de m'accrocher, pour ainsi dire, à une idée-image, alors qu'elle tendait à s'échapper pour faire place à d'autres, je ressentais une assez vive douleur qui semblait me serrer les tempes, et s'étendre ensuite jusqu’au fond du cerveau.

J'ai pu remarquer aussi qu'une certaine contemplation attentive et prolongée des illusions de nos rêves est bien plus difficile à exercer quand elle porte sur une forme animée, et surtout sur un visage, que lorsqu'il s'agit seulement de quelques menus objets matériels. L'image d'une fleur, d'une feuille, d'un cailloux peut demeurer parfois assez longtemps devant les yeux de notre esprit sans modification aucune. Si vous cherchez au contraire, à bien fixer vos regards sur les traits beaux ou laids d'un personnage quelconque, il est rare qu'au bout d'un instant vous n’ayez pas le spectacle d’une série de transformations des plus capricieuses. Tantôt il s'opère de rapides substitutions par voie de ressemblances, tantôt ce sont d’effrayantes métamorphoses, de hideux changements à vue, un nez qui s'allonge et tourbillonne, des yeux qui deviennent tout ronds et qui se mettent à rouler sur eux-mêmes. On rentre alors dans une sorte de période hypnagogique. Le sommeil est évidemment altéré.

En résumé, reconnaissons qu'autant il serait exorbitant de prétendre que l’homme endormi peut exercer continuellement son attention et sa volonté sur les illusions de ses rêves, autant il est erroné de regarder l'exercice de ces deux facultés comme incompatible avec le sommeil.

Suivre et maîtriser toutes les phases d'un songe, je n'y suis jamais parvenu, je ne l’ai même jamais tenté. Mais faire usage parfois de son attention et de sa volonté pour analyser quelque phénomène psychologique, pour retenir ou évoquer une image riante, pour stimuler le travail de la mémoire, guider l'essor de l’imagination, changer le cours des idées, ce sont là des actes qui s'accomplissent avec une facilité réelle, dès qu'une certaine habitude en a été contractée par l’esprit.

Je ne terminerai pas cette série d'observations sur la puissance de la volonté, en songe, sans signaler encore un acte volontaire que j'ai exercé plusieurs centaines de fois sur moi-même, et que bien des lecteurs auront également expérimenté. Je veux parler de cet effort par lequel on secoue le sommeil et l’on provoque un réveil immédiat, quand on s'est aperçu qu'on est le jouet d'un rêve et qu'on veut résolument en sortir. Comment les fibres, comment les muscles agissent-ils en cette circonstance? Où commence l'effort et où s'arrête-t-il? J'ai vainement essayé de m'en rendre compte. J'ai remarqué toutefois qu'il se fait un assez violent mouvement de contraction dans la poitrine et aussi dans les muscles abdominaux.

III

OBSERVATIONS SUR L'EXERCICE, EN REVE, DES FACULTES DE RAISONNER ET DE JUGER.

Comment le sentiment de la réalité se mêle parfois aux illusions du songe, et comment les jugements déraisonnables que l'on porte ne prouvent point qu'il y ait défaillance ou altération dans la faculté de juger.

Les observations sur la manière dont on raisonne et dont on juge, en rêve, me paraissent venir tout naturellement après celles qui sont relatives à l'exercice de l'attention et de la volonté.

Nous avons vu que le pouvoir de raisonner juste et de porter des jugements réfléchis était dénié par un grand nombre d'auteurs à l'esprit de l'homme endormi. Voyons ce que l'opinion pratique saura nous dire à cet égard:

«Je me crois au tir. J'ai déjà tiré deux coups de pistolet dont les balles ont laissé leurs traces à côté de la mouche. Je tire un troisième coup et, dans le même instant, j'entends des cris plaintifs. J'ai tout d'abord une vive émotion, par la crainte d'avoir blessé quelqu'un; mais en regardant la plaque j'aperçois la marque de ma dernière balle. Puisqu'elle s'est aplatie sur la plaque, elle ne saurait avoir blessé personne. Je suis donc rassuré sur le fait de ma responsabilité personnelle et je remets de sang-froid mon pistolet aux mains du garçon du tir, en m'informant près de lui de la cause des cris que j'ai entendus.»

Dans un autre rêve: «je crois recevoir la visite d'un parent, dont la femme était au plus mal il y a quelques jours. J'hésite à lui en demander des nouvelles; car il est vêtu de noir. Je songe, cependant, que la couleur de ses habits n'est qu'une présomption insuffisante pour le croire en deuil. C'est son chapeau qu'il faut voir. Est-il entouré d'un crêpe? Je m'approche donc, sans affectation, d'un meuble sur lequel il a déposé ce chapeau, afin de savoir à quoi m'en tenir avant d'entamer la conversation.»

Cela ne semble-t-il pas assez, concluant?

D'autres exemples de raisonnement, qui se présentent très fréquemment dans mes notes, ce sont ceux où le sentiment de ma situation réelle se mêle aux impressions causées par les illusions qui occupent mon esprit.

«Je suis malade et préoccupé de la pensée que je dois prendre une potion le matin. J'y rêve. La potion préparée est placée sur une table, près de mon lit; je crois que je viens de me réveiller, et je me dispose à la boire, mais je remarque qu'elle s'offre à mes yeux dans une tasse où j'avais coutume de la trouver, et je me rappelle parfaitement que cette tasse, ayant été brisée la veille, est remplacée par une autre de forme très différente. J'en conclus que je suis le jouet d'un rêve, et que, pour boire réellement cette potion, je devrais d'abord me réveiller. Je réfléchis toutefois que j'ai besoin de sommeil, et que je me réveillerai toujours assez tôt. Je ne fais donc aucun effort pour amener le réveil, et je m'abandonne au contraire aux illusions du songe.» N'est-ce point là raisonner juste et très nettement?

— «J'ai rêvé que j'étais à la campagne.» — Je suis réellement à Paris — «J'y recevais la visite d'un ami. La campagne était verdoyante, les arbres étaient dans leur tenue d'été.» —Cependant, comme dans le rêve précédent, je me trouvais sous l'empire d'une préoccupation bien caractérisée. Je voulais me lever à six heures du matin pour aller au devant de ma sœur, à son retour d'une assez longue absence. — «La visite d'ami que je croyais recevoir à la campagne n'avait rien de surprenant. Je pouvais donc accepter sans étonnement les tableaux qui s'offraient aux yeux de ma pensée. Mais ces notions: que j'attendais ma sœur, que c'était à Paris et non à la campagne qu'elle devait venir, que nous étions en hiver et non pas en été me revenant à l'esprit, je fis la réflexion que tout ce que je croyais voir ne pouvait être qu'un rêve et que, très certainement j'étais endormi. En ce moment j'entendis sonner cinq heures; je comptai les cinq coups. Ce fut pour moi la preuve que j'étais bien à Paris, où j'habite à côté d'une église dont l'horloge se fait entendre assez bruyamment. J'en conclus aussi que j'avais encore une heure à dormir, et, sans laisser mon esprit s'appesantir sur un ordre d'idées qui pouvait amener le réveil, je concentrai, au contraire, toute mon attention, sur les images que mon imagination avait évoquées; je m'identifiai à la situation qu'elle m'avait faite; je me promenai au soleil avec l'ami qui était mon hôte, en un mot, je poursuivis tranquillement mon rêve.»

Autre exemple:

«Je subis la lourde influence d'une série de ces songes pénibles, durant lesquels on croit étouffer ou se trouver, du moins, dans des positions extrêmement désagréables. Mais j'ai le sentiment que je rêve, et sachant la difficulté que j'éprouve à me rendormir, je voudrais changer mon rêve sans me réveiller. Je tente plusieurs des moyens que j'ai indiqués pour arriver à ce résultat. Ils demeurent sans effet; les illusions douloureuses reviennent toujours. Je remarque alors que ma joue gauche me semble plus chaude que ma joue droite. J'en tire la conséquence que je suis très probablement couché sur le côté gauche, et que, si je parvenais à me retourner, la nature de mes visions serait peut-être modifiée. J'essaye alors de me coucher, dans mon rêve, sur le côté gauche, puis de me retourner sur le côté droit avec une certaine énergie de volonté, dans l'espoir que mes muscles exécuteront véritablement l'ordre donné, comme il arrive souvent dans les rêves où l'on gesticule.» — La vérité m'oblige à dire que cette expérience ne fut pas heureuse, en ce que je me réveillai par suite d'un effort qui ne fut que trop réel; mais le raisonnement n'en était pas moins spécieux.

Dans cette catégorie de rêves où l'on raisonne avec une certaine justesse, je pourrais faire entrer presque tous ceux durant lesquels j'ai mis à profit la conscience de ma situation vraie, pour étudier tout en dormant les phénomènes de mon propre sommeil. J'en vais citer un qui serait peut-être mieux classé au chapitre de la mémoire, mais qui se place tout naturellement ici:

«Le fond de tableau de mon rêve m'ayant représenté une rue que je reconnus pour être une rue de Séville, où je n'avais pas été depuis dix ans, et le souvenir m'étant aussitôt revenu qu'au détour de cette rue devait se trouver la boutique d'un glacier des plus renommés, j'eus la curiosité de savoir comment se tirerait ma mémoire d'une épreuve qui consisterait à diriger mon rêve de ce côté. Je pris donc le chemin qu'il fallait prendre. Je revis la boutique avec une netteté minutieuse; j'y reconnus, toute sorte de petits gâteaux de formes particulières et, entre autres rafraîchissements, des sorbets au lait de noisette, préparation que je n'avais jamais rencontrée ailleurs. Je réfléchis alors que l'occasion était précieuse pour vérifier si je saurais me remémorer une saveur aussi fidèlement que je me remémorais des images. Je choisis un de ces sorbets imaginaires, j'y portai mes lèvres, je mis toute mon attention à le bien déguster, et je reconnus ainsi que ma mémoire en défaut ne me fournissait que par à peu près la sensation qui lui était demandée. C'était un goût d'amande, et non pas un goût de noisette qu'elle retrouvait. Je m'éveillai aussitôt, par un effort de volonté, afin de prendre note de ce fait qui me paraissait intéressant quant à l'étude des phénomènes de la mémoire et qui ne l'était pas moins en ce qui concerne l'exercice, en rêve, des facultés d'être attentif, de raisonner et de juger.»

Autre exemple:

«J'avais entendu des chouettes crier, un soir, au B[82]... Je me couche, je rêve que je viens d'arriver à Paris, et que j'y suis arrivé de nuit; en ce moment les mêmes chouettes qui s'étaient fait entendre renouvellent leurs désagréables cris. J'entends ces cris au milieu du rêve où je me croyais à Paris. Je fais alors cette réflexion: les chouettes, en vérité, me poursuivent. *Hier*, je les entendais au B..., *aujourd'hui* je les entends encore à Paris. J'imagine, en même temps, voir un de ces oiseaux voler au-dessus des toits de la maison voisine.»

Quelques observations analytiques à propos de ce dernier rêve si simple:

1° Une perception extérieure, le cri d'une chouette, introduit un élément nouveau dans un rêve préexistant; mais cela, sans imprimer à ce rêve lui-même une direction nouvelle.

2° Le cri de la chouette ayant éveillé en moi l'idée de cet oiseau, la sensation vraie que je recevais par le sens de l'ouïe a immédiatement provoqué une hallucination conforme au sens de la vue. J'ai cru voir ce que j'entendais. J'ai rencontré une nouvelle application de ce principe que penser à une chose c'est y rêver.

3° Bien qu'en définitive il m'ait conduit à des impressions erronées, mon esprit n'a cessé de raisonner juste sur les sensations qu'il a perçues. Des visions fausses m'ayant d'abord persuadé que j'étais à Paris et qu'il faisait nuit, au moment où ce cri d'une chouette s'est fait entendre, j'en ai conclu instinctivement que vingt-

[82] Notre habitation à la campagne.

quatre heures, au moins, avaient dû s'écouler depuis que j'avais entendu crier des chouettes au B... puisque, dans la réalité, je n'aurais pu me trouver le même soir au B... et à Paris, que près de quinze lieues séparent. Je songe donc qu'il y a des chouettes à Paris, comme au B... et que voilà deux nuits de suite que j'en suis importuné.

Or, si tout éveillé j'avais une hallucination de la vue qui me fit croire, étant à la campagne, que je suis à Paris, et si je raisonnais tout haut comme je raisonnais dans ce rêve, je serais un fou et cependant mon esprit raisonnerait juste sur les impressions qu'il aurait reçues.

Déjà, j'ai dit quelques mots de cet élément de comparaison analytique entre le rêve et la folie qui n'a pas échappé à M. Lemoine. Je ne m'y arrêterai pas ici plus que je ne l'ai fait précédemment, afin de ne point m'écarter de la route même que je me suis tracée; mais, si légère qu'ait été l'indication, elle aura suffi, je l'espère, pour justifier cette opinion que si nous portons des jugements déraisonnables dans un très grand nombre de nos rêves, cela tient à ce que nous basons ces jugements sur des illusions incohérentes, et non point à ce qu'il y ait altération ou inconséquence dans la logique même de nos raisonnements.

IV

OBSERVATIONS SUR LA PART QUE PRENNENT LA MEMOIRE ET L'IMAGINATION DANS LA FORMATION DE NOS REVES

Pourquoi je réunis ces observations dans le même chapitre. — Les ressources et les fonctions de l'imagination sont-elles sensiblement modifiées pendant nos rêves?— La mémoire de l'homme qui rêve peut-elle acquérir un degré de puissance qu'elle n'aurait pas chez l'homme éveillé? — L'imagination peut-elle nous offrir en rêve des images nettes et précises d'objets que, cependant, nous n'ayons jamais vus, touchés ni entendus en réalité? — Un passage remarquable du livre de M. Maury.— Rêves où nous croyons reconnaître quelque situation ou quelque personnage qui nous semblent complètement inconnus au réveil. — Rêve dont on garde particulièrement la mémoire d'un rêve à un autre.— Caprices de la mémoire. — Constante disposition qu'a notre esprit de procéder par voie de dialogue, quand il raisonne ou réfléchit. — Puissance d'induction dont l'imagination fait preuve dans le recueillement du sommeil — Personnifications imaginaires. — Sorte de dédoublement moral. — Comment la mémoire acquiert le plus d'énergie. — Rêves ou l'imagination se montre créatrice — Problèmes psychologiques.

La mémoire et l'imagination sont deux facultés si étroitement unies que plusieurs philosophes et notamment Dugald-Stewart, ont rangé parmi les phénomènes de la mémoire, sous le nom de *mémoire-imaginative*, une partie des opérations intellectuelles attribuées par d'autres écrivains à l'imagination proprement dite. Il s'en faut de beaucoup, avons-nous dit, que l'on se doute, à l'état de veille, des immenses matériaux de toute sorte dont la mémoire est remplie; matériaux recueillis pour la plupart du temps à notre insu, mais que l'esprit sait retrouver, en songe, avec une netteté merveilleuse. Pouvoir reconnaître l'origine d'une image aussi sûrement que dans l'exemple cité au commencement de ce volume[83] est une exception très rare. Il sera le plus souvent impossible de déterminer dans la formation de nos rêves où s'arrête l'office de la mémoire, selon la stricte acception du mot, c'est-à-dire le rappel pur et simple de l'une de ces innombrables impressions dont nous avons emmagasiné le souvenir, où commence le travail de l'imagination vraiment créatrice, c'est-à-dire la mise en œuvre des matériaux fournis par la mémoire, la formation des composés qui se produisent sous un aspect relativement nouveau.

Ces considérations me font réunir en une même section les notes que j'ai pu recueillir touchant le double rôle, dans nos rêves, de l'imagination et de la mémoire. Elles contribueront, je l'espère, à élucider particulièrement trois points sur lesquels j'ai laissé percer plus d'une fois ma manière de voir.

1° Les ressources et les fonctions de la mémoire et de l'imagination sont-elles sensiblement modifiées pendant nos rêves?

[83] Page 19.

2° La mémoire d'un homme qui rêve peut-elle acquérir un degré de puissance qu'elle n'aurait pas chez un homme éveillé?

3° L'imagination peut-elle nous offrir, en rêve, des images nettes et précises d'objets que cependant nous n'ayons jamais vus, touchés, ni entendus en réalité?

Un passage du livre de M. Maury semble répondre à ces trois questions toutes ensemble. Si je suis loin d'accepter, et si je juge inutile de rapporter les explications qui viennent ensuite, je m'associe du moins pleinement à ce début si bien exposé:

«Il y aurait à examiner la question difficile de l'origine et de la génération de ces idées-images, qui ne sont pas toujours de simples rappels de sensations perçues, mais des combinaisons nouvelles d'éléments de sensations antérieures, car l'œil interne voit alors des objets qu'il n'a jamais contemplés, l'oreille interne peut entendre des airs, des mélodies qui ne l'ont jamais frappée. L'œil, l'oreille, et, en général, les sens jouissent d'une faculté de combinaison qui tient à la force créatrice de l'imagination. Les éléments dont ils se servent sont fournis par des sensations déjà perçues, mais leur mode d'assemblage et de groupement est nouveau, et il en résulte des images et des sons différents de ceux qui ont été antérieurement perçus[84].»

Voyons maintenant divers exemples de songes, où la mémoire et l'imagination sont surtout en jeu.

«Je rêve que je regarde défiler une foule compacte, qui semble revenir de quelque feu d'artifice ou de quelque autre fête de même genre. Je m'attache à bien examiner les gens qui passent, et je m'éveille, ayant encore très présente à l'esprit l'image de l'un d'entre eux.»

Je crois me rappeler alors, et je vérifie en effet, que cette image était l'exacte représentation d'une gravure coloriée, apportée par un journal de modes quelques jours auparavant: mais la gravure n'était qu'une peinture sans relief comme sans mouvement, tandis que je venais de voir une figure agissante et vivante, de la taille et de l'apparence d'un être réel. Il faut donc que ma mémoire ait eu la puissance de retrouver, en rêve, tous les détails d'une image que je n'avais regardée qu'un instant et avec distraction dans la vie réelle. Il faut aussi que mon imagination ait eu la puissance de faire mouvoir cette image et de l'animer.

— « Je rêve, une autre nuit, que je vois une jeune femme blonde comme de l'or, causant avec ma sœur et lui montrant un petit ouvrage en tapisserie qu'elle avait fait. En songe, je crois parfaitement la reconnaître; j'ai même le sentiment de l'avoir rencontrée déjà bien des fois. Cependant je m'éveille et ce visage, encore présent à ma pensée, me semble dès lors absolument inconnu. Je me rendors; la même vision se reproduit. J'ai gardé, tout en rêvant, la conscience des instants de réveil momentané que je viens d'avoir, aussi bien que de cette impression que j'ai ressentie d'avoir eu devant les yeux de mon esprit un visage que je n'avais encore

[84] Alf. Maury, *Le Sommeil et les Rêves*, p. 102.

jamais vu. Rendu aux illusions du rêve, je m'en étonne; je me demande comment j'ai pu manquer à ce point de mémoire, et mêlant l'incohérence du songe à la vague réminiscence d'une idée que je désire éclaircir, je m'approche de la blonde jeune femme, et je lui demande à elle-même si je n'ai pas eu déjà eu le plaisir de la rencontrer. Assurément, me répond-elle, souvenez-vous des bains de mer de Pornic. Ces mots me frappent. Je me réveille tout à fait, et je me rappelle alors parfaitement les circonstances dans lesquelles j'avais recueilli, sans m'en douter, ce gracieux cliché-souvenir[85]. »

Que l'on rapproche cet exemple de celui qui est rapporté page 109, on reconnaîtra qu'il est de la même famille, et il servira comme lui à prouver que la puissance de la mémoire surtout de cette mémoire que les Anglais ont appelée *fancy*, est infiniment plus grande à l'état de rêve qu'à l'état de veille.

Les arcanes de notre mémoire sont comme d'immenses souterrains où la lumière de l'esprit ne pénètre jamais mieux que lorsqu'elle a cessé de briller au dehors. Que l'on ne s'étonne donc pas si l'on revoit en songe, avec une lucidité merveilleuse, des personnes mortes, ou absentes depuis très-longtemps, si l'on retrouve dans leurs moindres détails des lieux qu'on visita, des airs qu'on entendit, ou même des pages entières que l'on a lues plusieurs années auparavant.

Un de mes amis, excellent musicien, m'a rapporté qu'ayant cru entendre, en rêve, un morceau remarquable exécuté par une troupe de chanteurs ambulants, et se l'étant rappelé à son réveil sans conserver d'ailleurs aucun souvenir de l'avoir encore jamais lu ni entendu, il avait pris soin de noter aussitôt, persuadé que lui-même en avait eu l'inspiration durant son sommeil. Quel fut donc son étonnement plusieurs années ensuite, de retrouver ce morceau dans un recueil de musique ancienne, tombé par hasard entre ses mains. En vain chercha-t-il à se remémorer quand et comment la lecture ou la première audition en avait été par lui faite ou perçue. Ce souvenir, si nettement ravivé sous l'empire du songe, ne se révélait pas même de la façon la plus vague à l'esprit de l'homme éveillé.

J'ai recueilli moi-même bon nombre d'exemples du même genre, moins saisissants, mais non moins authentiques. C'est que pour être complètement introuvables à l'état de veille, les réminiscences qui se sont ravivées durant le songe n'en existaient pas moins cachées dans quelque coin reculé des magasins de la mémoire. Un capricieux enchaînement d'idées a jeté tout à coup sur elles une lueur rapide comme un éclair, et, cette lueur passée, elles se sont évanouies de nouveau, ainsi que les buissons perdus de la campagne qu'un instant la foudre illumine par une nuit d'orage, mais qui rentrent aussitôt dans l'obscurité.

Combien de traits de mémoire analogues l'esprit de chacun de nous ne doit-il pas accomplir, en ce qui regarde l'immense famille des souvenirs acquis par le sens de la vue? Qui de nous, frappé de l'étrangeté de quelque visage ou de quelque tableau, qu'il vient d'apercevoir en songe et qu'il lui semble avoir aperçu

---

[85] Un phénomène inverse est également consigné dans mes notes. Je vois en songe une personne qui me semblait inconnue. Je me réveille, et je me rappelle aussitôt qui elle est.

pour la première fois, pourrait affirmer que jamais rien de semblable ne s'était offert encore à lui, ni en réalité, ni sous aucune forme représentative?

Si parfois la réapparition de ces images nous semble absolument nouvelle, d'autres fois une vague réminiscence nous dit qu'elles ne nous sont pas entièrement inconnues. On trouve, chez les philosophes et chez les poètes orientaux, des passages relatifs à l'idée d'une existence antérieure, qui me paraissent leur avoir été inspirés précisément par ces rêves dans lesquels nous voyons des choses qu'il nous semble connaître depuis longtemps et dont cependant, au réveil, nous ne nous souvenons point d'avoir eu réellement connaissance. Tantôt c'est une situation pénible ou charmante, tantôt une habitation dont nous devinons l'intérieur avant d'en avoir franchi le seuil, tantôt ce sont des visages amis ou redoutés.

Par opposition, et pour continuer de passer en revue ces mystérieuses opérations de la mémoire et de l'imagination pendant le sommeil, mentionnons un phénomène qui, bien que plus rare, se manifeste pourtant assez fréquemment. C'est le cas où l'imagination ayant produit en rêve quelque combinaison d'idées ou d'images relativement nouvelle, dont l'esprit a été particulièrement frappé, cette combinaison vient à se reproduire plus tard dans d'autres rêves, comme s'il s'agissait du souvenir d'une chose véritable. On s'en souvient alors très bien d'un rêve à l'autre, tandis que l'impression distincte de ce genre de songes est précisément de celles qui s'effacent le plus rapidement au réveil.

Singulières alternatives de remémoration étincelante ou d'insurmontable oubli.

Chacun de ceux qui liront ces pages a certainement éprouvé encore ce que je vais essayer de lui rappeler:

On s'endort, ou du moins on s'assoupit, en roulant dans son esprit un certain ensemble d'idées qui se lient les unes aux autres, formant quelque raisonnement, quelque conjecture, ou quelque château en Espagne. Un petit bruit nous réveille. Il n'y a qu'une seconde que cet ensemble de rêveries était présent dans tous ses détails à notre pensée, et déjà nous n'en pouvons plus ressaisir le fil; souvent nous avons oublié jusqu'à l'idée principale. Nous sentons qu'un nouvel assoupissement pourrait peut-être nous rejeter dans le même ordre d'idées, mais que tout effort pour le retrouver, à l'état de veille, demeurerait impuissant. Serait-ce que les souvenirs *réellement* acquis, c'est-à-dire acquis par suite de sensations (physiques ou morales) *réellement* perçues, occuperaient des lors leur case spéciale, et garderaient une invariablement déterminée dans les archives de notre esprit? que l'imagination aurait bien le pouvoir de les en tirer, durant le sommeil, de les mélanger et d'en former les combinaisons les plus capricieuses, mais qu'elle n'aurait point cependant la force de graver ces produits nouveaux sur les tables de la mémoire, et qu'enfin, pour emprunter encore à la photographie une comparaison expressive, les images dues à la vie réelle seraient les seules qui laisseraient sur ces tables une empreinte durable, tandis que les compositions purement imaginaires s'évanouiraient comme une simple réflexion disparaît du miroir de la chambre noire, en l'absence des moyens qui la peuvent fixer.

Un artiste de ma connaissance comparait ce qui se passe alors dans la mémoire à ce qui s'opérerait devant nos yeux, si, tandis que nous contemplons quelque store orné de peintures, il venait tout-à-coup à s'enrouler. Pour moi, je me suis demandé s'il n'arriverait point qu'au moment où se brise la trame légère de ces combinaisons capricieuses, chacune des idées dont elle était formée irait, avec la rapidité du store qui s'enroule, reprendre sa place originairement et définitivement acquise dans les casiers de nos souvenirs. Ils resterait néanmoins ce problème à résoudre: pourquoi d'un songe à un autre, nous rappelons-nous parfois avec une lucidité parfaite toutes les particularités de l'une de ces situations imaginaires précédemment rêvées, dont le souvenir, au moment même du réveil, échappe à tous nos efforts de remémoration?

Je rêve une nuit que je viens d'assister à une scène de jalousie et de violence à la suite de laquelle un meurtre est commis sous mes yeux. Je m'éveille sous l'influence de la vive émotion que j'en éprouve, et cependant tout cela semble si vite effacé de ma mémoire que je ne trouve rien à consigner dans le journal de mes rêves, si ce n'est le seul fait de la rapidité avec laquelle le souvenir s'en est évanoui. Plusieurs semaines s'écoulent. Je fais alors un second rêve où je me crois appelé en justice pour témoigner de ce que j'ai vu. Je me rappelle à merveille: dans ce second rêve, et les moindres détails de la querelle, et la figure de la victime, et celle de son meurtrier.

Une autre fois, je crois voyager en wagon avec une famille composée d'un vieux monsieur, de sa femme, et de ses deux filles, très remarquables par la grâce de leur tournure et par la piquante originalité de leurs traits. Je m'éveille sans même conserver de leurs visages cette impression vague, qu'une rencontre agréable ou fâcheuse laisse toujours un moment dans l'esprit. La nuit suivante, je reprends en quelque sorte mon rêve; je me crois en Suisse, dans la salle à manger d'un hôtel, où je serais descendu la veille, ainsi que mes compagnons de chemin de fer. C'est l'heure du déjeuner. Le vieux monsieur vient s'asseoir avec sa famille, à une table vis-à-vis de la mienne; je revois avec une netteté parfaite les deux jeunes filles: et j'admire de nouveau tout à mon aise ces charmantes images, dont j'ignore, en résumé, si je dois le premier cliché-souvenir à ma mémoire ou bien à mon imagination.

Des faits analogues sont cités et affirmés par MM. Maury, Brière de Boismont et bien d'autres. Ces auteurs n'en donnent point l'explication et je ne prétends pas non plus l'avoir trouvée. Mon ambition n'étant point d'élucider toutes choses, mais au moins d'indiquer, autant que possible, tous les côtés curieux du sujet que nous étudions, je me contente de signaler cet ordre d'observations à l'attention des psychologues. J'aurai du reste l'occasion d'y revenir, en parlant du caractère et de la valeur des travaux d'esprit que l'on exécute en rêvant.

Une autre observation qui me frappe, c'est la constante disposition qu'a notre esprit de procéder par voie de dialogue, dans les retours qu'il fait sur lui-même, dès qu'il raisonne ou réfléchit. A peine le rêve commence-t-il, que déjà la conversation paraît engagée avec quelque personnage imaginaire. Or, ces dialogues nous fournissent souvent la mesure de l'étonnante sûreté avec laquelle notre mémoire sait grouper ensemble tous les traits distinctifs des personnages qu'elle a jugé à propos d'évoquer. Les rêves incohérents enfantent certainement de très ridicules inconséquences, mais dans une infinité de rêves lucides, avec quelle justesse, avec quelle vérité minutieuse nous prêtons aux gens qui sont nos interlocuteurs en songe les opinions qu'ils soutiendraient, les paroles qu'ils diraient, et jusqu'aux accents qu'ils sauraient prendre dans leurs discours! L'auteur dramatique qui s'applique à bien saisir certaines individualités afin de les introduire sur la scène obtient rarement; après beaucoup de travail, des portraits aussi finement et aussi sûrement dessinés.

A une époque où je fus chargé de rédiger une note d'une certaine importance, qui devait être lue à un conseil composé de trois personnes avant d'être définitivement adoptée, je rêvai, dans la nuit qui précéda le jour de cette lecture, que je venais précisément de la faire et que la discussion s'engageait à son sujet. L'une des trois personnes approuvait sans réserve; la seconde demandait seulement quelques modifications légères, dont elle indiquait le caractère et la portée. La troisième avait voulu d'abord des changements plus considérables, mais paraissait se rendre peu à peu à l'opinion motivée des deux autres, lorsqu'une circonstance fortuite me réveilla. Or, la lecture véritable ayant eu lieu, les choses se passèrent exactement comme dans mon rêve. Aux expressions près, la discussion fut presque identique.

Je ne vis rien là de surnaturel; mais je dus admirer pourtant la puissance d'induction dont mon imagination avait fait preuve, grâce au recueillement du sommeil.

Cette classe de rêves offre d'ailleurs une variante des plus remarquables. Sans nous faire les interprètes d'aucune individualité étrangère à la nôtre, il arrive aussi que nous trouvons en nous-mêmes, et par une sorte de dédoublement moral, tous les éléments d'une controverse très animée. Nous plaidons alors le pour et le contre des opinions qui nous occupent; tantôt nous sommes les avocats de l'une des causes qui se débattent, tantôt, juges plus ou moins impartiaux, nous croyons assister simplement à la discussion des êtres imaginaires que nous faisons parler. Je ne sache guère d'analyse plus fertile en observations curieuses, que celle de ces sortes de débats où notre conscience, nos instincts, toutes les voix intérieures de nos passions se font entendre par la bouche des personnages caractéristiques sous la forme desquels notre imagination a jugé à propos de les évoquer.

Toujours significatives, ces personnifications ont souvent leur poésie. Un de mes amis les plus intimes m'a rapporté que peu de jours avant de conclure un mariage, dont il s'est très bien trouvé d'ailleurs, mais à l'égard duquel il était encore très hésitant et très perplexe, par la crainte vague de l'inconnu, il eut un rêve dans lequel il écoutait alternativement les discours de deux femmes, qui lui donnaient des conseils appropriés aux circonstances, et qui s'efforçaient chacune de le persuader. L'une, jeune blonde, élégante et très jolie, faisait une peinture très vive du bonheur exceptionnel qu'il était permis d'espérer une fois dans sa vie, si l'on savait prendre pour femme une jeune fille vers qui l'on se sentît irrésistiblement entraîné. Elle traçait, en opposition, un tableau désolant de tous les regrets qui pouvaient suivre une union dépourvue de véritable sympathie. Elle n'admettait pas qu'on se mariât sans une inclination bien prononcée, estimant que la moindre hésitation, en pareille matière, devait arrêter court tout homme heureusement inspiré. L'autre, grave, moins jeune, et vêtue de noir, réfutait avec un sourire plus triste que sévère ces arguments passionnés. Elle appelait rêveries ce que l'avocat blond nommait sagesse; elle montrait le côté purement sérieux du mariage, le danger de certains enthousiasmes et de certaines réactions morales. Elle eût repoussé l'idée d'une union pour laquelle l'une des deux parties intéressées eût éprouvé la moindre répugnance, mais rien de semblable n'étant allégué, tandis qu'un grand nombre de conditions favorables étaient réunies, son avis était que cette dernière considération devait prévaloir.

L'ami qui m'a fait ce récit ne savait à laquelle des deux conseillères il devait s'en rapporter. Il était plus irrésolu que jamais après les avoir longuement écoutées, résultat fort naturel puisqu'il avait dialogué lui-même les sentiments qui se combattaient dans son propre cœur. A son réveil, il n'eut aucun souvenir d'avoir jamais connu ni l'une ni l'autre de ces deux dames, bien qu'en songe il ne se fût nullement étonné de les voir prendre autant de part à sa perplexité. Or, quiconque analysera bien ce rêve ne jugera-t-il pas qu'il avait eu précisément affaire à de très anciennes connaissances; que la forme seule sous laquelle elles s'étaient offertes aux yeux de son esprit était nouvelle; que c'étaient, en un mot, son imagination et sa raison ingénieusement personnifiées, dont il venait d'entendre les débats.

Voici deux autres rêves sous forme dialoguée, où ma mémoire fera preuve de la plus capricieuse inégalité.

«Je me crois dans une auberge d'Angleterre, causant en anglais avec mon hôte. Il me parle très vite et d'abondance. Je le comprends très bien, tout en ayant quelque peine à le suivre. Mais je cherche mes mots pour lui répondre, certaines expressions me manquent, mon oreille saisit une grande différence entre ma prononciation vicieuse, et celle du véritable Anglais que j'ai pour interlocuteur.»

— «Je rencontre dans la rue un jeune homme qui me paraît être de ma connaissance, je l'aborde; nous nous serrons la main, nous nous regardons attentivement — (Mon rêve est très lucide.)— Mais je ne vous connais pas du tout, me dit alors ce personnage, en continuant sa route. — Et moi, très confus, je suis forcé de m'avouer qu'en effet je ne le connaissais nullement.»

Dans le premier de ces deux rêves, ma mémoire trouve, pour faire parler une langue étrangère à un être imaginaire, une facilité d'élocution que je ne possède pas moi-même, à l'état de veille, et qu'elle ne me prête point d'ailleurs, dans ce même rêve, pour mes propres discours.

Dans le second, elle tire tout à coup de ses casiers une image qu'elle reconnaît vaguement de prime abord, mais qu'elle ne parvient pas à identifier ensuite; et l'imagination place dans la bouche de ce personnage problématique la réflexion qui m'est inspirée par la défaillance subite de ma mémoire elle-même.

Je lis encore dans mon journal une observation qui me paraît se lier assez naturellement aux précédentes:

« Je crois m'entretenir avec une personne que j'ai rencontrée jadis dans une ville d'eaux et je la prie de m'aider à retrouver le nom d'un château en ruines très pittoresque, autour duquel nous avons été ensemble nous promener. Elle ne se souvient de rien. Je lui rappelle plusieurs particularités capables de raviver ses souvenirs. Elle persiste à ne savoir ce que je veux dire, ou bien me cite des noms étrangers à celui que je cherche; et, moi, je m'impatiente et je m'irrite, ne comprenant pas comment, à l'aide d'indications aussi précises, elle ne parvient pas à me renseigner sur ce que je lui demande.»

N'est-ce point ici une sorte de querelle entre le *moi* et l'une de ses facultés, personnifiée en dehors de lui-même? L'étude de la façon dont s'opère le travail de l'esprit, dans de pareils rêves, ne serait-elle point de nature à faciliter celle des facultés de l'entendement chez l'homme éveillé?

Il suffit du reste qu'un acte de la mémoire, en rêve, semble dépasser la mesure habituelle des forces de cette faculté à l'état de veille, pour que l'imagination soit très disposée à expliquer le fait par quelque cause placée en dehors de nous.

C'est ainsi que m'étant remémoré tous les détails d'une discussion scientifique, dont j'avais été témoin quelques années auparavant, je me figurai qu'une relation écrite m'en était lue. Dans un autre songe non moins lucide, où toute une série de petits faits anecdotiques sur un sujet d'histoire m'était revenue très nettement et très méthodiquement à la mémoire, j'imaginai que j'en écoutais le récit de la bouche d'un professeur en chaire. Particularité bien remarquable, et qui montre à quel point nous sommes loin de soupçonner notre propre acquis, je croyais entendre pour la première fois tout ce que je me racontais ainsi à moi-même; j'en trouvais l'inattendu plein de charme, et j'admirais l'amusante érudition de l'orateur.

Dans un autre rêve: «Je crois interroger une somnambule sur plusieurs questions qui m'intéressent très fort. Elle répond à tout avec une connaissance de mes plus secrètes pensées dont je demeure abasourdi. Elle me donne des conseils et des éclaircissements qui me frappent par leur justesse. J'étais étonné de n'avoir pas deviné moi-même les vérités qui m'étaient démontrées, et cependant la mise en lumière de ces vérités n'était que le résultat des rapprochements et des déductions opérés dans mon propre esprit.»

A l'égard de tous ces discours tenus par les personnages de nos songes, remarquons encore que le fait d'être l'expression de nos propres pensées n'empêche point qu'ils ne renferment souvent pour nous beaucoup d'imprévu réel. Les réponses du personnage imaginaire avec lequel nous croyons nous entretenir se formant en quelque sorte à notre insu, sans aucun effort de notre part, et par le seul effet de l'association des idées, il en peut résulter des raisonnements et des retours de mémoire qui nous étonnent, parce que nous ne les aurions jamais faits étant éveillés.

Il arrive aussi très souvent qu'une phrase ou même un mot de ces conversations nous jette tout à coup dans un rêve tout différent, en évoquant instantanément un autre ordre d'idées, et cela par une si brusque transition, que nous ne songeons même plus à la question qui a motivé ce changement à vue.

L'illusion de nous croire étrangers au travail de notre propre mémoire accroît d'ailleurs sensiblement la puissance de cette faculté, toujours d'autant plus expansive qu'elle se développe plus spontanément. Ce qui se passe en rêve est alors assez conforme à ce que nous pouvons observer à l'état de veille, où, pour retrouver quelque motif musical ou ressaisir quelques vers, quelques fragments littéraires qui nous échappent, nous ne savons rien de mieux que d'essayer de répéter ce peu que nous nous en rappelons tout machinalement. Nous invitons ainsi notre mémoire à se tirer d'affaire elle-même; nous reconnaissons instinctivement que les efforts de notre attention ne serviraient qu'à la troubler ou à la dérouter.

Les exemples qui précèdent ont peut-être déjà résolu, dans le sens de l'affirmative, la question de savoir si la mémoire acquiert pendant le sommeil un degré de puissance quelle n'a jamais chez l'homme éveillé. Passons en revue maintenant quelques relations de songes, où la puissance créatrice de l'imagination soit particulièrement mise en jeu.

«Je crus voir, en rêve, une jeune fille vêtue à l'antique, qui jouait sans se faire aucun mal avec plusieurs morceaux de fer rougis au feu. Chaque fois qu'elle y touchait, de longues flammèches demeuraient un instant suspendues à ses doigts, et quand elle frottait ensuite ses mains l'une contre l'autre, il en jaillissait une pluie d'étincelles qui s'éparpillaient avec bruit.»

Il est évident que je n'ai rien pu voir de semblable dans la vie réelle, du moins quant à l'ensemble de ce tableau; cependant, chacune des images qui composaient cet ensemble a pu être isolément recueillie par ma mémoire. J'ai pu voir dans quelque tableau véritable, une jeune fille vêtue de la même manière. J'ai certainement vu en réalité des flammèches, des étincelles, etc. Ce rêve composé ne présente donc rien de concluant, quant à la puissance créatrice de l'imagination; mais étudions cet autre: peu importe qu'il soit absurde et puéril dans la forme, s'il est probant quant au fond.

«Un appareil en verre d'une forme bizarre est posé devant moi, sur une table très basse. Il paraît rempli d'eau, et je ne sais quel personnage m'apprend que ce liquide a le pouvoir de rendre transparents, sans pour cela leur ôter la vie, tous les animaux qu'on y plonge durant quelques instants. Je m'étonne et j'émets des doutes; chose assez naturelle. Un chat miaulait, en ce moment, dans un coin de la chambre; je le prends, je le jette dans l'appareil, et j'examine le résultat. Or, je vois l'animal perdre peu à peu son premier aspect pour devenir lumineux, translucide, diaphane, enfin, comme le cristal même. Il semble tout à fait à son aise au milieu du récipient; il nage, il s'allonge, il attrape bientôt une souris transparente comme lui, que je n'avais point encore aperçue; et, grâce à la transmutation singulière opérée chez ces deux êtres, je distingue les débris du malheureux rongeur qui descendent dans l'estomac de son féroce ennemi.»

Ai-je jamais pu voir en réalité rien de semblable? A supposer même que l'idée de cette digestion apparente ait pu m'être suggérée par de vagues souvenirs du microscope à gaz, mon imagination a toujours pris à ce rêve une part bien caractérisée, puisque c'est un chat très distinct et non pas un animalcule infusoire que j'ai contemplé curieusement.

Une autre nuit, qui suivit un jour où j'avais regardé longtemps et très attentivement une collection de porcelaines de Chine, «je vis en rêve une foule de petites figurines lilliputiennes, construites et vêtues avec toute la bizarrerie de proportions, de formes et de couleurs qui caractérise la peinture céramique du Céleste Empire. Tout cela marchait, se mouvait, agissait, se montrait, en un mot, sous des aspects tout à fait différents de ceux que ma mémoire aurait pu retenir d'une façon stéréotype.»

Je passe une dizaine d'exemples analogues, et j'arrive à quelques dernières observations, de date plus récente, qui achevèrent de porter la conviction dans mon esprit: «Je me sentais bien endormi; tous les petits objets qui meublent mon cabinet de travail s'offraient nettement aux yeux de ma pensée. Arrêtant alors mon attention sur un plateau de porcelaine d'une grande originalité de décors, qui me sert à poser mes crayons et mes plumes, et qui est parfaitement intact, je me pris tout à coup à faire le raisonnement que voici: jamais je n'ai pu voir cette porcelaine autrement qu'entière. Qu'arriverait-il donc, si je la brisais dans mon rêve? Comment mon imagination se représenterait-elle le plateau brisé? J'exécute aussitôt l'acte imaginaire de le mettre en pièces. J'en saisis les morceaux, je les examine attentivement; j'aperçois les cassures avec leurs arêtes vives, je distingue les figures décoratives divisées par des brisures dentelées, et incomplètes en plusieurs endroits. Rarement j'avais rien rêvé d'aussi lucide. Bientôt je tombai et, pendant quelques instants, je demeurai dans une illusion qui montre assez bien, du reste, quelles intermittences de conscience et d'oubli de ma situation je subis alternativement en rêvant. Impatient de consigner ce que je venais d'observer, je croyais avoir déjà pris la plume, et je continuais mon rêve en me figurant que j'écrivais la relation de ce rêve lui-même. Bientôt je recouvrai le sentiment de ma situation véritable; je fis un effort qui secoua le sommeil, et je me réveillai pour de bon.»

— «Je me regardais dans un miroir magique où je me vis tour à tour sous les aspects les plus différents: coiffé et rasé de toute manière, rajeuni d'abord et singulièrement embelli, ensuite bouffi, jauni, malade, édenté, vieilli de vingt ans. Mon visage passait graduellement par ces modifications successives, et prit enfin une expression si effrayante que je m'éveillai en sursaut.»

— «Je ne saurais définir dans quel monde fantastique, ou pour mieux dire dans quel chaos je me suis cru cette nuit. J'étais emporté rapidement par une force inconnue, à travers des espaces peuplés d'énormes choses auxquelles il m'eût été difficile de donner un nom, et qui couraient dans le vide ainsi que moi. Il semblait que ce fussent de petites planètes, ayant presque la forme d'animaux monstrueux. Je croyais à tout instant que j'allais me briser contre celles qui venaient à ma rencontre, et puis, au lieu de cela, je les pénétrais comme des ombres, sans subir le moindre choc, sans ressentir d'autre impression que celle d'une obscurité momentanée, pendant le temps que j'imaginais passer à l'intérieur de ces étranges bolides. Déjà, je ne m'effrayais plus de leur approche, lorsque j'en aperçus un qui consistait en une agglomération de corps humains, transpercés et enchevêtrés de telle sorte que la tête ou les bras de l'un paraissaient soudés au milieu du dos ou de la poitrine d'un autre, et qu'on ne distinguait pas, dans cette masse de chair, un seul corps tout entier. L'idée que j'allais être jeté là dedans me fit horreur, et le sentiment de la réalité me revenant sous l'influence de l'émotion que j'éprouvais, je secouai ce vilain rêve si plein de bizarres impossibilités.»

Il faut donc accepter en principe, et cela sur la foi d'observations nombreuses, que l'imagination peut mettre en œuvre de telle sorte les matériaux fournis par la mémoire, qu'elle arrive à en former des images vraiment inédites dans leur ensemble, et telles que jamais rien de semblable n'ait frappé nos yeux en réalité. Mais, maintenant, où cette puissance créatrice s'arrêtera-t-elle? L'imagination pourra-t-elle sous l'influence du sommeil atteindre un degré d'exaltation égal dans son genre à celui dont fait preuve notre mémoire? Ces deux phénomènes psychologiques ne seraient-ils pas solidaires? L'invention ne serait-elle pas à l'imagination et à la mémoire ce que le jugement est à l'attention et à la comparaison? Je laisse le lecteur méditer lui-même sur ces questions que je ne me hasarderais pas à résoudre, et je le fais juge aussi des inductions à tirer du rêve ci-après. Il est de ceux que je rapporte d'ailleurs à titre de problème à résoudre, plutôt que de preuve à l'appui de quelque proposition bien nettement définie.

Je rêvais que je m'exerçais à copier de mémoire, afin de le bien apprendre par cœur, une sorte de discours à prononcer. J'avais lu mon brouillon d'un bout à l'autre, et j'essayais de le transcrire sans le regarder. De temps en temps j'hésitais; ma plume demeurait suspendue, la mémoire me faisant défaut. Alors, j'avais recours au brouillon; je vérifiais le passage indécis, et je ressaisissais *immédiatement* le fil de la composition, comme si j'avais eu, en réalité, un texte écrit sous les yeux.»

Une énigme psychologique assez étrange n'est-elle point posée par ce rêve-là? Lorsque, dans la réalité, nous consultons un manuscrit pour nous rappeler les idées que l'écriture y a consignées, c'est la vue qui vient au secours de notre mémoire, grâce à la médiation effective des signes conventionnels *réellement* fixés sur le papier; mais, en songe, où tout n'est qu'illusion et travail intellectuel de l'imagination et de la mémoire, de quelle façon pouvait procéder mon esprit pour que ma mémoire semblât secourue par ce seul fait de croire consulter un manuscrit, qui ne pouvait lui-même apparaître aux yeux de mon esprit que par un effort de l'imagination ou de la mémoire, sinon par l'active réunion de ces deux facilités?

Bien des questions de ce genre resteront longtemps en suspens. Celles qui intéressent directement la mémoire auront parfois leur solution précise, lorsqu'un concours particulier de circonstances permettra de reconnaître qu'il y a eu simple travail de cette faculté, là où l'on aurait cru d'abord que l'imagination avait tout fait. Mais, en réfléchissant à certains tours de force de la mémoire, on hésitera souvent à affirmer que telle scène ou tel tableau qui nous étonne soit bien une œuvre exclusive de notre pouvoir d'imaginer.

Que décider, par exemple, à l'égard de la dernière observation que voici: «Je feuilletais, en rêve, un grand album rempli d'aquarelles et de gouaches d'une exquise finesse, qui représentaient alternativement, mélange assez bizarre, tantôt un monument d'architecture, et tantôt un modèle de tapisserie. Les monuments me semblaient aussi remarquables par leur beauté que par la diversité de leurs styles. Les modèles de tapisserie m'enchantaient par le mariage des couleurs, autant que par l'originalité des dessins. L'un de ces dessins, surtout, me plaisait tellement que j'allais demander au propriétaire de l'album la permission de le copier, lorsqu'à mon grand regret je m'éveillai.»

Durant quelques instants, bien qu'éveillé, j'eus encore ce charmant dessin si présent aux yeux de l'esprit qu'il me paraissait peint sur les rideaux de mon lit, et que j'espérai le retrouver sous mon pinceau. Mais, à peine levé, je reconnus, une fois de plus, avec quelle rapidité s'évanouissent les impressions de certains songes. Je ne sus même pas ébaucher un vague croquis. Quant à avoir jamais vu rien de semblable en réalité, je n'en ai pas le moindre souvenir.

Est-ce donc à l'imagination créatrice, portée par l'action du sommeil à un degré merveilleux de puissance, qu'il faut attribuer la composition instantanée de tous ces dessins? Ou bien est-ce la mémoire qui, sous l'empire d'une concentration de forces non moins surprenante, et grâce à l'association des idées, a su tirer immédiatement de ses arcanes les plus secrètes, et réunir comme en un album, toute une série de souvenirs récoltés par elle à son insu[86]. Quelle que soit celle de ces deux explications vers laquelle on incline, le fait en lui-même demeure

[86] On n'oublie pas ce fait, hors de contestation, je crois, que l'imagination en rêve, fait souvent passer d'une classe dans une autre les visions évoquées par la mémoire. *Le cliché-souvenir* d'une mosaïque peut devenir l'image d'un vitrail, celui d'un vitrail figurer une tapisserie, etc.

d'autant plus digne d'attention qu'il n'est point du tout exceptionnel. Bon nombre de personnes m'ont dit qu'elles avaient eu des visions analogues; c'est-à-dire qu'elles avaient cru voir, en songe, avec une netteté parfaite, des ouvrages d'art ou de fantaisie qu'elles ne se souvenaient nullement d'avoir jamais aperçus, et qu'elles se considéraient d'ailleurs comme absolument incapables d'imaginer à l'état de veille.

Ce que j'ai dit de la mémoire, dans les pages qui précèdent, s'applique à la mémoire en général. Je terminerai par une observation relative à la mémoire particulière que l'on peut garder, dans un même songe, des divers épisodes dont il est formé. S'agit-il d'une série de scènes et de tableaux qui se suivent et qui s'enchaînent avec une certaine logique, on se rappelle très bien leurs moindres détails; on peut y revenir par la pensée, les comparer, et raisonner plus ou moins juste à leur égard. Mais y a-t-il transition brusque d'un sujet à un autre, par suite de quelqu'une de ces innombrables abstractions qui abondent dans nos rêves, l'esprit perd momentanément jusqu'à la moindre réminiscence de l'ordre d'idées qui a précédé. C'est au réveil seulement qu'on s'en souvient.

Affirmatif dans les faits que j'ai constatés, je suis beaucoup plus réservé dans les explications que j'en propose. Je crois pourtant que ce phénomène s'explique assez bien par l'exclusive attention que l'esprit apporte, en rêve, à l'ordre d'idées dont les images lui sont présentes. Le point de suture qui s'est spontanément opéré lui échappe, et demeure comme une barrière qu'il ne cherche jamais à franchir. La réflexion serait donc paralysée par la vivacité même de l'attention.

L'étude des abstractions, des superpositions, des fusions d'idées ou d'images, en songe, pourrait évidemment trouver place dans ce chapitre consacré à la mémoire et à l'imagination. Divers motifs m'ayant déterminé, toutefois, à consacrer à ces opérations de l'esprit une section spéciale du chapitre où je cherche à analyser la marche et le tissu des rêves, on devra s'y reporter au besoin, comme à l'annexe complémentaire de celui-ci.

V

OBSERVATIONS SUR L'EXALTATION DE LA SENSIBILITE MORALE ET DE LA CONCEPTIVITE INTELLECTUELLE EN REVE, ET SUR LES TRAVAUX DE L'ESPRIT QUE L'ON EXECUTE EN REVANT

De l'exaltation de la sensibilité, en général. — Distinction entre les travaux scientifiques et les travaux littéraires exécutés en rêve, au point de vue de la valeur qu'ils peuvent avoir. — Vers composés en dormant. — Rêve d'un joueur d'échecs et enseignements qu'il comporte, quant à la puissance imaginative. — Comment un songe peut se réaliser sans que ce fait ait par lui-même rien de merveilleux. — Rêve d'un mathématicien illustre, — Influence de certains rêves sur le moral des hommes et sur les actions de leur vie réelle.

La nature ne nous accorde évidemment, à l'état normal, qu'une puissance de tension relativement médiocre sur les cordes de la sensibilité morale ou physique. Sachant bien que nous serions disposés souvent à en abuser, s'il nous était permis de porter la puissance active ou perceptive à ses limites extrêmes, elle a laissé une très grande latitude entre ce que nous pouvons commander habituellement à nos organes et ce qu'il leur serait réellement possible d'exécuter. Aussi voyons-nous se produire, sous l'influence de certains états exceptionnels, des phénomènes merveilleux en apparence, qui ne sont cependant que la révélation momentanée des ressources permanentes de notre organisme. La catalepsie, le somnambulisme, la fièvre cérébrale, les aliénations mentales, l'exaltation de l'enthousiasme, de la frayeur et du désespoir ont souvent fourni des exemples frappants de cette vérité. Mais est-il nécessaire de recourir à ces phénomènes plus ou moins morbides pour constater des manifestations analogues de la puissance active et perceptive? Dans cet isolement du monde extérieur qui lui permet de condenser, pour ainsi dire en elle-même, toute la chaleur, toute la puissance, toute la vivacité de ses émotions et de ses pensées; sous l'empire de cet état appelé sommeil, qui ferme les yeux du corps aux perceptions nouvelles pour ouvrir ceux de l'esprit sur les richesses enfouies de la mémoire; alors que la nuit se fait au dehors tandis que l'illumination se fait au dedans, l'âme ne peut-elle atteindre à un degré de sensibilité très supérieur à celui dont elle est susceptible à l'état de veille? Cette question est celle que nous allons d'abord examiner, plus attentivement que nous ne l'avons fait encore. Tous les auteurs nous ont dit oui; chacun de nous se l'est souvent dit à lui-même, au sortir de quelqu'un de ces songes poignants ou super-sensuels qui avaient noyé son cœur dans la douleur ou le plaisir. Des gens habituellement très calmes et très pacifiques se rappelleront qu'ils ont senti s'allumer en eux, sous l'empire de certaines visions irritantes, toutes les foudres du courage aveugle et de la colère la plus exaltée. Des hommes peu impressionnables d'ordinaire avoueront qu'ils ont fait peut-être un de ces rêves chimériques à la suite duquel ils sont restés durant quelques instants, et bien que réveillés, sous l'impression d'une réelle terreur. Le sentiment du doux et du beau, l'horreur du vide, de l'obscur, de l'inconnu peuvent prendre, surtout dans ces moments si courts, des proportions vraiment extraordinaires. Le fait n'ayant pas besoin d'être discuté en principe, nous passerons immédiatement à l'examen de ses conséquences, et nous rechercherons en particulier le caractère que cette exaltation de la sensibilité morale peut imprimer aux conceptions de l'esprit durant le sommeil.

Divers exemples de ces sortes de travaux sont devenus célèbres et presque historiques, à force d'être cités. J'en ai mentionné quelques-uns dans ce volume, y compris la fameuse sonate de Tartini, connue sous le nom *de Sonate du diable.* L'illustre savant J. B. Biot me rapporta qu'il avait plusieurs fois travaillé utilement en rêvant; Cardan disait qu'il avait enfanté en songe un de ses ouvrages; Condillac atteste le même fait; Voltaire crut un jour avoir rêvé le premier chant de la *Henriade* autrement qu'il ne l'avait composé; mais il est à remarquer, que si l'on rencontre des savants, des mathématiciens, des musiciens ou des artistes ayant su tirer parti des inspirations de leurs rêves, on voit au contraire les littérateurs et les poètes qui se sont figuré avoir composé en dormant des choses admirables avouer avec regret qu'ils n'ont pu s'en souvenir à leur réveil. La *Sonate de Tartini* nous est restée; nul fragment de cette variante de *la Henriade* rêvée par Voltaire ne fut reconstruit.

Que l'on retienne le souvenir d'un calcul, d'une conception artistique, d'un motif musical, compositions relativement homogènes, plus aisément qu'on ne garde celui d'une pièce de vers, mosaïque d'idées et de mots qui demande à être saisie dans tous ses détails et non pas seulement dans son ensemble, il n'y a là qu'un premier fait s'expliquant d'ailleurs très naturellement; mais si les écrivains et les poètes parvenaient, par un effort de mémoire, à reconstruire littéralement ces inspirations de leur sommeil dont ils étaient si enthousiasmés, je suis persuadé que leur déception serait complète, du moins dans le plus grand nombre des cas. C'est là un second point à l'égard duquel je me suis formé une opinion assez arrêtée, tant par mes observations personnelles que par celles d'un de mes amis, auteur aimé du public, qui s'étant appliqué à se remémorer ses rêves et en ayant acquis une grande habitude, me raconta, entre autres faits, celui qui suit:

Il avait rêvé qu'il se sentait en verve, que des vers charmants naissaient pour ainsi dire d'eux-mêmes sous sa plume, qu'il venait surtout d'improviser une petite pièce qui lui semblait un chef-d'œuvre. La joie l'éveille; la crainte d'oublier stimule sa mémoire; il récite tout haut en s'éveillant les deux dernières strophes (les seules qu'il ait pu se rappeler), il les répète, il les écrit les yeux à demi ouverts. Quelle est donc sa surprise de lire ensuite, à tête reposée, ce que voici:

> Le cygne aux ailes d'or étalait sa richesse,
> Et courait dans les fleurs au lieu de voltiger;
> Moi, je voulais cueillir la forme enchanteresse
> De celle qui fuyait comme un sylphe léger.

L'air était parfumé de sable aux couleurs *vives*,
Et le sentier neigeux se perdait dans les lis.
Je glissais mollement comme une ombre qui *passe*,
Le cœur noyé d'amour et les yeux éblouis.

Cette incohérence dans les idées, ce singulier oubli de la rime, il ne s'en était pas même aperçu avant de s'éveiller. Des images séduisantes par leur éclat, par leur grâce, par leur étrangeté féerique captivaient trop vivement son attention pour qu'il pût la fixer ailleurs. Il croyait poursuivre une forme enchanteresse à travers un jardin magique. Il croyait lui-même avoir des ailes. Son cœur débordait de sensations délicieuses: l'ivresse morale était à son comble. Ses vers suivaient le désordre de ses pensées; les mots qu'il employait le charmaient parce que n'ayant ni le temps, ni la liberté d'en peser la valeur intrinsèque, il confondait dans le même enthousiasme et ce qu'il avait voulu rendre, et ce qu'il avait réellement rendu.

Telle est du moins la façon dont je m'explique ce genre d'illusions très fréquent dans nos rêves, que plus de vingt observations personnelles m'ont permis d'analyser. S'agit-il de concevoir la composition d'un tableau, d'écouter pour ainsi dire intérieurement une inspiration musicale, de suivre en ligne droite, une série de déductions mathématiques, de procéder par voie d'intuition, ou de progression simple? Le travail exécuté en rêve sera quelquefois supérieur à celui-là même qu'on aurait accompli étant éveillé. Mais s'il s'agit d'ouvrages qui exigent, tout à la fois, le libre usage d'une saine critique, d'une inspiration contenue et d'un jugement réfléchi, j'estime qu'il en sera tout différemment. L'exaltation de certains sentiments, qui est le propre de ces sortes de rêves, ne se produit point sans en atténuer considérablement certains autres, et sans rompre ainsi le juste équilibre d'appréciations qui constitue le goût.

Tous ceux qui écrivent ou qui ont écrit savent qu'il existe deux éléments bien distincts dans le travail littéraire: la conception du sujet, qui peut être rapide ou même instantanée, l'expression qui, si facile qu'elle soit, exige toujours cependant un peu d'attention et du travail. Or, sous l'influence d'un rêve enthousiaste, la beauté du sujet qui nous occupe consiste le plus souvent dans l'extrême sensibilité avec laquelle nous en sommes pénétrés; quant à l'expression, elle est rarement heureuse. De même, certaines plaisanteries, certains jeux de mots, qui nous paraissaient charmants en songe, se réduisent, la plupart du temps, à des platitudes si l'on s'en souvient au réveil.

Constater par soi-même la vérité de cette assertion ne sera pas difficile. En pénétrer les causes demeurera nécessairement plus problématique.

L'esprit si rapidement emporté, si fortement occupé par la vivacité des sensations ou des images dont il perçoit instantanément toutes les délicatesses, est-il trop complètement absorbé pour trouver l'expression, ainsi que nous venons de le supposer; ou bien, les mots qu'il choisit se présenteraient-ils à son esprit avec tout un cortège mnémonique d'impressions particulières, que l'association des idées y aurait attachées dans ses souvenirs?

A qui de nous n'est-il pas arrivé, en lisant quelques phrases ou quelques mots d'un livre qui ne nous émotionnait par lui-même en aucune façon, de sentir tout à coup réveillées par ces mots ou ces paroles insignifiantes des réminiscences agréables ou pénibles, qui se retraçaient spontanément dans notre mémoire avec une extrême vivacité? La même lecture n'eût rien produit sur toute autre personne que nous-même, et nous ne saurions plus nous expliquer l'émotion que nous avons éprouvée, si nous venions à relire ensuite les mêmes passages, sans être sous l'impression des mêmes souvenirs.

Faudra-t-il trouver là quelque contradiction avec ce que nous avons eu l'occasion de remarquer précédemment, à savoir, combien dans les vives discussions que nous croyons avoir en rêve les ripostes se suivent avec logique et les caractères de chacun sont finement gardés? Je ne le pense pas, car ici le phénomène physiologique est essentiellement différent. Ce n'est plus sur un concert d'idées que l'esprit s'exerce. La surexcitation morale, croissant avec l'ardeur de la controverse, centralise toute la puissance imaginative sur une idée simple et unique (ce qu'un contradicteur peut nous répondre et ce que nous pouvons lui répondre à notre tour). C'est la loupe promenant successivement son foyer lumineux d'un point à un autre, phénomène que nous avons exposé ailleurs et qui mérite assurément quelque attention. Jusqu'où pourraient aller sur cette route ascendante et la vivacité de l'esprit et la lucidité de la mémoire? Ce serait aussi difficile à déterminer, je crois, que la limite de l'effort musculaire chez les sujets en proie à certaines crises nerveuses. Mais comme attestation de ce redoublement d'énergie dont la mémoire et l'imagination sont capables dans certains songes, voyons encore deux témoignages intéressants. L'un m'est fourni par un joueur d'échecs, ce jeu qui est une science; l'autre me fut communiqué par un mathématicien illustre, que je ne saurais nommer dans un livre où je garde moi-même l'anonyme. Je dirai toutefois qu'il en avait fait part lui-même à plusieurs de ses collègues de l'Institut, à l'époque où fut mis au concours le prix décerné plus tard à M. Lemoine.

Voici d'abord ce que me raconta le joueur d'échecs: Avant de se coucher et de s'endormir, il s'était inutilement efforcé de résoudre un problème difficile, un *mat* en six coups dans des conditions exceptionnelles. Il rêve que l'échiquier est toujours devant ses yeux, il revoit chaque pièce à son poste; il continue d'étudier: mais cette fois la solution cherchée lui apparaît avec une lucidité merveilleuse. La partie marche et s'achève; il a vu successivement et très nettement la physionomie de l'échiquier après chaque mouvement ou chaque prise. Il se réveille fort étonné, ayant encore si bien présente à l'esprit la dernière combinaison qu'il ne résiste pas au désir d'en vérifier immédiatement la justesse. Il se lève donc, il dispose l'échiquier, remonte dans ses souvenirs et constate l'exactitude du résultat.

A quoi tient surtout la supériorité de certains joueurs, tels que la Bourdonnaie, Murphy, etc.? à l'aptitude que possède leur esprit d'embrasser un très grand nombre de combinaisons possibles, pour ainsi dire d'un seul coup d'œil de la pensée, comme un général qui non-seulement reconnaîtrait de loin tous les accidents de terrain d'un champ de bataille et toutes les ressources de l'ennemi, mais saurait prévoir encore toutes les conséquences éventuelles de tous les changements de position exécutables de part et d'autre.

Eveillé, le joueur qui m'a raconté son rêve eût été incapable de se représenter mentalement, et par le seul effort de sa pensée, la série complète des combinaisons à parcourir depuis la situation donnée qui formait ce problème à résoudre, jusqu'à la disposition finale entraînant le *mat* inévitable. Il aurait dû, de toute nécessité, pour bien saisir ces combinaisons successives, faire manœuvrer en *réalité* sur son échiquier les pièces engagées, et se rendre ainsi compte, *de visu*, de tous les mouvements opérés. Endormi, il exécutait aisément ce qui, pour tout autre que l'un de ces joueurs exceptionnels dont nous avons parlé, serait réputé un tour de force. Il y a donc eu chez lui accroissement considérable de la puissance imaginative et calculatrice pendant son sommeil.

La répétition automatique d'une sensation antérieurement perçue (de quelque manière qu'on la comprenne) pourrait bien reproduire aux yeux d'un songeur la disposition d'un échiquier telle qu'il l'aurait vue avant de s'endormir, mais non pas évidemment lui procurer des visions que n'aurait jamais eues sa rétine. Ici, les divers aspects de l'échiquier, formant la série des coups qui ont amené le *mat*, n'avaient jamais été perçus par le dormeur, puisque c'était là précisément l'inconnu qu'il cherchait avant de s'endormir.

Il y a donc eu représentation aux yeux de l'esprit de tableaux composés par la seule imagination, et non point fournis par la mémoire.

L'imagination peut donc *créer*, en songe, dans le sens d'enfanter des visions inédites, formées, il est vrai, de matériaux déjà contenus dans la mémoire, mais comme les combinaisons fortuites du kaléidoscope sont formées des divers cristaux que l'instrument renferme, ou comme un néologisme rationnel est composé de racines que l'on connaissait.

Ces conséquences naturelles de ce qu'on vient de lire nous conduiront nécessairement aux réflexions que voici:

Si la puissance imaginative de l'esprit, condensée pour ainsi dire à l'état de rêve, peut quelquefois poursuivre plus aisément qu'à l'état de veille toute une série de calculs et d'opérations, avec cette particularité notable et propre aux rêves de pouvoir se représenter les tableaux successifs qui en sont solidaires comme si on les voyait en réalité, sera-t-il surprenant qu'on puisse poursuivre aussi, dans ses déductions logiques (et peut- être même avec un instinct plus juste), tout un enchaînement de causes ou d'effets dont le point de départ sera quelque état de choses présent qui nous préoccupe, et le développement ses conséquences probables, telles que nous sommes conduits à les supposer?

Faudra-t-il dès lors s'étonner beaucoup de certains songes en apparence prophétiques, de certaines prévisions d'événements futurs qui se réalisent ensuite comme on les avait rêvés? Ou bien ne devra-t-on pas se dire que puisqu'en définitive penser à une chose en songe, c'est y rêver; le fait de rêver l'accomplissement d'un événement possible et surtout probable n'est pas plus merveilleux que celui d'en avoir la pensée quand on est éveillé?

Qu'une voix nous crie en rêve ces prédictions, que ce soit un inconnu qui nous les révèle, ou toute autre illusion analogue, il est clair qu'il y aura identité de causes, identité de faits et de résultats.

Déjà ces questions ont été soulevées dans le chapitre consacré particulièrement à l'imagination et à la mémoire, et peut-être même en ai-je déjà parlé dans des termes analogues à ceux que je viens d'employer; mais j'ai prévenu le lecteur que je ne craindrais pas de me répéter chaque fois qu'à l'occasion de quelque observation nouvelle l'affirmation d'une opinion précédemment émise semblerait s'offrir de nouveau.

Arrivons à la seconde communication qui me fut faite:

Après avoir noté quelques préoccupations de la veille, auxquelles il attribuait la tournure que ses idées avaient prise pendant son sommeil, et après avoir exposé qu'il avait commencé par se croire lancé dans l'espace sans rien distinguer qu'un énorme vide, et sans entendre d'autre bruit que celui d'une voix qui lui répétait de temps en temps qu'il allait connaître un grand secret; le savant, de qui je tiens la relation écrite qu'on va lire, poursuivait ainsi: «Je me crus transporté, en rêve, dans une sorte de temple sombre, immense, silencieux. Une irrésistible curiosité mêlée d'épouvante m'attira vers un autel de forme antique, le seul point éclairé de cette solitude mystérieuse. Une émotion indicible m'avertissait que j'allais assister à quelque chose d'inouï. J'aperçus alors une sorte d'embryon, moitié noir et moitié blanc, s'agitant dans une enveloppe à demi transparente, qu'il cherchait à rompre et qui avait la forme d'un œuf. Je mis la main sur cette enveloppe en mouvement. Il en sortit un enfant. C'était une parabole, pensai-je. Et je me sentis inspiré, et mes lèvres se mirent à prononcer d'elles-mêmes (quelque esprit supérieur me paraissant prophétiser par ma propre bouche) toute une série d'axiomes et de sentences en vers qui me remplissaient d'étonnement et d'enthousiasme; car j'avais la persuasion que je devrais y découvrir un sens très important, dont la dernière strophe me donnerait la clef. — Toutefois, je sentais aussi que j'oubliais ces révélations à mesure quelles m'étaient faites, et j'en ressentais un vif chagrin. Oh! si je pouvais me les rappeler, me disais-je; et comme je reconstruisais péniblement quelques vers, un être, dont je ne distinguais qu'imparfaitement la nature et la figure, mais qui pourtant me semblait humain, se mit à me répéter mot pour mot tout ce que je venais de dire moi-même, sans hésitation, sans lacune, de telle sorte que j'en reconnaissais les moindres mots. — Malheureusement, quelques efforts que je pusse faire, tout rentrait pour ma mémoire dans une nuit profonde aussitôt qu'il avait parlé. Cela me causait un grand tourment. La supériorité de cet être inexpliqué m'inspirait une sorte d'écrasement moral. Qui êtes-vous donc, lui demandai-je enfin, vous qui vous souvenez mieux que moi de ce que j'ai improvisé moi-même; vous qui me laissez entendre que si je possédais comme vous la mémoire et l'arrière-mot de tout ceci, j'aurais déjà saisi ce secret surnaturel dont je n'ai qu'une vague intuition?—Il me prit alors les deux mains, et me regarda jusqu'au fond de ma pensée la plus intime avec des yeux de feu qui me pénétraient d'une véritable terreur.—Tandis que son corps se perdait dans une ombre indécise, sa tête était lumineuse et de proportion colossale, et, chose étrange, me paraissait comme la reproduction de mon propre visage réfléchi par quelque miroir fantastique. — Qui donc es-tu, lui répétai-je, toi que je brûle de connaître, toi qui lis, je le sens, jusqu'au fond de mon âme? Un moment il garda le silence; puis, il me répondit: TOI-MEME! et sans bien m'expliquer la portée de sa réponse, j'eus tout d'abord la conviction qu'il disait vrai, qu'il était la partie *désaveuglée* de cette dualité que je ne pouvais comprendre; mais dont le secret était précisément enfermé dans la parabole de l'enfant moitié blanc et moitié noir. Si tu es moi-même, repartis-je, pourquoi donc me fais-tu peur, et pourquoi me regarder de cette façon railleuse? Il ne me répondit plus rien, malgré tout le désir que j'avais de l'entendre parler encore, et bien que je pensasse les mots *âme divine* il ne les prononça pas comme il avait prononcé les mots toi-même; il continuait seulement à me fasciner de son regard pénétrant, quand je m'aperçus que je rêvais, en sentant que je commençais à me réveiller.

«Durant cette courte période qui sépare le parfait sommeil du réveil complet, alors qu'on est partagé entre deux mondes, je fis de très grands efforts pour me rappeler les principaux tronçons de ce rêve qui m'avait si fort émotionné, et dans lequel j'étais persuadé que de grandes révélations psychologiques étaient en germe; mais il me fut impossible d'en ressaisir, autrement que par éclairs fugitifs, quelques idées générales. Quant au fil qui reliait ces idées les unes aux autres, quant aux vers qui les exprimaient, je n'en retrouvais aucun souvenir. Ce qui me resta de plus précis, ce fut une comparaison suivie entre les végétaux renfermés tout entiers dans leur graine, et de grandes vérités tout entières aussi dans un principe qu'il fallait savoir développer; et puis, de profondes réflexions sur cet autre moi-même, si supérieur à mon *moi* raisonnant, qui voulait bien me laisser entrevoir quelque chose, mais qui se moquait de mes stériles efforts pour arriver à comprendre tout à fait.

«A mon réveil, je demeurai malgré moi très vivement impressionné. Sans voir assurément dans ces visions autre chose que le travail d'une imagination désordonnée, je ne pouvais me défendre d'en remarquer l'étonnant caractère. Je pensais à cet enfant moitié blanc et moitié noir, qui semblait le double principe du bien et du mal, à cette enveloppe qu'il cherchait à rompre, à cette dualité de moi-même dans laquelle j'avais cru deviner un élément divin. Je ne suis pas beaucoup plus avancé après ce rêve, quant à l'explication du grand mystère qui réside en nous; mais après un rêve pareil il est impossible de n'être pas plein du sentiment de l'existence de Dieu, la grande intelligence qui *sait*, et de ne pas tenir pour certain qu'un grand secret nous doit être révélé quelque jour.»

Si je reproduis *in extenso* cette note qui m'a été donnée, ce n'est pas uniquement à cause de l'exaltation morale qu'elle respire, c'est aussi et surtout en considération des traces profondes que le songe dont elle contient le récit avait laissées dans la mémoire d'un homme qui n'était cependant pas, en général, des plus faciles à émouvoir, et qui n'avait pas coutume non plus d'attacher beaucoup d'importance à des sujets purement imaginaires. Le soin qu'il avait pris d'écrire cette relation, la manière dont il en parlait, montraient assez que ces visions fantastiques avaient impressionné un esprit éminent autant et plus que certains événements graves de sa vie réelle. Et qui sait si plusieurs de ses travaux ne s'en seront pas ressentis?

L'influence des actions habituelles des hommes sur la nature de leurs songes n'est contestée par personne; celle de leurs songes sur leur moral et sur leurs actions est infiniment plus forte et plus fréquente, à mon avis, qu'on ne le croit généralement. Des gens graves m'ont avoué que l'attraction ou l'éloignement qu'ils avaient éprouvé instinctivement pour quelques personnes n'avaient peut-être pas eu d'autre origine qu'un rêve agréable ou désagréable, auquel ces personnes s'étaient trouvées mêlées. Je connais quelqu'un qui devint tout à coup très épris d'une jeune fille qu'il voyait presque chaque jour depuis longtemps sans y faire la moindre attention, et cela uniquement parce qu'elle lui apparut dans un de ces songes passionnés et pleins d'enivrements où l'imagination déploie toutes ses ressources. Quelque vifs que soient chez l'homme éveillé les transports de l'amour, cette passion la plus vive entre toutes, quiconque lui fut soumis avouera, j'en suis persuadé, qu'il a ressenti parfois en rêve des élans d'enthousiasme, des ravissements de tendresse, des épanouissements d'indicibles jouissances, dont le degré correspondant ne se rencontrait pas dans la vie réelle. Aussi ne craindrai-je point de dire que si l'idéal est le maximum de la perception conceptive auquel il nous soit permis d'arriver dans le sentiment du plaisir et du beau, l'état de rêve doit être le plus favorable pour l'imaginer.

Même chez les gens qui ne se souviennent pas de leurs rêves, les associations d'idées qui s'opèrent dans le jour se ressentent bien souvent, j'en suis persuadé, des rêves de la nuit. On voit des enfants dont le caractère peureux et l'inaptitude au travail pourraient bien tenir à ce que leur mémoire a été saturée d'impressions craintives ou désordonnées par des cauchemars incessants.

Il est, d'un autre côté, bon nombre de personnes, et surtout de dames, dont on apprendrait mieux à connaître les inclinations par leurs songes que par leur manière d'agir en réalité. Cela tient à ce qu'elles exercent habituellement sur leurs actions un empire qui ne s'étend point jusqu'aux mouvements de leurs pensées, et cela touche à la physiologie de l'ordre social. On trouverait là matière à des rapprochements intéressants; mais la difficulté serait de se bien renseigner, parce que ces personnes racontent plus volontiers tout ce qu'elles ont fait dans le jour, que tout ce qu’elles ont rêvé pendant la nuit.

VI

OBSERVATIONS SUR L'EXALTATION, EN REVE, DE LA SENSIBILITE PHYSIQUE, ET SUR LES INDICATIONS PATHOLOGIQUES QUI PEUVENT QUELQUEFOIS EN RESULTER

Perception subtile des choses du dehors et sentiment profond de ce qui se passe en nous: telle est la division que j'adopterai pour le classement des observations que j'ai recueillies.— Exemples de sensibilité externe et de sensibilité interne.— Corrélation entre certaines dispositions du corps et certaines hallucinations de l'esprit.—Le seul fait du retour de certains rêves est un phénomène dont la cause mérite d'être recherchée. — Que les blessés, comme les gens en proie à quelque grande surexcitation morale, ne peuvent avoir des songes lucides et suivis. — Exemple d'un rêve où deux principes contraires agissent simultanément. — Des rêves supersensuels, et de ceux qui se développent sous l'influence de divers narcotiques.

Il est peu de faits plus unanimement constatés, en matière de songes, que celui de l'influence d'une infinité de sensations externes que le dormeur perçoit et qu'il fait entrer dans son rêve, en les interprétant à sa manière. Chaque auteur en donne de nombreux exemples, et mes livres de notes en sont pleins. Tantôt, c'est un coup frappé au dehors qui me fait rêver qu'on a frappé à ma porte, ce qui introduit ainsi dans mon rêve un élément nouveau. Tantôt l'on frappe en réalité et à coups redoublés à la porte de ma chambre, afin de me réveiller, mais je rêve que je regarde travailler un tonnelier posant des cerceaux autour d'une cuve, et, grâce à cette illusion, mon sommeil n'est pas interrompu.

Une autre fois c'est un interlocuteur qui m'annonce son départ pour *Pa...*, *pa....*, *pa....* Paris, voulait-il dire sans doute, mais il répétait indéfiniment cette première syllabe, ce qui m'irritait au suprême degré et finit par me réveiller. J'entendis alors distinctement le tapotement d'un devant de cheminée agité par le vent, lequel bégayait encore son interminable *pa... pa.... pa....*

Enfin, l'un de mes amis me raconta qu'il s'était mis une nuit, en rêvant, dans la plus violente colère; parce qu'il s'imaginait interroger quelqu'un qui ne répondait que par des *ho ! ho !* à toutes ses demandes. Et il reconnut, en s'éveillant, que ces *ho ! ho !* n'étaient que l'écho de ses propres ronflements.

S'arrêter à de pareils exemples serait puéril; mais si les petits faits de ce genre sont très faciles à constater, en mille autres circonstances il est extrêmement difficile d'apprécier la mesure des influences externes ou internes sur l'origine et le développement de nos rêves; et la recherche de ces influences plus mystérieuses méritera, je crois, d'attirer notre attention.

Perception subtile des choses du dehors et sentiment profond de ce qui se passe en nous; telle est la division qui s'offrira maintenant d'elle-même, pour classer les exemples d'exquise sensibilité physique que j'ai pu recueillir.

Sensibilité externe. — «Je rêve, une nuit, que ma veilleuse fume; je m'éveille, j'aspire à pleins poumons, je ne sens rien et je me rendors persuadé que je n'ai fait que rêver. Au bout d'une heure, cependant, je suis réveillé de nouveau par l'âcreté d'une fumée devenue très sensible. J'avais donc éprouvé durant le rêve de mon premier sommeil, des perceptions de l'odorat beaucoup plus fines qu'à l'état de veille.»

«Une autre nuit, je rêve que je fais une visite à un ami, que je ne trouve personne chez lui, mais, que je remarque dans toutes les pièces de son appartement une odeur assez forte et très singulière, qui ne laissait pas que de m'inquiéter. Je m'éveille, et ma première pensée est naturellement de supposer que cette odeur devait être répandue en réalité dans ma propre chambre. Je me lève; j'entr'ouvre les portes, les fenêtres. Cette fois, je ne sens absolument rien, ni entre deux sommeils, ni le lendemain même au point du jour.» —N'est-il pas probable que cette odeur (que je n'avais d'ailleurs aucun souvenir d'avoir jamais sentie), était encore une perception très subtile due au sommeil, plutôt qu'une vague réminiscence de l'odorat?

L'exemple suivant se rapporte au sens de l'ouïe: «je rêve que j'entends accorder un piano, et j'apprends, en effet, que ma sœur en a fait accorder un, à l'heure matinale où je rêvais encore. Cependant, je n'avais aucune raison pour songer à cela; j'ignorais absolument que l'accordeur dût venir; et les dispositions locales sont telles que je ne pouvais pas même, de mon lit, à l'état de veille, entendre le moins du monde les accords les mieux nourris exécutés sur cet instrument.»

Voici, du reste, et encore à l'occasion d'un piano, une autre observation d'autant plus probante que l'idée d'y voir une simple coïncidence ne peut même pas venir à l'esprit:

«J'étais allé prendre un bain, fatigué d'une nuit passée au bal; je m'assoupissais doucement dans ma baignoire, les accords lointains d'un piano tenaient mon attention suspendue, et tout en m'endormant je cherchais à saisir la liaison entre les phrases musicales les plus bruyantes, qui seules, à cause de la distance, arrivaient nettement jusque moi. Le sommeil me gagna bientôt tout à fait, et je rêvai qu'assis près d'un piano, je regardais et j'écoutais jouer une jeune personne de mon voisinage, que j'avais vue passer souvent dans la rue avec un rouleau de musique à la main. Aucune note ne m'échappait plus; aucune nuance de l'exécution n'était perdue. Un léger bruit me tira tout à coup de cet assoupissement très court. Je continuai d'entendre de loin la musique qui avait guidé mon rêve; mais je ne l'entendis plus que par intervalles et très imparfaitement, ainsi que cela avait eu lieu avant que je m'endormisse. Je me retrouvais donc dans des conditions perceptives évidemment moins favorables que celles qui m'avaient été faites momentanément par le sommeil. Je n'étais plus impressionné que par les ondes sonores assez violentes pour agir sur mon appareil auditif à l'état normal.»

Ce serait fatiguer le lecteur que de multiplier de semblables récits. Je dirai seulement qu'ils abondent dans mes recueils, et qu'on en trouvera beaucoup du même genre dans le livre de M. Brière de Boismont. Ils donneront peut-être à réfléchir au sujet de certains faits somnambuliques que je n'ai pas à discuter, mais qu'il ne faudrait pas toujours rejeter comme inadmissibles, uniquement parce qu'ils demeurent inexpliqués.

Sensibilité interne. — La propriété qu'a le sommeil de concentrer et d'exalter parfois extraordinairement la sensibilité physique dans quelque partie de notre organisme est un point sur lequel je crois avoir déjà suffisamment insisté. Je passe donc, sans les insérer ici, plusieurs observations du journal de mes rêves qui ne font que constater la manifestation, par des songes en rapport avec les sensations perçues, de certaines sensations d'une ténuité telle que je n'en avais aucune perception, étant éveillé[87]. J'arrive immédiatement à l'indication du même phénomène sous une forme plus difficile à reconnaître, plus mystérieuse, et peut-être aussi d'un retour plus fréquent qu'on ne le pense. Je veux parler de la singulière corrélation qui s'établit parfois entre certaines dispositions du corps et certaines hallucinations de l'esprit, dont la solidarité nous échappe. Je remarque, dans mon journal, qu'à une époque où je fus sujet à des maux de tête capricieux et intermittents, leur retour est souvent précédé, à courte distance, par des rêves où je crois gravir des montagnes et franchir des précipices avec une étonnante facilité. Il est, en médecine, des médicaments connus pour occasionner des visions presque toujours les mêmes. La morphine, par exemple, fait rêver d'ordinaire, à ceux qui en ont pris, qu'ils sont entourés de toute sorte d'animaux.

Je puis, enfin, citer une très curieuse communication qui m'a été faite tout récemment par un de nos plus célèbres orientalistes, savant professeur et philologue de premier ordre. Les aliments préparés à la graisse ne sont pas de son goût. Il les tient pour malsains, et défend expressément chez lui que la moindre infraction soit faite au régime du beurre absolu. Sa cuisinière toutefois ne partageait pas ses idées. Elle était surtout moins exclusive, et pensait que, de temps à autre, une petite addition de la substance prohibée se pourrait introduire utilement dans quelque combinaison heureuse, sans que Monsieur s'en aperçût. Ici, était sa grande erreur. Monsieur ne s'en apercevait pas, il est vrai, le jour même; mais un mystérieux avis lui en était infailliblement donné, pendant la nuit qui suivait la fraude commise. Le lendemain matin, la cuisinière était appelée; elle essayait en vain d'opposer d'abord quelques dénégations aux reproches assurés de son maître. Son maître lui fermait la bouche et ramenait à confession par ces seuls mots sans réplique: «Rosalie, j'ai rêvé cette nuit que je marchais dans l'eau.»

La plus petite quantité de graisse avait pour résultat inévitable de faire rêver au savant académicien qu'il était forcé de traverser à pied des terrains inondés, des marais ou des rizières. Il avait reconnu qu'il ne faisait jamais ce rêve

[87] De ce nombre était l'avertissement d'une angine dont je ne ressentis les premiers symptômes qu'après avoir, deux nuits de suite, rêvé que j'étais atteint de ce mal.

sans que sa cuisinière ne finît par avouer qu'il avait été motivé; comme elle convenait aussi que jamais ce songe obstiné n'avait manqué de la dénoncer, quand elle s'était mise dans le cas de mériter une réprimande.

Or, quelle relation imaginer entre des rochers escarpés et la migraine, entre la morphine et des visions de bêtes fauves, entre l'introduction dans l'estomac d'un peu de graisse et l'idée de marcher dans l'eau? Serait-ce qu'une simple coïncidence ayant établi un premier rapport entre quelque sensation morbide qu'on éprouvait une telle nuit, et un rêve quelconque que l'on faisait par hasard cette nuit-là même, le rappel du même rêve est la conséquence du retour de la même sensation[88]? Ou bien existerait-il de bizarres analogies de sensations internes, en vertu desquelles certaines vibrations de nerfs, certains mouvements intimes de nos viscères correspondraient également à des impressions en apparence si différentes?

Au premier cas, la corrélation qui s'établit entre tel rêve et tel trouble physique serait tout occasionnelle, et toute spéciale pour chaque individu.

Dans la seconde hypothèse, au contraire, l'expérience pourrait faire découvrir de constantes et mystérieuses affinités, dont la connaissance deviendrait une science véritable.

Il est de certains rêves communs à tous les hommes, et dont les physiologistes s'accordent généralement à placer la cause dans les sensations produites par le jeu plus ou moins naturel des fonctions du cœur ou de l'estomac, et cela en vertu d'une trompeuse appréciation que fait l'esprit de ces sensations. Tels sont les rêves où l'on croit s'élever ou planer dans l'espace, sauter avec une facilité merveilleuse, descendre des escaliers en quelques bonds, ou bien, au contraire, se sentir retenu par une force invisible, ne pouvoir conduire à bonne fin une entreprise des plus simples, etc. Or, j'estime que non-seulement l'expérience devrait amener à pouvoir préciser la solidarité psycho-organique de chacun de ces différents rêves, mais que l'interprétation sérieuse d'un grand nombre d'autres, et, en un mot, une véritable *clef des songes* ne serait pas une œuvre irréalisable, si l'on parvenait à rassembler et à contrôler l'une par l'autre une suffisante quantité d'observations.

Nous éprouvons parfois, dans la vie réelle, des agacements de nerfs dont l'impression physique a beaucoup d'analogie avec ce qu'on éprouve quand on cherche à exécuter quelque petit ouvrage minutieux dont les doigts ne peuvent venir à bout, ou bien quand on voit des gens s'y prendre maladroitement dans quelque besogne délicate. Or, si l'on a des rêves où l'ou croit faire ou voir de telles choses, la cause n'en sera-t-elle pas très probablement dans une agitation morbide du système nerveux? Je cite ce symptôme comme un spécimen d'une infinité d'autres, dont la concordance serait précieuse à établir[89]. Remarquons bien, du

---

[88] En vertu des principes exposés page 176 et suiv.

[89] Je rêvai plusieurs fois, par exemple, que j'essayais d'allumer une bougie sans jamais pouvoir y parvenir. Tantôt mes allumettes ne prenaient pas, tantôt la bougie refusait de brûler ou bien s'éteignait obstinément. Dans mon dépit je voulais lancer le flambeau par la fenêtre, mais je n'avais

reste, qu'un rêve peut être révélateur d'un état pathologique, non pas uniquement par la nature même des images qu'il évoque, mais aussi, et souvent, par la façon dont les événements s'y nouent et s'y déroulent, ou par des associations d'idées particulières qui n'auraient point la même signification chez chacun de nous.

Dans un voyage entrepris pour remonter le Nil, un ardent explorateur de ma connaissance, dont le témoignage ne saurait être mis en doute, avait beaucoup souffert d'une ophtalmie qui n'avait cédé qu'au rapatriement; mais qui, d'ailleurs, n'avait plus reparu depuis dix ans. Bien des événements et bien d'autres voyages avaient peuplé sa mémoire de plus récents souvenirs, lorsqu'il remarqua, non sans étonnement, que des visages, des fêtes, des épisodes presque oubliés de cette époque de sa vie revenaient peu à peu dans ses rêves avec une fréquence extraordinaire. Durant six semaines, environ, ce phénomène demeura comme inexplicable; puis il ressentit quelques premières douleurs de tête, et fut repris enfin avec une extrême violence par le mal dont il s'était cru guéri à tout jamais. Il me paraît évident que le rappel de ces rêves était dû à des sensations internes d'une extrême finesse, symptômes révélateurs d'un travail morbide encore à l'état latent.

Le seul fait du retour persistant de certains rêves ou d'une certaine nature de rêves, est déjà l'indice d'un état de souffrance qu'il importe de rechercher. Si des songes bien suivis sont le meilleur symptôme d'un parfait équilibre intérieur, le phénomène inverse n'est pas moins significatif. Les blessés, comme les gens en proie à quelque grande agitation morale, ne sauraient avoir des rêves lucides, variés, ni suivis. Chez les uns, la douleur physique appelle de temps en temps des réminiscences en rapport avec la sensation qu'ils éprouvent; chez les autres, une préoccupation dominante retient l'esprit dans un même cercle d'idées, et ne permet pas au libre enchaînement des idées de s'effectuer. Les images homogènes qui les assiègent de leurs apparitions incessantes peuvent sans doute se montrer successivement sous des formes modifiées, mais elles portent toujours dans leur nature, dans leur marche, dans les émotions qu'elles provoquent, un caractère d'identité qui trahit la cause morbide ou l'idée fixe dont elles sont la constante manifestation.

Le rêve offre, en ce cas, les mêmes alternatives de distractions et de rappel à l'actualité dominante qui se succèdent chez nous dans la vie réelle. C'est-à-dire que tantôt le mouvement spontané des idées nous conduit aux préoccupations les

---

pas même la force de lever le bras, — Je m'éveillais alors, et je reconnaissais que j'étais couché sur le côté gauche d'une manière pénible. Quelle que soit la liaison que l'on imagine entre le malaise que je ressentais, et l'idée de cette bougie incombustible, il faudra toujours admirer la sagesse de la nature qui nous avertit par un songe de la position mauvaise dans laquelle nous sommes, de telle sorte qu'amenés à chasser un rêve qui nous tourmente, nous changeons en même temps de position. Pendant la période de guérison et de cicatrisation d'une blessure qui me causait des démangeaisons extrêmement vives, je compte six rêves dans lesquels je m'imagine: 1° m'efforcer péniblement de faire un compte de menues monnaies sans pouvoir y parvenir, 2° Ecrire une lettre pressée avec une plume qui ne marquait pas, ou dont le bec se tordait. 3° Chercher, sans y voir clair, parmi des broussailles épaisses, un petit objet perdu auquel j'attachais un grand prix.

plus variées, et tantôt la conscience du mal ou tout au moins la sensation physique que nous ressentons nous ramène à quelque pensée en rapport avec cette sensation éprouvée. L'état de songe offrant d'ailleurs, comme particularité remarquable, la curieuse diversité des interprétations que sait faire successivement l'esprit d'une même sensation déterminée, chaque fois qu'elle est l'objet de son attention. Il accommode alors cette sensation aux images de son rêve, et ce qu'il imagine est aussitôt représenté. Je trouve de ce dernier phénomène un assez singulier exemple dans le journal de mes rêves. On y reconnaît la double influence d'une sensation morbide permanente, et d'un narcotique bien connu. Une pièce de bois m'étant tombée sur l'épaule, j'avais usé d'un médicament qui contenait de la belladone, pour engourdir la douleur d'une forte contusion. Je fis d'abord plusieurs rêves interrompus, durant lesquels je crus me promener avec un lourd fusil sur l'épaule, supporter l'angle d'un grand tableau qu'on essayait d'accrocher, etc. Enfin, vers le matin, je rêvai ce qui suit :

«J'étais en voyage, j'arrivais je ne sais où. Je cherchais un gîte, *ayant une valise sur mon épaule*, et ne trouvant personne ni pour la prendre, ni pour m'indiquer une auberge. J'aperçois cependant une enseigne de cheval blanc, sur une maison d'assez bonne apparence; mais la porte est si basse que je suis forcé, pour entrer, de me courber péniblement et de traverser une assez longue voûte; dans cette position incommode, *plusieurs fois mon épaule se heurte au mur.* A l'intérieur de l'auberge je suis reçu par une jeune servante, qui m'annonce que l'affluence des voyageurs est grande, et qu'il me faudra loger un peu haut: J'accepte par avance la chambre qu'on pourra me donner, et, *replaçant ma valise sur mon épaule*, je me mets à suivre la jeune fille par des corridors et des escaliers sans fin. Nous arrivons ainsi dans une salle haute comme une église, dont la muraille était recouverte de branches de fer disposées horizontalement les unes au-dessus des autres, de manière à servir tour à tour de poignées et de marchepieds. N'auriez-vous point confiance en moi et ne voulez-vous plus me suivre? me demanda mon guide en commençant à gravir cette échelle. Je vous suivrai jusqu'au bout du monde, lui répondis-je. Déjà, je ne me souvenais plus de ma valise, ni de l'auberge, ni d'une chambre à occuper. Je me sentais comme envahi par je ne sais quelle exaltation croissante. Ce n'était plus une servante qui me montrait la route; c'était une sorte d'héroïne de roman. Je montais fort et léger. Comme nous touchions à la corniche, ma compagne *appuya fortement la main sur mon épaule*, passa par une petite fenêtre en m'engageant à la suivre, et me fit voir, en perspective, à l'extrémité d'une plate-forme que nous traversâmes, une seconde ascension bien autrement périlleuse à accomplir. Cette fois, c'était une montagne taillée à pic qui semblait percer les nues. Des points d'attache étaient pratiqués dans le roc, comme dans le mur que nous avions déjà franchi. Seulement, ils étaient dissimulés par des broussailles, des racines, et des anfractuosités. Celle qui me conduisait me donna sa main à baiser, avant de m'indiquer cette nouvelle route. Je me sentis électrisé; et je m'élançai derrière elle, sans m'effrayer des hauteurs vertigineuses auxquelles nous parvenions, sans me laisser éblouir par l'énorme précipice qui se déroulait au-dessous de nous. Je ne voyais et je ne regardais d'ailleurs que le petit pied de mon guide, lequel exécutait les mouvements les plus gracieux en effleurant de temps en temps mon visage, nous montions toujours, et il me semblait que mon intelligence, ma vigueur et mon exaltation croissaient de plus en plus. Sur le point d'atteindre le couronnement de cet escarpement immense, une saillie qui surplombait se présenta comme un dernier obstacle; ma conductrice me fit signe de me tenir ferme et *posa son pied sur mon épaule*, afin de gravir cette dernière saillie et ensuite de me tendre la main. Je me courbais pour qu'elle eût un point d'appui meilleur; je tremblais qu'elle ne tombât dans l'abîme, où je n'eusse pas hésité à la suivre. J'éprouvais des angoisses terribles. Enfin, je sentis son pied s'enlever dans un mouvement que je fis pour l'y aider, je me redressai, et je vis ma compagne radieuse d'une inexprimable beauté. La saillie du rocher s'était aplanie; devant nous s'étendait un jardin délicieux, plein de solitude et de lumière. Mon bras enlaçait la taille de la fée qui m'y avait conduit. Mes lèvres rencontrèrent les siennes. Je fus pénétré d'un tel frémissement de joie qu'il me parut que ma raison ne résisterait pas à cette épreuve. Sans la regretter d'ailleurs, je crus de bonne foi ma tête perdue. Je me disais intérieurement: la folie est le bonheur. La violence du plaisir me réveilla.»

Oubli du mal réel quand l'esprit s'absorbe dans une illusion qui le séduit, oubli complet que ne sauraient produire les simples distractions de l'état de veille. Perception exquise des moindres sensations quand l'attention se porte, au contraire, sur elles. Tel est donc le double phénomène qui s'opère chez nous quand nous rêvons.

Et cela au physique comme au moral, pour les souffrances ou les jouissances du corps, comme pour les douleurs et les épanouissements du cœur humain.

En nous donnant la mesure du degré d'intensité auquel le sensualisme peut s'élever sous l'influence du sommeil, les rêves supersensuels nous fournissent souvent l'occasion de constater aussi un curieux travail psychologique de *rétrospection* (si je puis employer ce néologisme), que nous aurons bientôt à examiner en traitant *de la marche et du tissu des rêves*[90].

Quant à ces anomalies étranges, qui consistent à marier quelquefois, en songe, les sensations les plus vives et les plus voluptueuses aux images les moins faites pour les inspirer, je crois qu'elles reposent en général, sur des phénomènes d'abstraction qui seront également analysés dans cet autre chapitre.

A l'égard des rêves provoqués par le hatchich, par l'opium, la belladone et tous les narcotiques capables d'exalter au superlatif la sensibilité morale et physique dont l'organisation humaine est susceptible, les mêmes considérations qui m'ont empêché déjà de pénétrer dans le domaine des faits relatifs au somnambulisme et à la démence m'interdiront de m'en occuper. Artificiel ou

[90] Voir plus loin page 182.

spontané, il suffit qu'un phénomène soit de l'ordre anormal pour que je m'abstienne de l'examiner dans une étude exclusivement consacrée à l'analyse des songes naturels.

Je me contenterai de donner, en appendice, à la fin de ce volume, la relation d'un rêve que je fis moi-même, après avoir pris du hatchich. L'habitude que j'ai acquise de m'observer en dormant m'a permis d'en suivre le cours à peu près comme celui d'un rêve ordinaire. Les spécialistes qui voudront bien l'analyser y trouveront peut-être quelques renseignements utiles, et seront d'autant mieux disposés, je crois, à partager avec moi cette opinion de Montaigne que «les sommeils divers, quels qu'ils soient, ne sont en résumé que des modifications du même phénomène, des espèces différentes d'un même genre.»

VII

OBSERVATIONS SUR LA MARCHE ET LE TISSU DES REVES, EN GENERAL, SUR PLUSIEURS MOYENS DE REVER A CE QUE L'ON DESIRE, ET SUR CELUI D'ECARTER LES IMAGES FACHEUSES DONT ON EST PARFOIS OBSEDE

— Difficulté de saisir le lien de l'association des idées dans un très-grand nombre de rêves, — Premières distinctions à établir, — Transitions qui s'opèrent en rêve, au moyen des associations d'idées procédant de l'ordre suivant lequel les souvenirs se sont classés chronologiquement dans la mémoire. — Comment on peut provoquer certains rêves et rêver, par suite, à ce que l'on veut, — Idées premières et idées secondaires. — Explication d'un rêve représenté au frontispice. — D'un phénomène que j'appellerai *rétrospection* et de sa fréquente manifestation dans les rêves supersensuels.— Autres exemples de rêves provoqués ou conduits par divers moyens faciles à mettre en pratique.— Comment l'esprit peut être ramené à une idée par l'intermédiaire d'une sensation qu'il n'apprécie même pas. —Transitions qui s'opèrent, en rêve, au moyen des abstractions que fait l'esprit.—Abstractions de qualités de l'ordre sensible. — Transformations graduées que l'imagination a le pouvoir d'opérer. — Qu'il n'est point nécessaire que la trame d'un rêve soit logiquement suivie pour qu'elle soit réellement ininterrompue, et dans quelles circonstances l'esprit n'éprouve aucun étonnement des songes les plus bizarres et les plus monstrueux. — Abstractions de l'ordre purement abstrait. — Comment l'esprit passe quelquefois de l'ordre abstrait à l'ordre sensible, — Indication d'un genre d'abstractions dont il sera donné de nouveaux exemples dans le chapitre supplémentaire qui suit.

«Les impressions et les idées peuvent s'associer surtout pendant le sommeil par des rapports si divers et si souvent éloignés d'une liaison rationnelle et d'une véritable analogie, a dit Moreau (de la Sarthe), qu'il ne faut pas être étonné si, dans le plus grand nombre des rêves, l'affection et l'impression qui en ont été l'origine, échappent à l'investigation la plus pénétrante et ne se révèlent ainsi par aucune relation apparente avec les rêves[91].»

Cette opinion ne serait pas très encourageante pour qui voudrait analyser tous les rêves et mettre à nu, sans exception, tous leurs points de soudure; mais il n'est point nécessaire que tous les rêves soient expliqués pour que la manière dont ils pourraient s'expliquer tous devienne manifeste: de fortes présomptions d'analogie permettent souvent de juger du connu à l'inconnu. Si je parviens à démontrer de la sorte, qu'en dehors des illusions provoquées par des causes occasionnelles, le cours de nos rêves est dirigé par des affinités psychologiques et non par des mouvements spontanés des fibres du cerveau, j'estimerai déjà que ce modeste travail n'aura pas été tout à fait infructueux.

[91] Dict. des Sciences médicales. Art. Rêve.

Ce qu'il faut maintenant c'est multiplier les exemples, et ce qui devient de plus en plus difficile c'est de régler l'ordre dans lequel il est à propos de les présenter.

La première et la plus utile distinction à faire serait celle-ci:

Ou le dormeur, dans des conditions de santé parfaite et dans un milieu parfaitement tranquille, rêvera sans subir les influences d'aucune sensation externe ni interne.

Ou bien, au contraire, des perceptions physiques externes ou internes viendront modifier ou interrompre le cours naturel de ses idées.

Au premier cas, la succession des images qui défileront devant les yeux de son esprit devra s'expliquer par la seule association spontanée de ses idées.

Au second cas, il y aura: modification simple dans le cours spontané des idées, et par conséquent du rêve, (si les influences internes ou externes ne sont pas assez fortes pour le changer tout à fait); — ou bien, interruption complète de la trame préexistante et production instantanée d'une nouvelle série de tableaux, (si la sensation perçue est assez puissante pour amener ce dernier résultat).

On comprend combien il serait intéressant de pouvoir distinguer ainsi entre le travail de l'esprit livré à sa propre initiative, et ces élucubrations plus ou moins laborieuses, tissus dont les fils tiennent à des causes souvent placées en dehors de nous. Mais indépendamment de ce qu'un sommeil et, par suite, un rêve exempt de toute espèce de trouble ne saurait être, nous l'avons vu, qu'une conception purement théorique, ce serait s'exposer aux plus terribles méprises que d'essayer de prendre pour point de départ ce qu'on aura toujours le plus de peine à déterminer.

Cette ligne d'idées nous mettra cependant sur la voie d'une classification plus pratique. Si nous parcourons quelques séries d'observations se rapportant à des rêves où l'association des idées paraît s'être opérée naturellement, si nous examinons bien le lien qui a pu rattacher entre elles des idées d'un ordre tout différent, nous reconnaîtrons, je crois, que les liens de ces associations peuvent être classés en deux catégories distinctes: les unes procédant de l'ordre suivant lequel certains souvenirs se sont simultanément et successivement emmagasinés dans notre mémoire, (qu'il existe ou non de l'affinité entre eux); les autres appartenant à l'innombrable famille des *abstractions*, dans l'acception la plus étendue du mot. Sans vouloir expliquer par quelles lois mystérieuses les affinités s'établissent ainsi dans les casiers de la mémoire, j'exposerai donc simplement, qu'en fait, il me parait en être ainsi, et j'adopterai cette première classification pour les développements qui vont suivre.

Transitions qui s'opèrent en rêve, au moyen des associations et idées procédant de l'ordre suivant lequel les souvenirs se sont classés chronologiquement dans la mémoire, — «J'ai rêvé que j'étais à table avec ma famille, mais que nous avions, à la fois, pour convives l'évêque de notre diocèse et deux divinités mythologiques qui étaient, je crois, Diane et Apollon.»

Ce rêve est relaté dans le plus ancien de mes cahiers, où j'en trouve en même temps une explication instinctive. Quelques jours auparavant, j'étais occupé à faire une version tirée des *Métamorphoses* d'Ovide, quand on m'avertit qu'il fallait échanger ma veste d'écolier tachée d'encre contre une tenue moins négligée, parce que l'évêque du diocèse venait d'arriver et allait déjeuner avec nous.

Dans la vie éveillée, je n'aperçois guère une certaine pipe turque, accrochée à la cheminée chez un de mes parents, sans y associer le souvenir d'un ami tué en Italie; et cela uniquement parce que je tenais entre mes mains cette pipe, un jour où j'appris tout à coup par le journal que cet ami était au nombre des morts de Solférino.

Ces deux exemples seraient déjà suffisants pour spécifier un ordre de faits aussi simple; mais cet ordre de faits étant précisément celui qui doit nous fournir les moyens d'évoquer et de diriger nos songes, il ne me paraît pas inutile d'attacher une attention particulière à le développer bien clairement.

Remarquons d'abord quelle influence auront, en général, sur nos rêves les mille incidents qui traverseront nos occupations quotidiennes, les objets sur lesquels nos yeux se reposeront, les scènes auxquelles nous assisterons, les lectures que nous aurons faites, et, en un mot, tout le cortège des réminiscences qui pourront se marier aux préoccupations habituelles de notre esprit, trame ordinaire de nos rêves. Si je pense, étant éveillé, au charmant tableau de Boulanger, le *Tepidarium*, si j'en considère souvent la photographie dans les intermèdes des occupations quelconques auxquelles une partie notable de mon temps sera consacrée, j'atteindrai infailliblement ce premier résultat que les idées-images inhérentes aux sujets du *Tepidarium* auront dès lors contracté, avec les idées qui se rapporteront au sujets de mes occupations ou de mes études, le lien d'association procédant de l'ordre chronologique suivant lequel mes souvenirs auront été emmagasinés dans ma mémoire. Il pourra donc arriver ensuite, si j'ai pris, je suppose, pour sujet d'étude quelques recherches sur l'origine des armes à feu, que la seule vue d'une arquebuse évoque tout à coup le souvenir de l'une des ravissantes baigneuses du *Tepidarium*, ce qui ne serait assurément jamais advenu par la seule loi des analogies. Quant au second résultat, il est prévu: si *je pense*, étant éveillé, à l'une des baigneuses du *Tepidarium*, ce ne sera là qu'une simple pensée, plus distante encore de la vue réelle de la peinture que la vue de cette peinture elle-même ne l'est d'une vivante réalité; mais, en songe, où toute pensée est accompagnée d'une illusion de réalité plus ou moins vive, la baigneuse, si je viens à y penser, se placera devant mes yeux *non moins réelle, en apparence*, que cette vieille arquebuse appuyée contre mon bureau, et désormais sa voisine dans le magasin de mes souvenirs[92].

On reconnaît en médecine deux modes d'action sur l'économie animale: l'un qui, sans agir directement et instantanément sur aucun organe, intéresse

[92] J'ai mentionné ce fait que les souvenirs d'une gravure ou d'une peinture deviennent souvent, en rêve, des objets réels.

cependant à la longue notre organisme tout entier; on le nomme hygiène ou régime. L'autre, qui peut amener des modifications immédiates, au moyen d'agents énergiques et directs, celui-là c'est la médicamentation proprement dite.

Or, s'il m'est permis de comparer les soins qu'on donne au corps avec ceux qu'on peut prendre de l'esprit, je dirai que, pour quiconque attachera quelque charme à peupler son sommeil de songes agréables, l'hygiène ou régime consistera dans une attention suivie à meubler sa mémoire d'impressions heureuses, entremêlées (et par conséquent associées) aux diverses occupations de la vie; comme le seraient de gracieuses statuettes semées ça et là dans les rayons d'une bibliothèque, où l'on ne pourrait plus chercher, par exemple, le grave Hippocrate, sans qu'une douce silhouette d'Hébé ou de Pandore ne vienne, en même temps, captiver les regards.

Quant à la médicamentation active, quant aux moyens d'appeler instantanément dans nos rêves telles images qu'il peut nous être agréable d'y retrouver, la relation qu'on va lire dira comment ce fut l'application des lois psychologiques ci-dessus exposées qui me permit d'y arriver.

En réfléchissant à cette étroite solidarité qui s'établit, dans notre mémoire, entre certaines sensations et certaines notions qui en dépendent, telles que la douleur d'une piqûre et l'idée d'un insecte, le chant du coq et l'idée de cet oiseau, l'odeur de la suie et l'idée d'un feu de cheminée, etc., j'avais fait souvent la réflexion que ce phénomène si constant et si simple reposait uniquement sur le principe d'association qui s'établit entre des idées simultanément acquises. Le chien qui crie et le cheval qui prend le galop au seul bruit du fouet n'agissent pas en vertu d'un autre principe. Ces réflexions m'amenèrent à penser:

1° Que si l'on parvenait à établir artificiellement une corrélation non moins immédiate et non moins constante entre quelques sensations particulières et quelques idées (même d'un ordre tout moral), chaque fois que l'une de ces sensations serait ensuite provoquée, le même phénomène devrait se reproduire, à savoir le rappel immédiat de l'idée devenue solidaire de cette sensation.

2° Que les sujets auxquels nous pensons, en rêve, devenant par cela même les sujets de nos rêves, le fait de pouvoir rappeler certaines sensations, chez un homme endormi, en agissant sur ses organes, devrait avoir pour conséquence la possibilité de faire rêver ce dormeur aux sujets dont la notion serait devenue chez lui solidaire des sensations ainsi provoquées.

Partant donc de cette hypothèse, voici la première expérience que je tentai: j'étais à la veille de me rendre en Vivarais pour y passer une quinzaine de jours à la campagne, dans la famille d'un de mes amis. J'achetai, avant de partir, chez un parfumeur bien assorti, un flacon d'une essence qu'il me vendit comme étant sinon l'une des plus agréables, du moins l'une de celles dont le parfum, *sui generis*, était le mieux déterminé. J'eus bien soin de ne pas déboucher ce flacon avant d'être arrivé dans le lieu où je devais séjourner quelques semaines; mais, tout le temps de ce séjour, je fis constamment usage de son contenu dont mon mouchoir de poche ne cessa d'être imprégné, et cela malgré les réclamations et les plaisanteries que cette recherche ne manquait pas de susciter autour de moi. Le jour du départ seulement le flacon fut hermétiquement refermé; il resta plusieurs mois ensuite au fond d'une armoire, et enfin je le remis à un domestique qui entrait habituellement de très bonne heure dans ma chambre, en lui recommandant de répandre sur mon oreiller quelques gouttes du liquide odoriférant, un matin qu'il me verrait bien endormi. Je le laissais libre d'ailleurs de prendre son temps tout à son aise, de peur que l'attente seule de cette expérience ne pût influencer mes rêves en préoccupant mon esprit. Huit ou dix jours se passent; mes rêves, écrits chaque matin, ne trahissent aucune réminiscence particulière du Vivarais, (Mon flacon, il est vrai, n'a pas encore été touché.) Une nuit arrive, enfin, où je me crois retourné dans le pays que j'avais habité l'année précédente. Des montagnes parsemées de grands châtaigniers se dressaient devant moi, une roche de basalte m'apparaissait si nettement découpée que j'aurais pu la dessiner dans ses moindres détails. J'imaginai rencontrer le facteur de la poste qui m'apportait une lettre de mon père. Cette lettre entraîna mon esprit dans une autre direction, en évoquant d'autres souvenirs et d'autres images, et j'étais bien loin déjà des environs d'Aubenas quand je revins au monde réel. Que mes pensées toutefois s'y fussent arrêtées plus ou moins longtemps, peu importait; le point essentiel était qu'elles y eussent été ramenées. Or, je pus reconnaître en m'éveillant, à l'odeur qui s'en exhalait encore, que mon oreiller avait été, ce matin-là même, humecté durant mon sommeil avec le parfum approprié à l'expérience qui venait de réussir.

Impressionné par une sensation désormais liée dans ma mémoire au souvenir de certaines autres impressions simultanément perçues à l'origine, mon odorat n'avait pu reconnaître cette sensation sans évoquer en même temps les idées solidaires. Ces idées solidaires, c'était le rêve que je venais de faire, et la même expérience renouvelée plusieurs fois, à plusieurs jours et à plusieurs mois d'intervalle, amène constamment le même résultat.

Ce premier succès m'inspirait, on le comprend le désir, d'aller plus loin dans la même route. J'emploie d'abord divers autres parfums qui deviennent à leur tour, pour divers ordres d'idées, autant d'instruments de rappel non moins efficaces. Un de mes amis, qui suit de son côté mes expériences, m'accuse les mêmes résultats acquis. A de très rares exceptions près, la réussite est constante.

Je m'aperçois seulement que l'impressionnabilité s'émousse par un trop fréquent usage, circonstance qui n'a d'ailleurs ici rien de spécifique. Deux de mes parfums employés, l'un neuf fois, l'autre dix fois dans l'espace de deux mois, ne produisent plus régulièrement l'effet primitif. Je remarque aussi qu'en multipliant le nombre de ces parfums au delà de sept ou huit, j'amène entre eux une certaine confusion qui se traduit par un fait assez inattendu. Trois de mes agents arrivent en quelque sorte à fusionner leurs fonctions actives, c'est-à-dire qu'à eux trois ils ne réveillent plus que l'un des trois ordres d'idées qu'ils avaient originairement et séparément représentés. Est-ce la faute de la mémoire ou bien celle des parfums eux-mêmes, dans la composition desquels il entrerait un principe commun dont l'action dominante finirait par agir seule sur des organes fatigués? Ceci serait de la pure physiologie, et je pourrais citer à l'appui de cette hypothèse un fait dont l'analogie sera facile à saisir. Sous l'empire d'un violent coryza, le fumeur trouve à tous les tabacs une odeur, je dirais presque une saveur identique. La partie délicate de l'arôme, principe distinctif des diverses espèces de tabac, est impuissante à se faire sentir. Une sorte de décomposition s'opère, et dégagée des éléments complexes dont l'ensemble formait pour chaque tabac son parfum spécial, l'énergique vertu de la nicotine parvient seule à impressionner les papilles engourdies du nez et du palais. S'est-il donc produit quelque chose d'analogue? Je signale cette question; je ne la juge pas.

Je laissai quelque temps reposer mes odeurs, et puis l'idée me vint d'expérimenter encore si le mélange de deux d'entre elles amènerait le mélange de deux souvenirs. Quelques gouttes de celle qui me rappelait le Vivarais furent, d'après mes instructions et pendant mon sommeil, répandues sur mon oreiller. On y versa en même temps quelques gouttes d'une autre essence, dont j'avais fait souvent imprégner mon mouchoir à une époque où je travaillais dans l'atelier de peinture de M. D... Cet essai, trois fois répété, donna les résultats que voici: la première fois, je rêvai que j'étais dans un pays de montagnes, suivant des yeux le travail d'un artiste qui jetait sur la toile un point de vue des plus pittoresques. Evidemment, il y avait mariage entre les réminiscences du Vivarais, d'une part, et de l'autre des idées de peinture et de compositions artistiques se rattachant à l'atelier. La seconde expérience fut à peu près nulle. Un de mes anciens camarades d'atelier se trouvait bien mêlé à plusieurs épisodes d'un rêve confus; mais je ne parvins pas, je l'avoue, à lire assez clairement dans les opérations de mon esprit pour en tirer des inductions précises, Quant à la troisième expérience faite, on jugera par le récit de mon rêve qu'elle ne pouvait me laisser aucun doute sur l'efficacité des moyens de rappel psychiques que j'avais employés. Je me crois dans la salle à manger de l'habitation vivaraise, dînant avec la famille de mon hôte réunie à la mienne. Tout à coup la porte s'ouvre, et l'on annonce M. D..., le peintre qui fut mon maître. Il arrive en compagnie d'une jeune fille absolument nue, que je reconnais pour l'un des plus beaux modèles que nous ayons eus jadis à l'atelier. M. D... raconte que la voiture dans laquelle ils voyageaient de concert a versé, qu'ils viennent demander l'hospitalité, etc.; et le rêve se complique d'incidents divers, inutiles à relater ici ou nous n'avons à constater que le rappel simultané de ces deux ordres de souvenirs, ceux du Vivarais et ceux de mon ancien atelier de peinture, devenus solidaires de deux sensations de mon odorat.

A propos de ces incidents accessoires dont nos rêves se compliquent, je m'arrêterai toutefois un moment pour appeler l'attention sur le travail de l'esprit reliant ce que je nommerai les *idées premières*, au moyen de ce que j'appellerai les *idées secondaires* ou accessoires. Dans une étude comme celle que j'ai entreprise sans autre prétention que de projeter ça et là quelque lumière, une parenthèse n'est jamais à craindre pourvu qu'elle vienne opportunément.

Étant donné que le travail spontané de l'imagination et de la mémoire ou quelques circonstances éventuelles ont évoqué simultanément plusieurs idées associées par les divers liens que nous venons de mentionner, ou par ceux qu'il nous reste à exposer plus loin, il faut encore que l'esprit se charge de les souder entre elles au moyen d'un cortège d'idées de second ordre, qui sont d'ailleurs évoquées elles-mêmes par des affinités analogues. Dans le rêve cité plus haut, une réminiscence provoquée tout à coup par une sensation de mon odorat ayant introduit brusquement l'image de M. D... et celle d'un jeune modèle (idées solidaires l'une de l'autre) au milieu d'un songe avec lequel ces deux personnages n'avaient aucune relation logique, l'instinctif sentiment du pourquoi des choses m'a fait imaginer aussitôt des incidents capables d'expliquer leur intervention.

J'appelle donc ici *idées premières*: 1° celle de la salle à manger avec ses convives (mes amis du Vivarais); 2° celle de M. D... et de sa compagne (souvenirs directs de l'atelier). J'appelle idées secondaires: celles de l'introduction des nouveaux venus par un domestique, l'histoire de la voilure versée, etc., etc.

La cause des sentiments bizarres que l'on éprouve dans certains rêves réside souvent dans le fait du rapprochement opéré par des idées secondaires, entre des idées premières qui n'étaient nullement faites pour s'associer. Remarquons, par exemple, que l'apparition de cette jeune fille nue dans une salle à manger ne m'a causé aucune surprise, et ne m'a point paru choquer non plus les personnes graves qui composaient la famille de mon ami. Anomalie singulière dont l'explication ressort, tout à la fois, et de ce qui vient d'être dit, et d'une autre particularité psychologique du sommeil, non moins intéressante à signaler; à savoir que les images qui nous reviennent à l'esprit, en songe, y suscitent rarement d'autres impressions que celles que nous éprouvâmes alors qu'elles se casèrent originairement dans notre mémoire. Cette jeune fille étant un souvenir d'atelier, endroit où la nudité du modèle n'a rien qui étonne, je la revois telle que je la vis jadis, sans m'en étonner davantage. Quant aux rapprochements résultant de la situation, je ne les fais pas même. On ne compare, on ne réfléchit, en songe, à la nature de ses impressions que lorsqu'on a le sentiment de l'état dans lequel on se trouve; ou bien si l'on est assez fortement captivé par quelque pensée pour en arrêter un moment les images. Autrement l'esprit laisse défiler ces images avec la rapidité des idées dont elles dépendent, et les idées se succèdent alors trop vite pour qu'il ait le temps de les juger. C'est ainsi que des personnes mortes depuis longtemps nous réapparaissent et se mêlent à nos préoccupations les plus récentes sans nous inspirer le moindre trouble, quand même nous aurions comme un vague sentiment qu'elles n'existent plus.

L'esprit réfléchit plus rarement encore sur les idées secondaires, qui sont déjà le produit d'une sorte de réflexion instinctive. Aussi ont-elles parfois le caractère de ces naïvetés qui nous échappent, à l'état de la veille, dans une conversation distraite.

Les idées secondaires, au lieu de s'offrir, comme dans l'exemple qui précède, d'une manière toute simple et toute transitoire, peuvent aussi produire des compositions fantasques, ainsi que nous le reconnaîtrons dans cet autre rêve:

Je me crois dans mon cabinet de travail, occupé à ranger mes livres; l'un de ces livres me fait penser au libraire qui me l'a vendu; ce libraire me rappelle un chapeau de cardinal exposé dans la boutique, d'un chapelier située à côté de celle du libraire; ce chapeau me rappelle à son tour la reliure d'un très beau manuscrit aux armes du cardinal Mazarin, que j'ai récemment admiré. Je rêve que le libraire vient me rendre visite, coiffé d'un chapeau de cardinal, et qu'il m'apporte le manuscrit en me proposant de l'acheter à un certain prix. Le lien de l'association est facile à saisir entre les quatre *idées premières*: — le livre que je rangeais, — le libraire qui me l'avait vendu, — le chapeau de cardinal, — le volume sur la reliure duquel un chapeau de cardinal était figuré. Les images du livre, du libraire, du chapeau et du manuscrit avaient donc leur raison directe pour m'apparaître. Mais j'ai cru entendre frapper à ma porte; j'ai vu cette porte s'ouvrir; j'ai imaginé que le chapeau de cardinal était sur la tête du libraire, que le libraire m'offrait le manuscrit, et qu'il m'en demandait deux mille francs, je suppose. Voilà les idées que j'appelle *secondaires*. Elles sont aux *idées premières*, dans certains rêves, à peu près comme est la facture du bout rimé par rapport aux rimes imposées d'avance.

Cette notable différence existe encore entre les *idées premières* et les *idées secondaires*, que les unes peuvent être suscitées par des causes physiques spontanées ou artificielles, telles qu'un bruit, un contact, une odeur, et aussi par l'action de la volonté, tandis que les autres sont toujours le produit instinctif de l'activité de notre esprit.

Puisque j'ai ouvert cette large parenthèse analytique sur certains éléments constitutifs du rêve, très utile à savoir discerner si l'on veut essayer de suivre l'enchaînement rationnel des idées, je ne la fermerai pas sans signaler encore une curieuse illusion de l'esprit, qui se produit précisément dans des circonstances analogues à celles dont les derniers rêves que j'ai mentionnés nous offrent des exemples; c'est-à-dire lorsqu'il y a brusque introduction au milieu d'un rêve d'un élément nouveau fourni par quelque cause fortuite, telle que le parfum répandu sur mon oreiller pendant mon sommeil.

Au moment où l'intervention subite et inattendue de ce parfum m'a fait songer tout à coup que j'étais dans un pays de montagnes, en compagnie d'artistes et d'amis, j'avais l'esprit occupé par quelque autre rêve tout différent, dont le cours a nécessairement subi une transformation plus ou moins complète; et chaque fois qu'un incident analogue aura lieu, il en sera certainement de même. Or, analysons bien, et nous constaterons: que si les idées incidemment provoquées ont pu se souder au rêve préexistant, l'esprit n'aura guère manqué d'opérer cette soudure bonne ou mauvaise; que si la soudure était trop difficile, et surtout si la sensation nouvelle est intervenue au milieu d'un rêve insignifiant, il y aura eu changement immédiat de sujet et de tableau, effacement de tout ce qui précédait, pour faire place à un nouvel ordre d'idées. Enfin, que si par sa vivacité ou par son caractère, la sensation subitement perçue exige à l'appui de l'idée *première*, qu'elle fait naître, tout un cortège d'idées *secondaires* impliquant l'antériorité d'une cause efficiente, on verra s'opérer dans l'esprit une espèce d'illusion rétrospective, dont le résultat est de nous faire croire à la succession d'une certaine série d'images et d'événements dans l'ordre rationnel de leur production, tandis qu'au contraire notre imagination les aura évoqués en raison inverse de leur cours naturel, remontant du dénouement au point de départ, comme celui qui parcourt un volume en regardant d'abord le dernier chapitre pour terminer par l'introduction.

Rendons ceci plus clair par un exemple: Je suis piqué par un moustique et je rêve que, me battant en duel, j'ai le bras traversé d'un coup d'épée. Mais je n'ai pas rêvé que je recevais ce coup d'épée sans que cet accident fût en quelque sorte préparé. Ainsi, j'ai commencé par avoir une querelle, j'ai reçu quelque insulte, ou j'ai provoqué quelqu'un moi-même. Des amis sont intervenus; un duel a été proposé et accepté; les conditions en ont été réglées et les préparatifs accomplis. Enfin les épées se sont croisées, et c'est seulement après tous ces préliminaires que j'ai cru sentir une lame effilée traverser mon bras. Il est évident cependant que la cause directe et immédiate de ce rêve, la piqûre du moustique, m'a transmis brusquement, par analogie de sensations, et sans aucune transition, l'idée de recevoir un coup d'épée. Cette querelle, ces amis rassemblés, ces préliminaires de combat, auxquels il me semblait avoir songé d'abord, ne sont donc que des *idées secondaires*, conséquences de l'*idée première*, qui ne sauraient avoir existé avant que *l'idée première* dont elles procèdent n'ait elle-même surgi d'un incident imprévu.

Que s'est-il donc passé dans mon esprit?

L'*idée première* d'un coup d'épée ayant été subitement évoquée, je me suis instantanément représenté, par tout un enchaînement *d'idées secondaires*, les diverses circonstances qui pouvaient m'avoir conduit à en recevoir un. Je me suis vu d'*abord* l'épée à la main; *ensuite* j'ai pensé aux témoins que je devais avoir, à l'aventure qui avait pu motiver cette rencontre, etc., etc. Et tout ce que j'imaginais ainsi, en remontant le cours des idées vers sa source, étant venu se peindre successivement aux yeux de mon esprit avec la rapidité de la pensée (c'est-à-dire à peu près instantanément) j'ai été le jouet d'une illusion qui n'est peut-être pas sans quelque analogie avec ces récréations d'optique où l'œil trompé par des combinaisons en dehors des lois ordinaires de la vision croit voir sur le premier plan des objets placés en réalité au fond du tableau; je me suis figuré que j'avais rêvé toutes ces choses dans l'ordre rationnel de leur succession, tandis que l'idée la plus éloignée du dénouement était au contraire celle à laquelle j'avais songé la dernière, celle qui se produisait au moment même du réveil, si ce dénouement m'a réveillé en sursaut.

Les rêves dans lesquels on s'imagine passer par quelque épreuve douloureuse sont presque toujours accompagnés d'un véritable sentiment de souffrance, comme aussi ceux qui portent le caractère du sensualisme ne se produisent guère sans que nous éprouvions des sensations en rapport avec leurs images tumultueuses. Cet accord entre la cause et l'effet a lieu, suivant les cas, dans des conditions toutes différentes. Tantôt c'est la pensée qui précède la sensation. Tantôt c'est la sensation qui précède la pensée. Tantôt les images présentes à l'esprit de celui qui rêve, amenées par l'enchaînement naturel de ses idées et vivifiées par l'illusion du songe, lui feront croire qu'il éprouve réellement des sensations en rapport avec ce qu'il imagine. Tantôt, la sensation précédant l'idée des causes qui pourraient l'avoir amenée, on voit se produire ce phénomène d'illusion rétrospective que je décrivais tout à l'heure.

Assurément il ne sera pas toujours facile de distinguer à laquelle de ces deux origines un songe pénible ou voluptueux devra se rapporter. Le genre de rêves qu'Horace n'a pas craint de chanter dans son voyage à Brindes est cependant celui qui peut fournir surtout à l'observation pratique des exemples bien caractérisés de cette double initiative alternativement exercée par la sensation sur l'idée ou par l'idée sur la sensation.

Des conditions de solitude relative, la chaleur d'un lit moelleux, l'influence d'une alimentation trop substantielle, des contacts ou des parfums irritants, des causes matérielles, en un mot, suscitent dans votre organisme, et tandis que vous rêvez, des sensations habituellement liées à des émotions de l'ordre dont il s'agit. Un travail automatique des fonctions génésiques en résulte; il s'élabore sourdement, sans modifier ni interrompre d'abord la trame du rêve préexistant. Un moment arrive, cependant, où la vivacité de la sollicitation nerveuse devient telle que l'esprit ne peut plus demeurer étranger à ce qui se passe dans l'homme physique. C'est alors qu'il se représente tout à coup quelque vision en rapport avec les sensations si vivement éprouvées; c'est alors que se produit le phénomène de la *rétrospection.* Cherchez, en pareil cas, à ressaisir la chaîne de vos idées, remontez de la dernière illusion que vous avez eue à celles qui semblent l'avoir préparée, vous découvrirez bien vite la solution de continuité, critérium de ces sortes de rêves.

Je songeais, par exemple, que je jouais au billard, à la campagne, avec un de mes voisins. Je donnais précisément toute mon attention à la réussite d'un carambolage difficile, dans l'instant où de secrets et spontanés mouvements de mon organisme ayant provoqué l'apparition de quelque image en rapport avec leurs sollicitations, une jeune et charmante femme m'est soudain apparue, a mis à néant le rêve du billard, et n'a pas tardé non plus à provoquer le réveil. A peine éveillé, je fais appel à mes souvenirs. Je vois encore cette jeune femme à sa toilette, dans une chambre à coucher de style pompéien. Je crois me rappeler qu'*avant* de pénétrer dans cette pièce, j'avais traversé plusieurs appartements silencieux, du même style et d'une grande richesse; qu'auparavant j'avais trompé la vigilance d'un vieux portier nègre, assoupi près d'une urne de forme antique; qu'auparavant encore j'étais dans une petite rue déserte, mais ici mes souvenirs me font complètement défaut: impossible de m'expliquer comment je suis arrivé dans cette rue; impossible de remonter plus haut. Plus haut, je ne retrouve que la salle de billard et la partie engagée avec mon voisin. C'est qu'ici est la solution de continuité, c'est que l'initiative du dernier rêve appartient tout entière à la sensation spontanée, tandis que sa marche apparente est du domaine de la *rétrospection*».

En d'autres circonstances, au contraire, nulle prédisposition aux rêves de ce genre ne se rencontre. L'imagination seule devra donc à son tour provoquer le jeu des organes du sixième sens, s'ils viennent à sortir de leur repos.

Prenons un exemple entre quinze: je viens de me réveiller sous l'impression d'un rêve tout à fait analogue au précédent, quant à son dénouement. Je m'attache de même à ressaisir la chaîne des idées qui ont successivement occupé mon esprit. Je me rappelle d'abord qu'avant de me rapprocher de la gracieuse forme féminine qui s'est montrée, j'ai cru la distinguer au milieu d'une foule élégante, dans un jardin où l'on dansait. Je remonte plus haut: je me souviens que j'avais pris le chemin de fer avec un de mes amis pour nous rendre ensemble à un bal champêtre; qu'un inconnu assis auprès de moi nous avait même contrarié pendant la route, en nous assurant que nous nous trompions de jour; que j'avais eu, précédemment, une discussion à propos de je ne sais quelle cause futile avec un employé du chemin de fer, et plusieurs petites circonstances banales antérieures à notre entrée dans le wagon me reviennent aussi en mémoire. Je pourrais remonter plus haut encore (j'ai quinze observations de rêves du même genre où le fil de l'association des idées se prolonge ainsi très loin); mais aller plus loin n'est nullement nécessaire; il suffit d'avoir constaté que l'association des idées a conduit tout naturellement et sans interruption mon esprit du rêve calme à l'épisode sensuel, pour qu'il y ait présomption très forte que, dès lors, la priorité appartient à l'idée sur sensation[93].

Je dis présomption très forte et non pas certitude, parce qu'une certitude absolue est toujours chose très délicate en ces sortes de matières, et aussi parce qu'il peut arriver que certaines prédispositions physiques, sans être assez puissantes pour déterminer immédiatement une crise passionnée dans l'organisme, aient cependant assez d'empire sur l'ensemble de la machine humaine pour influencer les associations de nos idées, et, par suite, ces tableaux de nos rêves qui surexcitent l'imagination.

---

[93] Il est bien entendu qu'une éventualité ne devra jamais être perdue de vue dans ce genre d'analyse, celle où l'esprit aurait déguisé une interruption réelle dans la marche suivie du rêve, au moyen d'un point de soudure ingénieusement pratiqué par lui.

Mais quoiqu'il en soit de ces appréciations, d'un intérêt pratique assez secondaire, deux classes particulières de rêves supersensuels demeurent en présence: ceux où l'esprit subit à l'improviste une illusion provoquée par le jeu spontané d'un organe, ceux où l'esprit se lance lui-même dans un ordre d'idées qui provoque ensuite des mouvements organiques. Au point de vue purement physiologique, cette distinction me semble déjà curieuse à signaler. Au point de vue pathologique, elle me paraît d'une importance très réelle. En effet, à l'égard du retour trop fréquent de certains rêves, si l'on peut constater que la cause en est tout entière dans l'organisme, la médecine sera prévenue qu'à elle surtout il appartient d'y remédier. S'il est, au contraire, démontré que l'imagination prend constamment l'initiative, acquérir l'habitude de savoir en rêvant que l'on rêve deviendra certainement le moyen le plus sûr pour éviter ces fâcheux incidents du sommeil.

Celui qui rêve avec conscience de son état peut toujours guider, modérer ou changer le cours des idées trop déréglées. Dans le cas même d'une surprise sensorielle, il sait, par un effort de volonté rapide, et reprendre possession de lui-même et comprimer à temps le mouvement automatique dont quelque révélation instantanée l'avertit.

Ce qui demeure surprenant, c'est que Moreau (de la Sarthe) et tant d'autres écrivains qui ont signalé l'action directe et immédiate exercée sur nos songes par diverses causes physiques accidentelles, et qui en rapportent de nombreux exemples, n'aient pas même remarqué à quel point les faits cités par eux renversaient de prime abord toutes les lois de la logique, et demandaient à être expliqués.

Je reviens à mes expériences sur quelques moyens d'influencer les rêves. J'ai dit ce que j'avais obtenu à l'aide de plusieurs parfums, en provoquant certaines associations d'idées. L'efficacité de ces parfums, mes premiers agents, ayant paru s'émousser par suite de l'usage réitéré que j'en avais fait, j'imaginai de chercher des points de rappel dans le sens de l'ouïe, comme j'en avais trouvé déjà dans le sens de l'odorat.

J'allais beaucoup dans le monde, à cette époque. On était à la saison des bals, et ils ne manquaient point. La société que je voyais était assez homogène; elle renfermait quelques jeunes femmes avec lesquelles je dansais surtout presque tous les soirs. J'étais en très bons termes, d'un autre côté, avec un chef d'orchestre très à la mode, dont il semblait qu'aucune maîtresse de maison ne pût se passer. Je résolus de profiter de ces diverses circonstances, et voici la nouvelle expérience que je combinai. Choisissant d'abord, dans ma pensée, deux dames auxquelles il pouvait m'être particulièrement agréable de songer, et deux valses dont la musique offrait un caractère d'originalité des plus marqués, je pris soin de m'entendre avec le chef d'orchestre (qui d'ailleurs ignorait tout à fait mes intentions), pour qu'on jouât invariablement l'une ou l'autre de ces deux valses, chaque fois que je devrais valser avec l'une ou l'autre des deux dames, à chacune desquelles j'avais dès lors spécialement attribué l'une de ces deux compositions musicales. Ensuite, je me rendis au passage Colbert, où je savais qu'il existait un magasin de boîtes à musique, et j'en commandai une qui fit entendre les deux valses en question. Tandis qu'on travaillait à ma commande, ma mémoire recevait les impressions que je lui avais préparées. Les valses d'une danseuse recherchée se promettant un peu à l'avance, j'étais toujours en mesure de donner mes instructions à l'orchestre en temps utile, et j'arrivais à ce double résultat de valser constamment la même valse avec la même dame, et de ne jamais valser cette même valse avec une autre personne. J'insiste sur ces particularités parce qu'elles étaient indispensables au succès de mon entreprise. L'invariable coïncidence que j'avais fait naître ne laissa pas que d'être remarquée par celles qui participaient involontairement à mes expériences; mais j' étais résolu de poursuivre, et cela ne pouvait m'arrêter.

La saison des bals étant finie, ma mémoire suffisamment préparée, et la boîte à musique en ma possession, j'achetai encore un réveil-matin dont je supprimai la sonnerie traditionnelle, et dont le mécanisme fut arrangé de manière à faire jouer cette boîte à musique aux heures qui seraient indiquées sur le cadran. Je fis choix, le soir même, de l'un des deux airs, je fixai l'aiguille de l'instrument sur une heure matinale très propre à l'expérience projetée; puis, je plaçai l'appareil ainsi disposé, dans un cabinet attenant à ma chambre, et je m'endormis à mon heure accoutumée. Cette première nuit je n'obtins aucun succès, je dois l'avouer pour être un historien fidèle. Mais il me fut aisé de reconnaître, ensuite, que cela avait dû tenir à la précaution nuisible que j'avais prise de fermer la porte de communication entre mon cabinet et ma chambre[94] (dans la crainte d'être réveillé par un bruit trop fort), puisqu'à compter du lendemain où je recommençai l'expérience, et jusqu'à une époque toute récente où je la renouvelai encore, toujours cette musique a ramené dans mes rêves le souvenir, et par conséquent l'idée-image, dont elle est devenue la formule infaillible d'évocation.

Remarquons, du reste, que c'est le souvenir d'une personne et non pas celui d'un tableau d'ensemble qui demeure solidairement attaché, dans ma mémoire à la perception d'un motif musical. Ce n'est pas invariablement au bal, ni même en costume de bal, que j'ai revu la dame rappelée par ce motif; des idées secondaires toujours nouvelles l'ont fait entrer tour à tour dans le cadre de mes rêves, au milieu des incidents les plus variés.

Le second air de ma boîte à musique ne produisit pas moins d'effet que le premier. J'en employai successivement jusqu'à huit. Après quoi, je tombai dans une confusion pareille à celle que la multiplication des odeurs avait amenée. Et je dus m'arrêter de même, reconnaissant une fois de plus que tout ce qui tient à l'organisation humaine est essentiellement limité. Mais si l'odorat et l'ouïe sont les deux sens qui se prêtent le mieux aux fonctions de moniteurs dans ces sortes d'expériences, on n'obtient pas moins des résultats analogues par l'intermédiaire

[94] Ce genre de précautions à prendre dépendra naturellement pour chacun de sa plus ou moins grande finesse d'ouïe, de l'intensité de son sommeil, etc.

des autres sens. Le procédé étant acquis, chacun en saura modifier la formule selon ses aptitudes et sa fantaisie. Citons encore deux faits concluants, entre soixante-trois dont j'ai pris note. L'un est relatif au sens du toucher; l'autre intéresse celui du goût.

«Je m'étais légèrement blessé au pouce de la main droite, ce qui me gênait beaucoup pour écrire; la pression de la plume allant jusqu'à me causer une réelle douleur. Deux ou trois fois, je place, en dormant, ma main de telle sorte que mon doigt malade en souffre et que je me réveille. Chaque fois, je reconnais que j'avais un rêve où je me croyais assis, la plume à la main, devant mon bureau.»

L'autre exemple de rappel, celui que je dus à mon palais, fut un de ceux qui me prouvèrent aussi que l'imagination sait transformer en apparente réalité, dans nos songes, le souvenir d'une peinture, d'une statue, ou même d'un simple dessin. Quelques combinaisons ayant pour but de préparer et de provoquer certains rêves déterminés étaient demeurées jusqu'alors infructueuses, faute de s'appliquer sans doute à des sujets capables de frapper assez vivement l'esprit. Je pensai qu'un morceau descriptif, choisi parmi les œuvres de quelque grand poète et riches en images séduisantes, serait ce qui conviendrait le mieux à une expérience décisive. Toutes les conditions que je cherchais me parurent réunies dans cet admirable épisode des *Métamorphoses* d'Ovide:

Quas quia Pygmalion aevum per crimen agentes
Viderat...
.... *dataque oscula virgo*
Sensit, et erubuit, timidumque ad lumina lumen
Attollens, pariter cum cœlo vidit amantem.

Je lus et relus ce charmant passage, et de concert avec un artiste de mes amis qui en appréciait comme moi les nuances délicates, j'essayai de jeter sur la toile une composition qui répondit à ce qu'il nous inspirait. Pendant tout le temps que dura ce travail, j'eus soin de garder dans ma bouche un petit morceau de racine d'iris, substance dont je n'avais jamais goûté jusqu'alors. Le reste se devine, puisque j'employai exactement les mêmes procédés qui ont déjà été exposés; c'est-à-dire que, durant mon sommeil, et sans que je fusse prévenu par avance de la nuit où cette expérience serait faite, un peu de l'aromate indiqué plus haut me fut glissé entre les lèvres.

Or, voici, textuellement tirée de mon journal, la relation du rêve que je fis:

...«Je me croyais au foyer du Théâtre Français, un soir de répétition générale. J'y avais rencontré Mlle Augustine Brohan, qui m'expliquait que l'on répétait une pièce nouvelle dont l'auteur était M. Jules L... (le nom de l'artiste, mon ami), et que celle pièce s'appelait *Astarbé.* Le personnage d'Astarbé devait être rempli par Mlle X..., tandis que D... était chargé du rôle de Télémaque, et que B,.. devait remplir celui d'un capitaine tyrien. Comme on me disait cela, je vis entrer au foyer Mlle X..., dans un costume qui serait difficilement accepté par la Commission des théâtres, mais qui n'en était pas moins séduisant. Ce costume se composait d'une écharpe de mousseline rose parsemée de petites fleurs d'or, avec un collier d'ambre et de perles, auquel pendaient des pierres de couleur. Des bracelets de forme antique s'enroulaient autour de ses bras, et ornaient aussi les attaches délicates de ses jambes. A ses doigts brillaient des saphirs. Sa beauté était vraiment idéale, et dans ses cheveux blonds il me semblait voir un reflet du soleil. Comment me trouvez-vous ainsi? me dit-elle, en s'approchant de moi...»

La suite du rêve serait ici sans intérêt; mais ce fragment mérite d'être analysé. N'est-il pas évident que la saveur de l'iris ayant évoqué subitement dans mon esprit des idées que j'en avais rendues solidaires, l'image de la statue de Pygmalion, telle que nous l'avions comprise et esquissée, s'était instantanément produite et animée devant mes yeux intellectuels? La tête de cette statue, telle que nous l'avions peinte, avait quelque ressemblance avec Mlle X... De là, cette association d'idées qui me fait songer à Mlle X..., et qui me conduit tout naturellement au foyer du Théâtre-Français. Comment songer aux Français sans qu'Augustine Brohan ne se présente à la pensée? Je pense donc à cette éminente artiste; je l'aperçois aussitôt, et c'est elle qui devient ainsi l'apparente interprète de mes propres idées. Or, ces idées, quelle route vont-elles prendre? L'idée de Pygmalion, déjà suscitée, entraîne à son tour des réminiscences de ce trop fameux roman de Fénelon, qui m'a fourni matière à plus d'un thème latin dans mon enfance. Astarbé, Télémaque, Adraste me reviennent alors à la mémoire, et, grâce aux idées secondaires dont j'ai exposé plus haut le mécanisme, j'en fais des personnages de tragédie, dont je distribue aussitôt les rôles entre les sociétaires du théâtre où je me figure être transporté. De la statue de Pygmalion il n'en est déjà plus question, parce que l'épisode du roman-poème auquel je me suis reporté n'en fait point mention; mais il y est parlé de cette Astarbé, maîtresse de Pygmalion, excessivement belle. Mlle X... sera donc Astarbé, tout en demeurant l'identification de l'idée-image qu'un grain d'iris a provoquée, qui est à la fois l'origine et le fond du rêve, qui s'est détachée pour ainsi dire de la toile où nous l'avions peinte, et qui se montre enfin toute parée des présents qu'elle doit au poète romain:

. . . . . grata puellis
Munera fert illi conchias, teretes que lapillos
.... pictas que pilas ......
Dat digitis gemmas, longaque monilia collo;
Cuncta decent, nec duda minus formosa videtur.

Sans doute le rayon de soleil était là comme une trace de son origine céleste; et quant à cette complication que mon compagnon d'atelier se soit trouvé l'auteur de la pièce où devait figurer cette actrice éblouissante, c'est une circonstance accessoire que l'association des idées explique aisément.

Si l'on a bien voulu suivre avec quelque attention l'analyse qui vient d'être faite, on reconnaîtra dans ce rêve encore le phénomène de rétrospection expliqué plus haut. L'idée de la statue de Pygmalion est nécessairement celle qui a surgi la première, évoquée qu'elle était directement. Son identification avec Mlle X... n'a pu venir qu'en second ordre; et si j'ai cru voir ensuite Augustine Brohan, ce n'est que parce que l'idée de Mlle X... m'avait entraîné déjà au foyer de la Comédie-Française. Cependant, j'imagine avoir eu ces idées dans leur ordre rationnel de succession, c'est-à-dire en sens inverse de l'ordre dans lequel je les ai réellement conçues.

De tout ce qui précède, et de ce que chacun sera libre de demander à sa propre expérience, il résultera donc, je crois, ce fait qu'en liant artificiellement certaines idées à certaines sensations bien déterminées, on pourra profiter de cette solidarité factice pour introduire dans les rêves des éléments qu'on aura soi-même préparés. On devra seulement ne pas perdre de vue qu'il est deux conditions essentielles pour que ces moyens de rappel soient efficaces: la première de trouver une sensation bien nouvelle chez celui qui la provoque; la seconde de ne jamais la provoquer en dehors des circonstances voulues, sous peine d'en neutraliser la vertu.

On saura tirer, enfin, de ces observations une remarque qui pour avoir été déjà présentée n'en est pas moins intéressante à renouveler. Dans le dernier songe relaté, dans celui qui précède et dans beaucoup d'autres, l'esprit se trouve ramené tout à coup à une idée par l'intermédiaire d'une sensation, et cela sans que cette sensation paraisse faire sur lui une impression directe, puisqu'il n'en garde aucun souvenir. Je m'explique: une blessure que j'ai au pouce se trouve accidentellement irritée pendant mon sommeil. Il en résulte un rêve où je crois me livrer à une occupation au souvenir de laquelle cette souffrance a été mêlée; mais la douleur elle-même, mon rêve n'en accuse aucune perception *directe*. La saveur d'une racine parfumée évoque l'apparition d'une image féerique; mais c'est seulement en m'éveillant que mon palais m'avertit *directement* de la présence d'un petit morceau d'iris dans ma bouche. Une sensation physique trop faible pour s'annoncer par un avertissement direct peut donc influencer pourtant le cours de nos idées, et se révéler ainsi manifestement.

Quelles conséquences, répéterons-nous, ce fait ne doit-il pas avoir en physiologie pratique, en médecine, et surtout en matière de pressentiments.

Des transitions qui s'opèrent, en rêve, au moyen des abstractions que fait l'esprit. — Voici encore un sujet qui aurait pu trouver place au chapitre de l'imagination et de la mémoire, s'il ne méritait, en raison de son importance relative, d'être tout particulièrement examiné.

Dès la première section de cet ouvrage j'ai parlé des abstractions, et de l'influence de ces opérations de l'esprit sur la marche et le tissu des rêves. Au moment d'entrer dans les détails analytiques que cette question comporte, je ne crois pas inutile d'exposer quelques considérations nouvelles, de nature à rendre plus claires les observations que j'aurai successivement à développer.

Entendons-nous bien, d'abord, sur la valeur que nous donnerons à ce terme d'*abstraction*.

Doué de cinq instruments différents pour percevoir tous les objets qui tombent dans le domaine de ses sens, l'homme peut naturellement se faire de chaque chose une idée plus ou moins complexe, selon qu'un seul, ou que plusieurs, ou même que la totalité de ces moyens de percevoir ont concouru à la former. Qu'il aperçoive une étoile, la notion sensible qu'il en acquiert n'est évidemment qu'une notion simple, puisque la vue seule y participe. Qu'il tienne entre ses mains une orange, qu'il la frappe et la presse, qu'il la porte à son nez, puis à ses lèvres, il possède dès lors de cet objet l'idée matérielle la plus complexe qu'il lui soit donné d'acquérir, puisque tous ses instruments de perception y ont apporté leur concours. Est-ce à dire que toutes les propriétés d'un corps nous seront parfaitement connues, par cela même que ce corps aura subi l'expérimentation de nos cinq sens? Assurément non. Les objets que nous connaissons sous des rapports au nombre de cinq, parce que ce nombre est celui de nos sens, doivent être vraisemblablement *percevables* d'une infinité d'autres manières, dont l'ensemble constituerait cette science absolue des choses qui n'appartient qu'au créateur. Il peut donc exister, dans quelque planète, des êtres doués d'appareils sensoriaux si différents des nôtres que la manière dont une seule et même chose serait perçue par eux ou par nous n'offrirait pas la moindre analogie. Mais si nous ne pouvons guère imaginer les notions qui résulteraient du ministère d'un organe sensoriel absolument différent de tous ceux que nous possédons, il nous est facile du moins d'envisager séparément les idées simples qui résultent pour nous de l'action particulière de chacun de nos sens, dans l'idée générale que nous faisons de chaque objet. S'il s'agit, par exemple, de cette orange dont je parlais tout à l'heure, je puis considérer *à part* l'idée de sa forme ou de sa couleur, celle de sa consistance ou de son parfum, et considérées ainsi, ces idées deviennent autant d'*abstractions*.

La vue et le toucher donneront lieu, d'ailleurs, à plusieurs abstractions distinctes dans un grand nombre de cas, de même que certaines abstractions participeront quelquefois de ces deux sens réunis, témoin la forme sphérique de l'orange.

Ce qui a lieu, dans l'ordre physique, à l'égard des idées sensibles, se produira dans l'ordre moral, sinon par des procédés identiques, du moins d'une manière analogue, en ce qui concernera les qualités bonnes ou mauvaises que nous concevrons isolément.

Enfin l'*abstraction* pourra porter sur quelque détail que l'esprit détachera d'un tout complexe auquel il appartient, l'anneau d'une clef, par exemple, le bouton d'une porte, la lanterne d'une voiture, le cachet d'une lettre, etc.

Les abstractions forment le lien le plus ordinaire de nos idées, à l'état de veille aussi bien qu'à l'état de songe; cette grande différence existant toutefois entre leur effet sur les idées de l'homme éveillé ou sur celles de l'homme endormi, que chez le premier un simple enchaînement d'idées s'effectue, l'esprit passant d'un sujet à un autre sans rien mêler ni rien confondre, tandis que sous l'empire du sommeil, et grâce à l'immédiate apparition des images solidaires de chaque pensée, c'est une véritable fusion ou confusion qui s'opère souvent entre les deux idées que l'abstraction a rapprochées; d'où, ces incohérences et ces monstruosités si variées dont nous allons maintenant passer en revue quelques exemples, en essayant de les analyser.

Abstractions des qualités de l'ordre sensible.—La vue est le premier de nos sens. L'immense majorité de nos souvenirs est entrée par les yeux dans notre mémoire; il sera donc dans l'ordre naturel des choses que l'abstraction des apparences extérieures soit celle que l'esprit fera le plus fréquemment.

N'oublions pas la faculté que nous avons dû reconnaître à l'imagination de modifier d'une certaine façon les *clichés-souvenirs* de la mémoire, et nous pourrons dès lors nous rendre compte des visions que voici:

«Je me crois menacé par un petit chien enragé qui s'est tapi devant moi, *en forme de rouleau*. Je lui mets le pied sur la tête, et je le *roule* ensuite sous mon pied; l'abstraction de sa forme m'a fait songer à un véritable rouleau; cette idée abstraite de *rouleau* me conduit à songer que l'objet que je roule n'est autre qu'un gros flageolet, et alors, au lieu des hurlements du chien, j'entends sous mon pied des sons musicaux; ce qui me conduit à rêver aussitôt que j'assiste à une fête de village, dont le tableau vivant se trouve instantanément évoqué.»

Rien de plus incohérent, au premier abord que cette série d'images, rien de plus logiquement enchaîné dès qu'on a saisi le lien des idées.

Les transitions suivantes ne me paraissent pas moins faciles à expliquer:

«Je crois sortir de l'appartement d'un ami qui loge très haut, et dont l'escalier sombre et tournant ressemble véritablement à un puits. Toute comparaison est basée sur l'abstraction d'une qualité commune, la comparaison qui s'opère, dans mon esprit, de cet escalier à un puits me fait songer aussitôt que je descends dans un puits. En arrivant au fond et en apercevant une nappe d'eau claire, j'oublie la route par laquelle je viens de passer. Le ciel brille de nouveau au-dessus de ma tête. Je me crois à l'école de natation.»

Un rêve dont j'ai déjà fait mention, à propos d'un autre ordre d'idées[95], trouve ici trop naturellement sa place pour ne pas être rappelé; c'est celui de cette jeune dame qui croyait voir mettre sur table, en guise de rôti, un gros, monsieur de sa connaissance, et qui n'éprouvait ni surprise ni répugnance à s'en laisser offrir un morceau. Il est hors de doute, pour moi, qu'elle avait dû rêver d'abord qu'un dindon ou quelque autre volatile dodu était servi devant elle. L'envisageant alors au seul point de vue de son embonpoint, elle avait fait l'*abstraction* de cette manière

[95] Page 98.

d'être, puis elle l'avait reportée sur ce gras personnage, dont l'image s'était aussitôt substituée à celle de l'oiseau.

Le sentiment de la ressemblance émane d'une abstraction des formes extérieures. Un de mes amis rêve qu'il presse amoureusement une jeune fille sur sa poitrine. Bientôt il secoue le sommeil avec horreur, ayant cru reconnaître qu'il embrassait un garçon. Réveillé, il consulte sa mémoire, et se rappelle avoir remarqué déjà dans la vie réelle, une grande ressemblance entre les deux personnes dont le souvenir lui est revenu en songe, et dont la substitution s'est effectuée instantanément.

Une statue à laquelle nous rêvons peut devenir une personne vivante, par un même jeu de la mémoire; ou bien l'homme avec qui nous causons se transforme en statue, si sa pose ou son air nous rappellent quelque marbre dont l'image est demeurée dans nos souvenirs.

Un très beau clair de lune amène facilement, comme transition par similitude d'aspect, l'idée du jour et du soleil.

En parlant des transformations graduées que l'imagination a le pouvoir d'opérer, j'ai cité une fantaisie artistique de Grandville, qui a crayonné une série de silhouettes commençant par celle d'une danseuse pour finir par celle d'une bobine. Il semble que ce soit la réminiscence de quelque rêve. J'en trouve un, dans mes cahiers, où l'on reconnaîtra le même enchaînement d'idées-images:

«Je cherchais à me rappeler une chose, à laquelle je venais de penser et que je regrettais d'avoir laissé échapper de ma mémoire. Cette chose était, paraît-il, de forme carrée, du moins cette seule abstraction m'en était demeurée dans l'esprit. Je vis alors défiler devant moi, avec une rapidité extrême, toute une série de petits objets de forme à peu près carrée, tels que presse-papiers, carreaux de faïence, cartes à jouer, paquets d'enveloppes, boîtes d'allumettes, etc.. jusqu'à ce que l'objet poursuivi se représentât, lequel était définitivement un petit portrait que je m'étais chargé de faire encadrer. Je me demandai, en me réveillant, si cette observation pratique ne nous donnait pas la clef de la manière dont procède habituellement la mémoire, quand nous la pressons de retrouver quelque souvenir n'ayant laissé derrière lui qu'une vague notion de son passage à travers notre esprit.»

Il n'est point nécessaire, du reste, qu'on soit à la poursuite d'une réminiscence pour que ce genre de visions se produise en rêve; il suffit que l'esprit soit dans un de ces moments de torpeur, assez communs durant le sommeil, où, sans se soucier d'approfondir aucunement les choses, il se contente de les envisager superficiellement. C'est ainsi qu'une foule compacte dont les têtes nues sont tournées vers quelque spectacle, se transformera, par exemple, en un champ de pâquerettes, d'abord, puis en une vaste mosaïque parsemée de médaillons réguliers.

Est-ce au sens de la vue ou bien à celui de l'ouïe que nous rapporterons les abstractions fondées sur des ressemblances de mots? Une grosse question philosophique pourrait surgir de cette proposition, si j'entendais l'examiner au point de vue de l'influence qu'exercent les caractères de l'écriture et les sons de la parole sur le mouvement des idées; mais je n'ai pas l'intention d'aller si loin. Que ce soit la ressemblance des signes graphiques, ou que ce soit celle des consonnances verbales qui frappe l'esprit et favorise l'association, je n'envisage ici qu'un phénomène de la famille de ceux que j'analyse, et je suis d'accord avec M. Maury pour constater que bien souvent nos rêves lui doivent une partie de leurs rapides modifications.

«Je songe à une comète; la locution *comète chevelue* me revient en mémoire, et je vois une étoile avec de véritables cheveux.»

—«On appelle devant moi une femme de chambre qui se nomme *Rosalie.* Mon esprit met en action un affreux et détestable calembour. Je vois, en rêve, un *lit* à baldaquin dont les rideaux et la courte-pointe sont semés de *roses.*»

— «J'admire un manuscrit d'une écriture superbe, Je me dis qu'il est d'*une belle main*, et quelqu'extravagant que cela puisse être, je rêve que les caractères en sont tracés sur une *belle main* coupée et reliée.»

— «Je me crois aux Tuileries. J'aperçois une délicieuse Jeune fille vers qui je me sens entraîné avec cet emportement qui est le propre des songes, et chez laquelle je rencontre une conformité de sentiments bien naturelle puisque c'est mon imagination seule qui la fait parler et agir. Je lui demande comment elle se nomme. *Sylvia* me répond-elle. J'ignore par quelle association ce nom fut amené, mais à peine est-il prononcé que je me trouve dans une forêt touffue, et que la jeune fille elle-même est devenue un petit oiseau bleu de ciel, perché sur mon épaule, non loin de mon oreille et bien près de mes lèvres aussi.»

Le mot *Sylvia* est la cause de toute cette métamorphose, où l'influence des mots sur la marche des idées n'est point la seule observation à recueillir. Il faut remarquer encore dans ces exemples, comme dans ceux qui vont suivre, deux faits déjà signalés peut-être, mais qu'il n'est point hors de propos de rappeler chaque fois qu'une démonstration nouvelle en est apportée. Savoir:

1° Qu'il n'est point nécessaire que la trame d'un rêve soit logiquement suivie pour qu'elle soit réellement ininterrompue; en d'autres termes qu'on peut passer brusquement d'un tableau à un autre très différent par une liaison d'idées étroitement unies, quelque décousues qu'elles puissent sembler et, par conséquent que l'apparente interruption dans les visions qui composent le rêve ne prouvent nullement qu'il y ait eu interruption véritable dans leur défilé.

2° Que l'esprit n'éprouve jamais d'étonnement quand les transitions s'opèrent en vertu des associations de cette espèce, bien qu'il poursuive très souvent, à travers ces changements rapides, l'idée principale qui le captive et qu'il accommode quand même aux complications les plus illogiques.

Dans le dernier rêve que j'ai rapporté, l'idée principale de la jeune fille m'avait impressionné trop vivement, pour que les aspirations qu'elle avait fait naître en moi s'effaçassent aussi vite que des visions simples. Je continuai donc de lui parler, ce que je fis très doucement de peur de l'effaroucher et de la voir prendre son vol. Je la remerciai même d'avoir ainsi changé d'aspect, ce qui nous permettait de demeurer plus longtemps ensemble, sans éveiller une attention inopportune. Et quand le bec de cet oiseau vint à se glisser entre mes lèvres, j'eus assurément la mesure du rôle énorme que joue l'imagination dans nos plus vives jouissances, car je fus aussi impressionné que j'eusse pu l'être, en réalité, par le baiser le plus sensuel.

Les réminiscences du goût, comme celles du toucher et de l'odorat, peuvent se combiner parfois avec celles de la vue, et amener ainsi des appréciations complexes sur l'ensemble desquelles porte l'abstraction. Je rêve que je tiens un fruit; je veux le porter à mes lèvres; mais il n'a point de saveur, et je m'aperçois que sa chair est fibreuse et desséchée; je le compare mentalement à une boule de varech. La transition est opérée, c'est une boule de varech que je roule entre mes doigts.

De tels exemples pourraient se multiplier sans fin.

Abstractions de l'ordre purement abstrait. — Indépendamment des idées toutes morales, telles que la générosité, la pitié, le courage, la frayeur, etc., et de celles qui deviennent des abstractions morales par la manière absolue dont l'esprit les envisage, telles que les idées de grandeur, de petitesse, d'inégalité, etc., l'esprit de l'homme cultivé conçoit un très grand nombre d'idées plus ou moins complexes, résultant des conditions de l'état social: croyances, traditions, symboles, etc. Toutes ces idées peuvent donner lieu à un genre d'abstractions que, par opposition aux abstractions des qualités de l'ordre sensible, je nommerai abstractions de l'ordre purement abstrait.

Si je crois voir, en songe, un portrait de saint Pierre, par exemple, et si mon esprit se prend à considérer abstractivement la *religiosité* du sujet, il en pourra résulter que je reporterai cette idée sur quelque personne pieuse de ma connaissance, à laquelle cette seule abstraction me fera penser.

Je rangerai volontiers dans cette classe d'abstractions une opération de l'esprit extrêmement fréquente en rêve, par laquelle nous nous assimilons tout à coup l'ensemble d'une situation que nous avions imaginée d'abord en dehors de nous. Je suis témoin d'une querelle entre deux personnes. Je prends moralement parti pour l'une des deux; je pense à ce que je dirais si j'étais à sa place; et presque aussitôt je parle pour mon propre compte, car je me suis substitué à l'individualité de celle pour qui je prenais parti, et de spectateur je suis devenu acteur.

J'assiste, en rêve, à quelque accident terrible; la situation d'un blessé m'inspire une pitié profonde. Je m'imagine ce qu'il doit souffrir, et c'est moi, dès lors, qui suis le blessé.

Un procès criminel m'a fait impression. Je me souviens du crime, sans songer au meurtrier que je n'ai d'ailleurs jamais vu, et dont je ne saurais posséder aucune idée-image. Je me représente combien il doit être terrible d'avoir sur la conscience une telle action. Je suis désormais identifié aux tourments de celui qui peut l'avoir commise. Si c'était moi! C'est déjà moi. Je fuis, je tremble d'être reconnu. Je me rappelle avec horreur toutes les circonstances de l'assassinat, et j'en ressens tout le remords.

Quelquefois l'esprit passe de l'ordre abstrait à l'ordre sensible et *vice versa.* En voici deux exemples:

«J'aperçois en rêve un buste de Napoléon 1er; sa soif insatiable de luttes sanglantes se présente abstractivement à mon esprit. Je vois alors une plaine jonchée de cadavres, tableau qui par un second enchaînement d'idées analogues me remémore une description de *Notre-Dame de Paris,* et me voilà transporté au charnier de Monfaucon.»

— «Je me crois dans la cour d'une auberge, où des chevaux de luxe et des chevaux de charrue se pressent, tous ensemble, à l'entour du même abreuvoir. L'inégalité des soins qu'on donne à ces chevaux et des fatigues qu'on leur impose me venant à l'esprit, je reporte aussitôt (et sans m'en douter bien entendu) cette idée abstraite d'*inégalité* sur les conduits par où l'eau s'écoule. Je voyais tout à l'heure un abreuvoir avec quatre tuyaux de plomb de proportions identiques, et maintenant ces tuyaux m'apparaissent tous quatre d'inégale longueur.»

Les abstractions sont une opération de l'esprit si fréquente qu'il serait difficile, je crois, d'analyser minutieusement un rêve d'une certaine étendue sans en découvrir plusieurs. Il en est du reste, un peu de nos rêves comme de ces mélanges chimiques très compliqués dans lesquels une infinité de choses sont combinées. L'essentiel n'est point de les retrouver toutes, mais de dégager à propos celles dont on a quelque intérêt à constater la présence.

VIII

OBSERVATIONS DIVERSES POUR LA CONFIRMATION DE CELLES QUI PRECEDENT, OU POUR L'ECLAIRCISSEMENT DE QUELQUES DERNIERES PROPOSITIONS.

Sur différentes visions hypnagogiques. — Nouveaux exemples de la façon dont les idées s'enchaînent et dont les images se fondent, se transforment ou se substituent les unes aux autres. — Transitions par substitution de personnes très fréquentes dans nos rêves.—Elles transportent parfois sur la personnalité même de celui qui rêve une action qu'il avait d'abord imaginée en dehors de lui. — Songes bizarres et incohérents en apparence, qui s'expliquent cependant très facilement par les principes précédemment exposés. — Idée principale poursuivie à travers plusieurs idées secondaires. — Deux idées qui marchent de front. — Surprise que peut nous causer, en rêve, notre propre mémoire — Sorte de dualité morale.— Logique des rêves. — Illusion dont il est difficile de se défendre. — Relations de plusieurs rêves suivis où l'on trouve l'application de quelques principes exposés dans ce volume, en ce qui concerne notamment les moyens d'appeler ou d'écarter certaines visions et de s'observer soi-même en rêvant. — Derniers extraits de mes cahiers, comprenant quelques observations détachées.

A mesure que j'ai avancé dans ce travail, j'ai tiré du journal de mes rêves les observations qui me semblaient le plus nettement appropriées aux diverses questions que j'essayais tour à tour d'élucider: J'ai eu l'occasion d'en rapporter ainsi un assez grand nombre, bien minime cependant comparativement à tout ce que j'ai pu recueillir. Je puiserai donc encore dans mes cahiers quelques relations et quelques notes, les unes venant à l'appui des remarques déjà faites, les autres s'appliquant à des phénomènes psychiques dont j'ai cru saisir le développement et le caractère, mais dont l'explication reste à trouver.

La photographie nous montre aujourd'hui ce que vaut une indication précise, demeura-t-elle inappréciée par celui-là même qui la fournit? Il se publie, sous les auspices de la Société d'Ethnographie, une galerie photographiée de tous les types de la race humaine, à l'aide desquels le physiologiste ou l'anthropologue, le médecin ou l'artiste peuvent aller eux-mêmes à la découverte, grâce à la minutieuse vérité de tous les détails reproduits. Ce que n'eût pas aperçu l'œil de tel peintre dessinant d'après nature, ce qu'eût négligé d'indiquer le crayon d'un autre, ce que n'a même pas soupçonné le praticien qui mit au point la chambre noire peut devenir un trait de lumière pour un observateur plus clairvoyant.

A l'égard de quelques rêves singuliers dont je donnerai l'exacte relation sans explication probante, il sera sous-entendu que je livre cette relation comme une photographie aux investigations de tout chercheur.

Sur les visions du premier sommeil que l'on a nommées hallucinations hypnagogiques. — C'est un fait constaté, je crois, que les premières illusions du rêve sont presque toujours des hallucinations de la vue. A peine certaines personnes ont-elles fermé les yeux pour s'endormir, qu'elles aperçoivent comme un fourmillement d'images capricieuses qui sont l'avant-garde des visions mieux formées, et qui annoncent ainsi l'approche du sommeil. Tantôt ces hallucinations représentent des objets déterminés, quelque fantasques et défigurés qu'ils puissent être; tantôt ce ne sont que de petites roues lumineuses, de petits soleils qui tournent rapidement sur eux-mêmes, de petites bulles de couleurs variées qui montent et descendent, ou bien de légers fils d'or, d'argent, de pourpre, de vert-émeraude, qui semblent se croiser ou s'enrouler symétriquement de mille manières avec un frémissement continuel, formant une infinité de petits cercles, de petits losanges et d'autres petites figures régulières, assez semblables à ces fines arabesques qui ornent les fonds des tableaux byzantins.

Celles de ces visions qui nous montrent des objets bien déterminés rentrent à mes yeux dans la catégorie des rêves ordinaires. Quant à celles qui ressemblent plutôt à des feux d'artifice qu'à des réminiscences d'objets réels, si l'on voulait étudier les lois de leur formation, il serait nécessaire de réunir d'abord un très grand nombre de figures fidèlement coloriées, à l'appui d'observations soigneusement faites sur la manière dont elles débutent et se modifient. J'emprunte à mes cahiers, et je place au frontispice de ce livre quelques croquis de cette espèce. La gradation des couleurs qu'on y remarque correspondrait-elle à une série de vibrations distinctes, comme celles qui produisent la gamme musicale? La forme des aiguilles régulières (figurées sous le n° 2-voir dessins au début du livre) ne rappelle-t-elle pas celle de certaines cristallisations naturelles? Questions étranges peut-être, que je me borne d'ailleurs à poser.

Relatons quelques hallucinations de la même famille, mais déjà mieux caractérisées.

«Une fumée blanche semble passer comme un nuage épais chassé par le vent. Des flammes s'en échappent par instants, si éclatantes qu'elles impressionnent douloureusement ma rétine. Bientôt elles ont absorbé le nuage; leur éclat s'est adouci, elles tourbillonnent, forment de larges cocardes, noires à l'intérieur, rouges et orangées vers leur bord extérieur. Au bout d'un moment, elles s'entr'ouvrent graduellement par le centre et ne forment plus qu'un mince anneau doré, une sorte de cadre au milieu duquel je crois voir le portrait d'un de mes amis.»

— « Un monticule de couleur verte se dessine au milieu du champ que mes regards intérieurs embrassent. Je distingue peu à peu que c'est un amas de feuilles. Il bouillonne comme un volcan en éruption; il grossit et s'élargit rapidement, au moyen des zones mouvantes qu'il rejette. Des fleurs rouges sortent à leur tour du cratère, en formant un énorme bouquet. Le mouvement s'arrête. L'ensemble est un moment très net; et puis le tout s'évanouit.»

Ce sont là des visions bien embryonnaires. On y retrouve pourtant ce caractère de transition par abstraction des formes sensibles qui leur est commun avec beaucoup de rêves parfaits; d'où nous pouvons juger que nous avons affaire à des phases graduées d'un même phénomène, et non point à un ordre de faits particulier.

Procédons graduellement aussi dans nos exemples, et cette vérité ressortira d'autant plus clairement.

«Je crois apercevoir une haie vivement éclairée, à travers laquelle se montre une jeune fille vêtue de blanc. Peu à peu les branches des arbustes se redressent avec une régularité symétrique. Le feuillage a disparu, la jeune fille est oubliée. Ce que je vois maintenant, c'est une longue corbeille remplie de linge blanc.»

— «Un visage criblé de petite vérole m'apparaît d'abord; son aspect me rappelle sans doute celui d'un bois tacheté avec lequel on fabrique des pommes de canne. Les traits s'amoindrissent et s'immobilisent, le teint devient plus sombre; la chevelure est remplacée par une plaque d'or; le cou s'allonge indéfiniment. La métamorphose est accomplie. C'est une canne que j'ai devant moi.»

Les abstractions en vertu desquelles se sont opérés ces changements à vue ne sont-elles pas faciles à saisir?

Une troisième observation que je rapporterai encore appartient évidemment au genre de phénomène que j'ai appelé la *superposition d'images.* Les deux exemples qui précèdent ont fourni quelques nouvelles preuves du pouvoir qu'a l'imagination de modifier les clichés-souvenirs de la mémoire[96]; celui-ci donnera surtout à réfléchir quant au mécanisme physiologique de nos visions.

«J'étais dans la période transitoire de l'assoupissement au sommeil complet. Je croyais voir un château de style Louis XV, illuminé par un brillant soleil. Tout à coup l'image d'un autre château très différent s'abaissa, sans la cacher, devant la première. Cette seconde image semblait peinte sur une gaze transparente, que l'on aurait fait danser entre le château Louis XV et mon regard. Elle se releva et redescendit ainsi plusieurs fois de suite, offrant aux yeux de mon esprit le spectacle simultané de deux images superposées, l'une fixe et d'apparence solide, l'autre mobile et diaphane. Cela dura quelques secondes, et le tout disparut.»

Nouveaux exemples de la façon dont les idées s'enchaînent, et dont les images se fondent, se transforment, ou se substituent les unes aux autres, d'après les principes précédemment exposés. —

«Je crois jouer avec une petite balle très élastique, recouverte d'une enveloppe de cuir divisée par quartiers de différentes couleurs. L'un de ces quartiers est d'une nuance violette, qui me rappelle celle d'un bâton de cire à cacheter dont je fais usage. L'image de ce nouvel objet remplace aussitôt la balle; mais comme l'idée première, celle de jouer à la balle, persiste, c'est maintenant le

---

[96] A supposer, en effet, et contre toute vraisemblance, qu'il ait existé dans les immenses casiers de ma mémoire deux *clichés-souvenirs* correspondant exactement aux deux images extrêmes de cette double hallucination, les visions de la période transitoire demeureraient encore inexplicables, autrement que par la puissance créatrice de l'imagination.

bâton de cire à cacheter qui rebondit vivement sur le tapis, sans se casser. L'idée d'un bâton de cire à cacheter ne peut manquer cependant d'entraîner celle d'un objet fragile. Je crains qu'il ne se brise, s'il tombe sur une surface dure. Craindre une chose c'est en avoir la pensée; avoir la pensée d'une chose, en songe, c'est en avoir aussitôt la vision. Je rêve donc que cette singulière balle, venant à frapper le marbre du foyer, a rejailli en plusieurs pièces. Je cherche les fragments pour les réunir. J'aperçois, au coin de la cheminée, un assez gros bâton de couleur grise. Pourtant ma cire était violette, me disais-je, en me baissant pour le ramasser. Un tiers se charge de me répondre. (On sait que c'est la forme sous laquelle se manifestent le plus souvent, en rêve, nos propres réflexions.) Il me fait remarquer que je ramasse une bûche et non pas un morceau de cire à cacheter. En ce moment la conscience me vient d'être le jouet d'un songe ridicule. Je fais alors la réflexion que j'ai pu passer de l'idée du bâton de cire à celle de cette bûche, soit par une abstraction (de forme ou de mots), soit par une association de souvenirs très naturelle entre le coin d'une cheminée et ce morceau de bois à brûler.»

— «Je rêve que je me promène avec un de mes amis, que j'appellerai Maurice. Un commissionnaire, qui arrive par derrière et qui porte un costume complet de velours bleu, le salue de sa casquette en lui présentant une lettre. Je dis à Maurice: Retourne-toi donc; un commissionnaire est là qui t'apporte une lettre. Mon ami se retourne, mais d'un autre côté. — Je ne vois personne, me répond-il. —Je le crois bien, il est derrière toi et tu regardes de côté. — Maurice se retourne cette fois du côté opposé, sans voir davantage l'homme que je lui signale. Pendant ce temps là, j'avais admiré la bonne mine du commissionnaire, et je m'étais dit intérieurement: cet homme ferait un beau carabinier. Déjà, et selon le mouvement de ma pensée, ce n'était plus un commissionnaire, mais bien un carabinier qui nous suivait. Cependant Maurice, qui s'était tourné à droite et à gauche sans se décider à regarder derrière lui, me répétait toujours: Je ne vois personne. Et moi qui commençais à m'irriter de cette gaucherie, je le prenais par le bras avec une certaine vivacité pour le placer en face de celui qui cherchait à l'aborder. Enfin, dans ce même temps si court, l'image d'un carabinier m'avait fait penser à l'un de nos amis communs, officier de carabiniers; et quand Maurice prit enfin la lettre à son adresse, ce n'était déjà plus la main d'un commissionnaire, ni celle d'un soldat, mais bien celle de cet officier, notre ami commun, qui la lui tendait.»

Idée principale persistante; transitions par abstraction; tout cela est très clair.

L'exemple suivant paraîtra de la même famille

«Je crois avoir une discussion avec un douanier piémontais. La figure de ce douanier (tirée de je ne sais quel casier perdu de ma mémoire) me rappelle celle d'un commis libraire auquel j'ai quelquefois parlé. Voilà le commis devenu douanier, sans que la discussion s'arrête. Cependant, la personnalité du commis finit par l'emporter sur celle du garde-frontières. Je passe donc de la douane dans une librairie, où mon rêve se développe tranquillement.»

— «Je rêve que je suis dans un hôtel d'une ville étrangère, et que j'y demande quelle est l'heure de la table d'hôte, afin de commander un cheval de selle et d'aller me promener aussitôt après le dîner. L'heure du dîner, que l'on m'annonce, se trouve être celle à laquelle ma famille dîne habituellement à la campagne. Le dîner de la table d'hôte me fait donc penser à celui de notre habitation d'été. La cuisine de cette habitation me revient alors en mémoire; elle réapparaît; je crois y être. Il en résulte qu'en sortant de cette même cuisine, je crois aussi traverser le vestibule qui la précède, et puis je revois la terrasse sur laquelle ce vestibule donne, et je parcours enfin une allée de parc au lieu de me trouver dans les rues d'une ville étrangère. L'idée originaire, toutefois, ne s'est point évanouie; le cheval que je désirais m'attend à la grille du parc, et mon rêve se continue sur une route du voisinage, avec les incidents que comporte cette nouvelle direction.»

— «Je rêve que je viens de prendre un bain de mer et que je me promène sur la plage, une *serviette* à la main. Je jette cette serviette sur mes épaules *en guise de peignoir.* Un moment après je n'ai plus de serviette, mais je me crois drapé dans un large peignoir.»

Ce genre de substitutions par *à peu près* est très fréquent. La volonté, nous l'avons vu, n'y est pas étrangère, et c'est toujours la pensée qui précède et fait surgir la vision. En voici un nouvel exemple concluant:

«Je me crois dans un bois, défendant avec une branche d'arbre un jeune enfant menacé par une sorte de bohémien. Cet homme est armé d'un long couteau. Je regrette de n'avoir pas sous la main, moi aussi, certain yatagan que je possède. J'ai pensé fortement à ce yatagan; je le vois, je le tiens. Toutefois l'idée du yatagan a entraîné celle de mon cabinet de travail, où j'ai coutume de le voir. Ici, le changement de décors a complètement rompu la trame principale du rêve. Il n'est plus question du bohémien ni de l'enfant. Le cadre de mon cabinet de travail a fait naître un tout autre tableau.»

— «Je donne le bras, en rêve, à la très jolie Mlle V..., que la nuance vénitienne de sa magnifique chevelure a fait appeler quelquefois *la belle aux cheveux d'or*, parmi les personnes qui la connaissent. Ce surnom me revient en mémoire. Je crois aussitôt voir cette jeune fille avec des cheveux d'or véritable. D'autres comparaisons analogues se présentent alors d'elles-mêmes à mon esprit. Je me suis dit que les traits de Mlle V... rappelaient la statuaire antique, que son cou était plus blanc que de l'ivoire, que ses lèvres avaient la nuance du corail rosé, et que ses yeux ressemblaient à des saphirs. De ce mouvement d'idées, et du principe de l'immédiate apparition de tout ce que l'esprit imagine, il est résulté précisément le contraire de ce que rapporte la fable de Pygmalion, C'est-à-dire que j'ai cessé de me croire auprès d'une personne vivante, et que je me suis figuré contempler une belle statue formée de matières précieuses, comme était la Minerve du Parthénon.»

— «Je me crois devant un miroir, essayant successivement plusieurs chemises dont les cols sont tous dépourvus de boutons. Une comparaison se fait dans mon esprit entre ces cols qu'on ne peut boutonner et des enveloppes de lettres mal gommées qu'on ne peut fermer. La cire à cacheter est le remède à ce dernier ennui. Voici donc que j'allume une bougie; et puis, la première idée se mariant à la seconde, j'imagine comme une chose toute naturelle d'appliquer des cachets sur ma chemise, partout où des boutons devraient se trouver.»

—«Je suis dans un café où je déjeune. Je pose sur la table une petite cuillère que je tenais à la main. Mais cette petite cuillère ressemble quelque peu à une clef argentée, qui est celle de mon logis: la voilà métamorphosée en clef. Je la prends et je la mets dans ma poche. Cela m'a donné l'idée de rentrer chez moi. De cette idée à celle de me trouver devant ma porte, il n'y a qu'un éclair. Déjà ma clef tourne dans sa serrure, et je suis transporté instantanément du café à mon domicile.»

Ce mode de transition contredira souvent dans la pratique l'opinion exprimée par M. Lemoine, que lorsqu'un rêve est brusquement interrompu cela tient toujours à la subite intervention de quelque sensation organique.

Dans le rêve qui vient d'être cité, l'unique ressemblance d'un signe sensible avec un autre a si brusquement interrompu la chaîne apparente des idées, que faute d'avoir saisi ce petit point de soudure on ne pourrait imaginer entre elles la moindre liaison.

Une seule observation de ce genre suffit pour démontrer combien il serait risqué d'affirmer qu'on a passé sans liaison d'un rêve à un autre, uniquement parce que l'on n'a su découvrir entre eux aucun trait d'union.

« J'ai froid dans mon lit. Je rêve que je suis sorti sans paletot par un temps de neige, et je veux boutonner du moins ma redingote. Ce mouvement que je crois faire dirige les yeux de mon esprit vers la chaîne de montre qui doit se rencontrer sous mes doigts, dans l'acte de boutonner ma redingote. La chaîne de montre appelle l'idée d'un médaillon qu'elle supporte. Ce médaillon me remémore un souvenir qui en est solidaire. Ce souvenir entraîne des idées toutes différentes du froid, de la neige, et d'une course à travers les rues. Ces nouvelles idées forment un nouveau rêve. J'ai passé d'un premier à un second ordre de faits sans transition sensible, mais non pas sans transition logique, comme on en peut juger.

— «Je vois d'abord Louis-Philippe (ce rêve remonte à 1846). Une association d'idées s'opère entre le chef de la dynastie de Juillet et son symbole; voilà Louis-Philippe changé en coq. Un huissier cependant s'approchait pour remettre une lettre au roi-citoyen, dans l'instant où la métamorphose s'est effectuée. Cette idée ne s'est point évanouie, mais elle s'est modifiée. La lettre et le plateau sur lequel on rapportait se sont changés en une corbeille remplie de grain, que l'huissier présente très gravement à l'oiseau gaulois.»

—«Je me crois à dîner et je murmure à propos d'un plat qui m'est servi: Cela est dur comme une semelle de botte. Une semelle de botte prend aussitôt dans mon assiette la place du mets qui s'y trouvait.»

— «Une pipe figurant une tête humaine apparaît, je ne sais comment, dans un de mes rêves. Le visage qu'elle représente me rappelle celui d'une personne de ma connaissance. La pipe disparaît, et je vois alors ce personnage avec une sorte de fourneau dans la cervelle. Une fumée blanche s'élève du sommet de son crâne, et comme je suis parti d'une idée où cela était tout naturel, je ne m'en étonne nullement.»

Le rêve sera moins étrange, si les substitutions sont moins hétérogènes; mais ce sera toujours la même opération de l'esprit.

«Je rêve que je suis en voiture avec une actrice d'un théâtre dans le foyer duquel je vais assez fréquemment. Cette actrice m'en rappelle une autre. Cette seconde, une troisième, et ainsi mon esprit passe en revue tout le personnel féminin de la troupe, et je crois voir successivement assises à côté de moi ces différentes personnes à mesure que leur visage se présente à ma pensée, et cela, sans que l'idée principale de la promenade en voiture se modifie, comme aussi sans que je m'aperçoive de cette continuelle substitution.»

Je parlais un peu plus haut des transitions par substitution de personnes, et de ce mouvement spontané de l'esprit qui nous porte à nous mettre nous-mêmes, en rêve, au lieu et place des gens dont la situation imaginaire nous intéresse. Mon journal contient dix-sept exemples de ce phénomène hypnologique, neuf où je m'assimile des situations plus ou moins pénibles, huit où je prends tour à tour la place d'un acteur au théâtre, d'un orateur en présence d'une foule passionnée, d'un monarque oriental au milieu de son harem, etc.

Je trouve enfin, dans ce même journal, deux rêves indiquant qu'il faut attribuer au même phénomène un genre de songe, bizarre entre tous, que plusieurs auteurs ont mentionné comme ayant été fait par quelques personnes, tout en déclarant que cela leur semblait vraiment bien difficile à expliquer. Je veux parler du cas où l'on rêve, si l'on est homme, qu'on est devenu femme, et réciproquement, si l'on est femme, qu'on appartient au sexe masculin. Voici les deux observations que j'ai consignées:

«Je rêve que j'aperçois une jeune apprentie les cheveux épars et horriblement maltraitée par un cordier, son patron. (J'avais lu dans les journaux, la veille ou l'avant-veille, un procès révélant des faits de cette nature qui m'avaient fort indigné.) La jeune fille avait à la main un maillet. Je m'irritais de ce qu'elle se laissât battre sans se défendre; je ne pouvais aller à son secours, je ne sais pourquoi, et je lui criais vainement de frapper à son tour. Tout à coup, c'est moi qui me trouve être l'apprentie; j'ai assené avec rage un coup de maillet sur le front de l'homme odieux qui me torturait. Je le contemple sanglant et renversé. Je crains ensuite qu'on ne m'arrête, je relève mes cheveux, je les noue derrière ma tête, je fuis et je prends garde d'accrocher ma robe aux fourches de bois sur lesquelles s'étirait le chanvre tordu.» J'avais quatorze ans quand je fis ce rêve.

Dans la seconde observation, de date beaucoup plus récente, c'est encore une situation très pénible que je m'assimile. «J'étais chez des sauvages, Indiens ou Indous, je n'en sais rien. Sur un bûcher était attachée une jeune femme à demi nue, dont la beauté stimulait encore le profond sentiment de pitié qui me pénétrait. Des langues de feu effleuraient déjà ses jambes finement profilées. Ce spectacle me navrait. Je me figurais toutes les angoisses et toutes les pensées tumultueuses que cette malheureuse devait avoir. Même phénomène que précédemment; même transposition, inconsciente dans son accomplissement, bien caractérisée néanmoins dans son résultat. Je me crois de bonne foi cette femme exposée au supplice du feu. J'ai personnellement toutes les émotions que je lui prêtais. Puis, par un de ces revirements d'idées si fréquents en songe, et qui prouvent, soit dit en passant, combien l'attention peut y être vive, puisqu'elle va jusqu'à paralyser toute réflexion, j'en étais à oublier ma terrible situation dans la contemplation admiratrice de mes propres formes, quand le sentiment de la vérité se faisant jour, la conscience d'une si folle illusion me réveilla.»

Le rêve suivant nous fournit l'exemple d'une idée principale dominant plusieurs idées secondaires, à travers lesquelles elle se poursuit.

«On m'annonce la visite d'une cantatrice qui demande à me parler. En ce moment j'ai quelqu'un dans mon cabinet; je la fais prier d'attendre un instant dans une autre pièce, et je me rappelle aussitôt que j'ai entendu chanter cette artiste dans un opéra où la scène représentait un magnifique palais. Il en résulte qu'en ouvrant la porte de mon cabinet pour aller au-devant de ma visiteuse, je la rencontre sous le portique d'un palais assyrien. Je m'entretiens avec elle. J'apprends que ce qu'elle attend de moi, c'est un article. Je songe immédiatement à l'imprimerie du journal où j'écris. Voilà que nous causons maintenant dans cette imprimerie, et que je l'engage à parcourir elle-même l'épreuve du feuilleton qui peut l'intéresser.»

Donnons quelques nouveaux exemples d'incohérence superlative. Si puérils qu'ils soient, ils portent leur enseignement dans leur extravagance même, puisqu'ils nous montrent qu'il n'est si stupide imbroglio qui n'ait sa raison d'être dans l'association rationnelle de nos idées, et qui ne puisse par conséquent s'expliquer sans recourir à la facile théorie des vibrations spontanées de notre cerveau.

S'il arrive cent fois pour une qu'on ne parvienne pas à débrouiller les fils enchevêtrés d'une trame désordonnée, le fait de les ressaisir une fois sur cent ne demeure pas moins comme une très forte présomption qui permet de juger du connu à l'inconnu, ou si l'on veut du saisi à l'insaisi.

Je commence par des rêves empruntés aux premiers cahiers de mes notes journalières; on ne s'étonnera pas s'ils sont passablement enfantins.

«J'avais entendu dire que les joues de la petite fille d'une de nos voisines ressemblaient à des pêches veloutées. Cette comparaison n'était pas neuve, mais c'était la première fois que je l'entendais faire et elle m'avait frappé. Je rêve, la nuit, que j'ai cueilli à l'espalier une énorme pêche qui est l'exact portrait de ma petite voisine. Elle me paraît excellente, et je suis bien persuadé que c'est un fruit véritable; cependant, je n'ose ni la diviser, ni la mordre: je crains de commettre une action cruelle, et tout en luttant contre mes propres hésitations je ne parviens pas à les vaincre, car les deux sentiments qui se combattent ne peuvent se fusionner comme les deux images qui les inspirent. Je subis donc passivement celle confusion monstrueuse, sans me rendre compte de sa bizarrerie, et partant sans m'en étonner.

Deux idées disparates qui marchent ainsi de front sont un phénomène très fréquent dans nos songes, et l'une des sources principales d'incohérence. Elles se concilient autant qu'elles le peuvent, ce qui n'est pas beaucoup dire en mainte circonstance, et l'esprit accepte généralement avec beaucoup de complaisance les anomalies qui en sont le résultat. Exemples:

«Deux juments de même robe m'apparaissent en songe, formant un attelage parfaitement assorti. Je les compare à deux sœurs jumelles. Ce sont alors deux jeunes filles, qui tantôt traînent la voiture et tantôt me semblent assises dans cette voiture. On les conduit ensuite à l'écurie, où elles se trouvent couchées dans des lits très blancs.»

— Une charmante artiste me dit un jour: «Il faut que je vous raconte un singulier rêve que j'ai fait. J'ai rêvé cette nuit qu'un énorme lion blanc était entré dans ma chambre. J'en avais d'abord une peur effroyable. Il sautait d'un meuble sur un autre et je ne savais où me réfugier; pourtant, comme il s'approchait de moi d'un air très aimable, je cessai d'en avoir peur, je me mis à le caresser, et je jouais même avec lui quand je me réveillai.»

Je savais que cette artiste possédait un gros chat blanc, et j'appris de sa bouche qu'elle était allée au Cirque, deux jours avant de faire ce rêve, pour y voir un dompteur de lions.

— «J'imagine voir une dame en tenue d'hiver, avec son manchon. Je pense à la fine tête de l'animal à qui cette fourrure appartint. Une tête de martre remplace aussitôt celle de la dame, et cette figure à la Grandville passe tranquillement devant moi, le manchon à la main.»

Dans ces deux derniers rêves, il y a mariage complet, fusion franche entre les deux ordres d'idées évoquées simultanément.

Voici encore un rêve qui ne laisse rien à désirer pour l'extravagance, mais dont je crois cependant avoir suivi pas à pas tout le développement:

«Je me sentais glisser dans un abîme au fond duquel, à une énorme profondeur, j'apercevais des flammes presque obscures, tant elles semblaient étouffées par une épaisse fumée noire qui les enveloppait. J'étouffais moi-même et j'étais aussi très effrayé. — J'arrive au fond du précipice. Je plonge dans ces flammes et dans cette fumée sans éprouver aucun mal, et je me trouve au milieu d'une vaste cave, où deux cuisiniers en bonnets blancs s'occupaient à griller, non du café sur des charbons, mais des charbons sur du café embrasé. Je me sentais très fatigué. Mon lit était là, je ne sais comment. Je voulus me coucher, et l'un des cuisiniers bassina mon lit avec sa machine à torréfier, non du café, mais du charbon. Je trouvai cela très naturel, et je ne m'étonnai pas davantage de lui voir ouvrir ensuite sa machine, en jeter le contenu par terre et ramasser un des morceaux de charbon qui se brisaient en tombant, pour savoir quelle heure il était. Chaque cassure ronde de ces morceaux de charbon offrait l'aspect d'un cadran de montre, tout noir il est vrai, mais très bien dessiné et marquant très bien l'heure. — Je vis ainsi qu'il était minuit juste. Au même instant, les murs du souterrain s'entr'ouvrirent et j'aperçus une grande place déserte, avec une cathédrale sombre en perspective, se détachant sur un ciel blafard. J'eus alors comme le sentiment qu'il allait se passer quelque chose d'horrible, et l'émotion que j'en éprouvai me réveilla.»

Le point de départ fut, je crois, une cause pathologique. J'étais sous l'influence d'une oppression réelle qui me rappela tout d'abord, par analogie de sensation, ce que j'avais éprouvé quelques mois auparavant en visitant des mines, où l'on descendait d'une manière aussi rapide que peu rassurante. Deux choses m'avaient particulièrement frappé dans ma visite à ces mines: l'obscurité qui régnait dans certaines galeries, et le danger du feu quand il y prenait. Je suis persuadé que le mariage de ces idées produisit ce mélange de flammes et d'obscurité que je crus traverser.

De la fumée noire du milieu de laquelle s'élancent quelques jets de flammes, c'est une vision que j'ai eue souvent de mes fenêtres, alors que mon voisin l'épicier brûlait son café. Ajoutez à cela le souvenir d'une querelle dont je fus un jour témoin entre cet épicier et un cuisinier de ses pratiques qui lui reprochait de lui avoir vendu du *charbon au lieu de café*, tant ce café était *réduit en charbons*. Déjà le deuxième tableau du rêve s'explique.—Peut être me demanderez-vous pourquoi *deux* cuisiniers? A cela, je vous répondrai que je n'en sais rien, mais que c'est un détail de peu d'importance. Quant à l'idée du souterrain, elle est évidemment solidaire de la première impression du songe: descendre dans un lieu profond.

Nous arrivons à une seconde phase, différant notamment de la première en ce qu'aucune image effrayante ne tient plus mon attention captive. J'ai dit plus haut que je regardais ce rêve comme un peu morbide. Il est donc très naturel qu'un sentiment de fatigue réelle m'ait inspiré l'idée de me coucher dans un lit bassiné. La machine à torréfier le café jouant le rôle de bassinoire est un de ces faits de confusion par analogie d'images dont il a déjà été question. Jeter le charbon après qu'il a servi, cela est dans l'ordre. Voir un cadran de montre dans la cassure de chaque morceau de charbon, voilà qui est plus bizarre; mais si j'ai choisi ce rêve pour être un de ceux que j'analyse, cela tient précisément à ce qu'il m'a été donné, je crois, d'en pénétrer à peu près tous les détails. J'avais remarqué quelques jours auparavant, chez un marchand de curiosités, une sorte de joujou en ébène sculpté figurant un morceau de charbon dont les deux bouts laissaient voir, en se divisant, d'un côté une boussole et de l'autre un petit cadran astrologique constellé de signes cabalistiques. Je ne doute point que cette réminiscence n'ait amené toute la fin de mon rêve, par une filière interrompue d'idées dont la parenté est dès lors facile à saisir.

Quand l'association spontanée des idées, et surtout des idées-images, s'opère au moyen de certaines abstractions que l'esprit saisit pour ainsi dire à son insu, il en résulte pour le dormeur un sentiment de surprise analogue à celui que nous cause, dans la vie réelle, tout incident inattendu.

Je rêve que l'on sonne à ma porte. J'ouvre, et je vois une figure inconnue, ou bien quelque personne à qui je n'avais point pensé depuis bien longtemps. Évidemment quelque menue circonstance, la forme de la porte, ou sa couleur, ou la manière dont je l'ai ouverte, ou quelque légère sensation interne ont été l'occasion subtile de cette évocation imprévue; mais grâce à l'entière spontanéité de cette opération mentale, la surprise est réelle pour le *moi* qui réfléchit.

J'ai parlé, à l'article de l'imagination et de la mémoire, d'une sorte de dédoublement moral qui s'opère en songe, alors que nous croyons causer ou discuter avec quelque personnage imaginaire, sans nous douter que nous faisons à nous seuls tous les frais de la conversation ou de la discussion.

En voici deux nouveaux exemples, dont l'un vient simplement à l'appui de ceux qui ont été donnés, tandis que l'autre nous montre une illusion d'un caractère particulier.

«Je rêvai que je lisais à un écrivain de mes amis un article en manuscrit, sur lequel je désirais avoir toute sa pensée. Il m'interrompait donc chaque fois qu'il trouvait quelque chose à reprendre, opinion, phrase ou mot mal choisi. De mon côté, j'adoptais ou je discutais successivement les modifications proposées. Tantôt la critique me paraissait très juste, tantôt j'accusais mon juge d'un peu de partialité dans le sens de certaines tendances que je lui connaissais.». — Je ne pus me rappeler en m'éveillant le contexte entier de cette composition débattue, mais je me souvins très bien de plusieurs passages où j'avais vraiment saisi avec des nuances d'appréciation surprenantes, et ce que j'aurais pu écrire sur tel ou tel sujet, et ce que l'ami consulté par moi en aurait pensé»

—«Je me crois en voiture avec une dame. Cette dame, je la vois pour la première fois et cependant, chose bizarre, j'ai, sans m'en étonner d'ailleurs, le sentiment qu'elle est *moi-même* ou *de moi-même*. Nous nous rendons ensemble chez quelqu'un de notre connaissance, à qui nous devons une visite ennuyeuse, mais obligatoire. Chemin faisant, ma compagne propose de remettre l'accomplissement de ce devoir à un autre jour. Elle a, dit-elle, mal à la tête et besoin de se promener au grand air. Je réponds que ce mal de tête n'est qu'un prétexte, que *je sens fort bien* qu'il est très léger, et qu'il faut aller faire notre visite quand même.»

Ce que j'ai dit de certains rêves prophétiques, qui ne sont merveilleux qu'en apparence, trouvera surtout son application à l'occasion de ces *monologues dialogués*, par lesquels on aura remarqué d'ailleurs que beaucoup de nos rêves commencent. En agitant les questions contradictoires que nous nous posons à nous-mêmes, nous parcourons le champ des éventualités, nous mettons en action les hypothèses que nous avons formées, et pourvu que notre esprit ait prévu juste nous avons précisément rêvé l'avenir. J'ai, dans mes notes, sept exemples assez remarquables de ces sortes de prévisions; mais il est évident qu'on n'y saurait attacher plus d'importance qu'à la sûreté de ses propres jugements. Il arrive d'ailleurs qu'on rêve alternativement le pour ou le contre, selon que le cours des idées a suivi de préférence telle ou telle direction.

A l'égard des rêves provoqués par des causes physiques, leurs pronostics pourront avoir plus de valeur, puisqu'il peut y avoir cause efficiente réelle. Sans revenir aux rêves morbides et aux sensations internes, je citerai deux petits faits encore, attestant l'extrême finesse de certaines perceptions sensoriales chez l'homme endormi.

On était à l'automne d'une année où la douceur de la température s'était prolongée très tard. Rien n'avait fait prévoir aucun changement dans l'atmosphère. «Je rêve que je viens de me lever, et que j'aperçois les gazons devant mes fenêtres, tout recouverts de gelée blanche. Je me réveille, et je puis constater que mon rêve était une réalité.»

— «Une autre fois que j'avais dormi fort avant dans la matinée, je rêve que je viens prendre place au déjeuner de famille, et que deux renards à la broche figurent parmi les plats qu'on nous a servis. Rien de semblable, bien entendu, ne se réalise à l'heure du déjeuner véritable; mais, j'apprends qu'on avait pris, le matin même, et apporté à la cuisine toute une nichée de petits renards vivants.» Ma chambre est assez loin de la cuisine, mais est-il supposable que le rapprochement d'un rêve aussi bizarre et d'un incident aussi exceptionnel puisse être le résultat d'une simple coïncidence? N'est-il pas, au contraire, à peu près certain que l'odeur sauvage des jeunes renards, combinée avec celle des fourneaux de la cuisine, a dû monter jusqu'à moi, si ténue qu'elle pût être, et qu'il faut voir dans ce singulier rêve le produit complexe d'une exquise perception de l'odorat?

Logique des rêves. — « Dans un chemin rural, qui borde une large rivière, je vois arriver et défiler devant moi un régiment, musique en tête. Toutefois, et bien que cette musique passe tout à fait à côté de moi, bien que je distingue chaque musicien dans l'attitude d'un homme qui joue de son instrument, je n'entends pas le moindre son. Ma mémoire, je suppose, ne retrouvait en cette circonstance qu'une réminiscence sensoriale de la vue; aucune marche militaire ne me revenait à l'esprit. Mais, pour voir passer des musiciens sans les entendre, il faut qu'ils soient très loin de nous. N'est-ce pas à cette logique instinctive que je dois attribuer un brusque changement qui s'est opéré dès lors dans mon rêve? Ce n'est déjà plus à côté de moi que le régiment défile, c'est sur l'autre rive du fleuve que je me figure le suivre des yeux.»

— « Je rêve que j'arrange mes cheveux devant une glace, au moment de sortir pour me rendre à une invitation de bal. (La scène se passe dans mon domicile actuel, où je suis installé depuis six ans). Le désordre de ma chevelure est tel que je juge indispensable de faire appeler un coiffeur, mon voisin. En l'attendant, ne sachant pas au juste s'il pourra venir, j'essaye toujours de faire manœuvrer moi-même le peigne et la brosse; et je parviens notamment à pratiquer, sur un côté de ma tête, une raie très nettement tracée. Mais il y près de dix ans que j'ai abandonné ce genre de coiffure. Son aspect me reporte au temps où j'habitais une autre maison; le tableau change donc avec le mouvement de ma pensée. C'est maintenant dans mon ancien logement que se poursuit mon rêve, et quand le coiffeur que j'avais fait demander arrive, ce n'est plus ce voisin auquel j'avais songé d'abord, c'est un autre coiffeur qui venait chez moi jadis et qui est mort depuis déjà longtemps.— Ces modifications, d'ailleurs, ne m'ont point empêché de poursuivre l'idée principale, celle du bal où je dois aller.»

A côté de ces faits et de beaucoup d'autres analogues, je remarque toutefois la répétition fréquente d'un phénomène tout opposé. C'est une extrême difficulté à reconnaître, même dans les rêves où j'ai parfaitement la conscience de mon sommeil, que quelque compagnon imaginaire n'en partage pas les illusions avec moi, qu'il n'est, lui aussi, qu'une ombre faisant partie de la vision. Je songe, par exemple, que je visite la tour d'une église avec un de mes amis, et qu'un panorama splendide se déroule à nos regards émerveillés. Je sais très bien que ce n'est qu'un rêve, et cependant je dis à l'ami qui m'accompagne: souviens-toi bien de ce rêve, je t'en prie, afin que nous en causions demain quand nous serons réveillés.

Relations de plusieurs rêves suivis, où l'on trouve l'application de quelques principes exposés dans ce volume, en ce qui concerne notamment les moyens d'appeler ou d'écarter certaines images et de s'observer soi-même en dormant. — « Je descends d'abord par une sorte d'escalier souterrain, je traverse une très vieille église, puis je me trouve à l'entrée d'un bal champêtre de paysans bretons. De là, en suivant une allée d'arbres touffus, je pénètre dans un autre jardin plus grand, ou plutôt dans un véritable village de jardins, c'est-à-dire dans un site où s'échelonnaient une infinité de petites maisons ayant chacune leur jardin enclos de murs et de haies, avec de petites rues en escalier pour y arriver. Je remarque une de ces maisons qui renfermait un pensionnat de jeunes filles, toutes gracieuses, toutes vêtues uniformément; elles se promenaient dans leur jardin dont la porte restait ouverte. Après les avoir regardées un moment, je reviens sur mes pas par la même route; je traverse de nouveau le bal champêtre et la vieille église, et je me retrouve au bas de l'escalier souterrain par lequel j'étais descendu. J'ai de la peine, toutefois, à distinguer les premières marches, et je m'aperçois bien que je suis sur le point de me réveiller, les objets cessant d'être très nets et un certain sentiment des sensations réelles extérieures (lequel sentiment m'avait averti que je rêvais) augmentant peu à peu d'intensité. L'idée me vient d'essayer de retenir le sommeil par la fixité du regard et par une immobilité imaginaire, ainsi que maintes fois je l'avais déjà pratiqué. Je m'assieds donc au bas de l'escalier, je m'efforce de demeurer bien immobile, je fixe les yeux sur ma main droite, et j'attends pour savoir qui remportera du sommeil ou du réveil. Je sens alors passer en moi (et surtout le long de la colonne vertébrale) comme une ondulation magnétique, comme une sorte de frisson courant de haut en bas, qui m'engourdit progressivement et qui parait m'alourdir la tête; quelque chose d'analogue à ce que produit un commencement d'ivresse. Bientôt, ma main sur laquelle j'avais fixé mes regards sans en distinguer d'abord parfaitement la couleur et la forme, m'apparaît, au contraire, de plus en plus vivement et nettement éclairée. Il semble que le soleil l'éclaire, illuminant aussi devant moi quelques pierres de la muraille dont les moindres détails redevenaient apparents. Je me hasarde à tourner la tête. Le corridor souterrain n'est pas moins bien éclairé. Je me lève, je veux essayer de recommencer la même promenade par le même chemin, pour vérifier jusqu'à quel point je pourrais revoir mentalement les mêmes choses; et les *rêver* par conséquent une seconde fois. Je traverse l'église comme précédemment, puis le même bal où je retrouve les mêmes paysans bretons; et je m'engage dans la même allée d'arbres touffus. Chemin faisant, sachant parfaitement que je rêve, je pense aux idées de M. Maury; je me demande quel serait à son avis la portion de mon encéphale qui se maintient ainsi éveillée. Il faudrait bien, me disais-je, qu'il trouvât mon cerveau éveillé tout entier, car je me crois sincèrement en ce moment la plénitude de mes facultés intellectuelles, je sens que je puis raisonner et me souvenir. Ce que j'ai lu sur les théories matérialistes, et ce que je me propose de noter au sujet de ce rêve s'offrent très clairement à mon esprit. Je fais même ce raisonnement que les images qui m'apparaissent dans ce songe, ne me sont pas plus imposées que les images qui s'offrent réellement à mes yeux quand je suis éveillé; que je garde aussi bien mon libre arbitre de tourner à droite ou à gauche, de fixer mes yeux dans une direction ou dans une autre, etc., et enfin d'amener certaines scènes ou de provoquer certaines visions, suivant que je *voudrai* ou *ne voudrai pas* agir mentalement en conséquence. Exemple: *si je veux* briser une branche de ces arbres que je crois voir, elle m'apparaîtra brisée. Si *je ne le veux pas*, elle gardera aux yeux de mon esprit son apparence intacte. En quoi le rêve diffère-t-il ici, pour moi de la réalité? Je me souviens, je raisonne, je veux, je ne veux pas; je ne suis pas même le jouet de l'illusion qui me captive- Si les actes de ma volonté ne sont pas suivis d'efforts réels, c'est uniquement parce que mes organes au lieu d'obéir réellement à ma pensée n'en font que le simulacre, mais le phénomène psychologique est le même. Ainsi serait une machine à tisser qu'on ferait fonctionner dans le vide. — Je songe aussi que, dans cet état de rêve lucide où je me sens, ce serait évidemment la pensée qui appellerait le signe, l'image, et ferait exécuter le mouvement fibraire correspondant, s'il est indispensable; et non pas le signe, l'image, le mouvement fibraire qui imposeraient leur idée solidaire, ainsi que M. Maury le suppose. La fantaisie avait ici, comme la réalité, son libre arbitre, et l'initiative demeurait à ma volonté. — Je raisonnais ainsi, tout en suivant l'allée qui devait me conduire au but de ma promenade imaginaire. J'arrivai au village des petits jardins; mais il me fut impossible d'y retrouver mon premier chemin. Égaré dans un labyrinthe de nouveaux sentiers, je cherchais à découvrir le pensionnat déjà visité, doublement curieux de voir s'il m'apparaîtrait encore malgré la fausse route que je venais de faire dans mes réminiscences. Mais je sentis le *désengourdissement* commencer, tandis que les images se décoloraient et devenaient confuses. En vain je m'efforçai de retenir une seconde fois le sommeil; je ne parvins qu'à le prolonger de quelques secondes. Une première sensation réelle se réveilla dans ma main droite; elle s'étendit rapidement à toute ma personne. J'ouvris les yeux, je pris une plume, et j'écrivis immédiatement ceci[97]:

— «Je me crois à la campagne. Je reviens d'une promenade à cheval. J'arrive devant la grille de notre habitation, et je vois des ouvriers occupés à déraciner les vieux tilleuls qui en font l'ornement. Ma surprise et mon irritation sont extrêmes. Je veux descendre de cheval pour aller leur parler de plus près; mais en voulant faire le mouvement de passer la jambe par-dessus la selle, je fais un effort de muscles réel, lequel a pour résultat d'altérer la profondeur de mon sommeil et de me faire sentir, un moment, que je suis dans mon lit et non ailleurs. Je dors toujours cependant. Je veux marcher vers les ouvriers; mais les images du songe ne sont plus si précises. Ayant conscience de mon état et jugeant l'occasion favorable à la poursuite de mes expériences, j'attache fixement mon regard sur le sol; je concentre toute mon attention sur quelques brins de gazon, dont la vision redevient un instant très nette. Toutefois, l'idée que je suis vraiment dans ma chambre et dans mon lit ne peut plus être écartée. Je pense qu'au lieu de gazon, c'est un tapis que je devrais voir. Penser à un objet, répéterons-nous toujours, c'est le voir. Je vois donc ce tapis; je suis transporté dans ma chambre, et tout en oubliant le raisonnement qui m'y a conduit, car le sommeil a repris toute son intensité, c'est de là que mon rêve reprend sa vivacité et se continue.»

Trois points me paraissent dignes d'attention dans ce dernier rêve: 1° L'effort réel qui a suivi la manifestation de ma volonté et le sentiment que j'en ai eu; 2° La préoccupation de ma situation véritable qui a dominé mon désir de continuer le premier rêve, de même qu'il nous arrive parfois, dans la vie éveillée, de ne pouvoir secouer une forte préoccupation, 3° une circonstance particulière que je n'ai pas mentionnée dans la relation qui précède, mais dont j'avais pris note

[97] A cette observation, textuellement tirée de mes notes, j'ajouterai qu'il m'est arrivé deux fois, depuis, de retrouver partiellement le même rêve et d'essayer de parcourir de nouveau les mêmes sites imaginaires. Je revoyais bien le bal champêtre, mais je me perdais toujours sur la route du pensionnat. Je fis alors, à plusieurs reprises, cette expérience précédemment indiquée de fermer les yeux (en rêve), et de penser fortement à ce qu'on voudrait revoir. Il me fut possible ainsi de rappeler deux fois la vision fugitive; mais soit qu'elle fût imparfaitement gravée dans ma mémoire, soit toute autre cause, à peine l'eus-je entrevue que d'autres tableaux lui succédèrent avec une rapidité presque instantanée, et ne me permirent point de m'y arrêter.

néanmoins: c'est qu'ayant bien examiné les tilleuls de mon rêve, alors qu'ils m'apparaissaient avec une netteté minutieuse, je gardai suffisamment le souvenir de la disposition de leurs troncs et de leurs branchages pour pouvoir constater ensuite, dans la journée qui suivit ce rêve, qu'entre ces visions et l'aspect des tilleuls véritables il n'y avait pas identité. L'œuvre de l'imagination était donc ici manifeste, soit que cette faculté ait eu le pouvoir d'inventer complètement les arbres qu'elle avait offerts à mes regards internes, soit que, tirant parti de quelque *cliché* fourni par la mémoire, elle ait su le modifier, l'approprier à l'emploi qu'elle en voulait faire et l'encastrer enfin dans le tableau[98].

J'ai parlé de la façon de rappeler dans un songe certaines impressions agréables, et j'ai dit aussi que pour écarter brusquement une illusion pénible, alors qu'on a le sentiment que ce n'est qu'une illusion, il suffisait le plus souvent de fermer les yeux (en rêvant). L'observation que je vais rapporter nous montre comment un courant d'idées-images peut être modifié. «Ayant rêvé une première fois, sans qu'il me soit possible de deviner par quel caprice de mon imagination, que j'avais senti un mouvement autour de mon cou, dans ma cravate, et qu'en y portant la main je m'étais aperçu que j'avais pour cravate un serpent, cette impression m'avait été horriblement désagréable, et la moindre réminiscence ramenait désormais ce rêve qui devenait ainsi mon cauchemar. J'avais bien le sentiment que ce n'était qu'un songe, mais le retour de l'illusion était si rapide que je n'avais aucun raisonnement à lui opposer. Je vis là l'occasion d'une expérience. Je pris une ceinture de cuir remplie de plomb de chasse, qui roulait et se déplaçait à chaque mouvement avec un frémissement très sensible; et je mis pendant plusieurs jours cet appareil autour de mon cou, aux heures où je ne craignais point d'être surpris par quelque visite dans un si singulier accoutrement. J'enlevais d'ailleurs et replaçais fréquemment cette singulière cravate, en prenant soin d'en retirer et d'y remettre de temps en temps quelques charges de plomb. Or, il arriva ceci: qu'au premier retour, en rêve, de cette sensation de frémissement qui précédait toujours l'illusion pénible que j'ai décrite, je me souvins instantanément et du faux serpent et de son contenu, et des diverses notions accessoires qui s'y rattachaient; de telle sorte qu'au lieu de voir se renouveler la vision redoutée. Je m'imaginai d'abord que je détachais moi-même la cravate inoffensive, et puis que je chargeais tranquillement un fusil, tandis que deux chiens tournaient et sautaient autour de moi. Bientôt, j'entrais en conversation avec un de mes amis, chasseur déterminé, dont l'association des idées avait très naturellement évoqué l'image. Mon rêve prit dès lors une tournure qui n'avait rien de désagréable. Il revint une nuit encore, dans des conditions analogues, et enfin ne reparut plus.»

[98] Le fait de revoir les choses, en rêve, autrement qu'elles ne sont en réalité se manifeste surtout dans les visions de sites ou d'intérieurs de maisons. La mémoire des lieux se montre à cette occasion moins sûre et moins fidèle que la mémoire des personnes ou des événements accomplis.

Je pourrais citer dix combinaisons du genre, presque toutes suivies de succès; mais ce seul exemple suffira pour mettre chacun sur la voie des moyens pratiques à expérimenter. Passons à d'autres observations qui ne sont point sans quelque parenté avec la précédente, puisqu'il s'agit toujours d'idées et d'images dont on peut préparer et régler l'association, en vue de diriger ses propres rêves.

Je possédais un album chinois qui représentait toute une série de palais, de paysages, et de scènes plus ou moins fantastiques, le tout figuré avec une conviction divertissante et avec une grande vivacité de couleurs. On voyait un Sardanapale de la race jaune gravement assis au milieu d'un essaim de jeunes Asiatiques à la taille de guêpe, aux doigts effilés, aux pieds impossibles, lui faisant toute sorte de coquetteries, et jouant de toute sorte d'instruments. Des ponts encombrés d'une multitude bigarrée, des bois mystérieux peuplés de bandits à figure débonnaire, et puis des kiosques de toute forme, des arbres chargés de fleurs colossales, des clairs de lune, des animaux bizarres, et des processions de palanquins à n'en plus finir.

Il me parut qu'un tel album renfermait tous les éléments désirables pour favoriser quelques expériences sur les ressources de la mémoire imaginative. Je m'appliquai donc, plusieurs jours de suite, à examiner très attentivement toutes ces peintures, associant dans mon esprit les impressions qui en résultaient au souvenir sensorial qu'imprimait en même temps à mon odorat l'aspiration réitérée d'une poudre de fleurs, produit oriental d'un parfum tout particulier. Ce procédé de solidarité remémorative ayant été largement expliqué plus haut[99], je noterai simplement ici les effets inattendus que produisit, sur cinq rêves, la réaspiration de la même poudre odorante, ménagée pendant mon sommeil. Trois fois je fis des songes très variés, où je crus voir en mouvement une partie des sujets de l'album chinois mêlés à une infinité d'images et d'incidents de toute autre origine, que l'association des idées mariait ensemble, en leur donnant uniformément les apparences d'une réalité active. Deux fois, au contraire, et par une réciprocité inverse assez remarquable des sites réels, des amis ou des personnes de ma connaissance dont l'association des idées avait évoqué les images à la suite de celles qui n'étaient que des réminiscences de l'album, et dont l'imagination s'était servie pour tisser une action nouvelle, se présentèrent aux yeux de mon esprit, non plus sous leur aspect d'objets véritables, mais sous celui d'une collection de gravures et d'aquarelles, sans vie par conséquent et sans relief.

Une autre nuit: «Je me voyais dans une chambre très élégamment ornée, dont je distinguais tous les meubles avec une précision parfaite, sans pouvoir me rappeler où j'avais dû en recueillir les *clichés-souvenirs*, mais en me disant cependant que l'imagination ne saurait, ce me semble, inventer instantanément tant de menus détails. Une glace était devant moi; je m'y regardai; je me vis dans une robe de chambre à ramages singuliers, où je reconnus le dessin d'une étoffe en pièce que j'avais admirée la veille à la devanture d'un grand magasin. Il faudrait

---

[99] Page 178 et suiv.

donc supposer, me disais-je encore, que cette image est le produit d'une double abstraction: ma mémoire imaginative se servant, pour composer cette vision, et de la *forme* d'une robe de chambre quelconque et de *l'aspect* d'une étoffe que je n'ai vue qu'à l'état de pièce déroulée. J'agitai dans ma tête plusieurs questions également relatives au pouvoir combiné de l'imagination et de la mémoire. Je songeai notamment à une remarque que j'avais cru faire, à savoir, que par un précieux bienfait de la nature, le souvenir d'une vive douleur physique ne se gravait jamais nettement dans notre mémoire et ne pouvait, par conséquent, se raviver en songe[100]. Je voyais un poinçon parmi les nombreux objets posés sur ma table; j'étais parfaitement sûr que je rêvais; je pris cet instrument et je l'enfonçai dans ma main. La mémoire imaginative m'offrit aussitôt l'image d'une plaie sanglante. De douleur point; à peine ce pénible sentiment instinctif que la vue de la même blessure chez un autre homme n'eût pas manqué de me causer. Je lève de nouveau les yeux vers la glace; je n'étais plus en robe de chambre, mais en costume de voyage. Probablement cette transition avait été amenée par quelque association d'idées en relation avec celle de ma main blessée; mais bien que mon esprit fût ouvert aux observations, je n'apportai aucune attention à ce changement; je n'en fis la remarque qu'à mon réveil. De la pièce où ces incidents s'étaient accomplis, je m'étais transporté, je ne sais trop pourquoi ni comment (il y a là une lacune dans mes souvenirs), au milieu d'un très beau jardin dont je ne distinguais d'abord les arbres et les fleurs qu'à l'état de silhouettes confuses, à peu près comme si je les eusse regardés à travers une lorgnette qui n'aurait pas été mise au point. Je pensai que mon sommeil touchait à son terme et que j'allais assister au phénomène d'un réveil gradué. Au lieu de cela, les arbres, les plantes, le sable des allées acquirent progressivement une irréprochable netteté. Je fixai surtout mon attention sur un laurier-rose couvert de fleurs qui se détachait près de moi en vive lumière. Combien de temps, me demandai-je alors, serait-il possible de retenir une vision de ce genre? Quelques secondes seulement fut la réponse que me fit l'expérience. Le laurier-rose que je contemplais si attentivement se mit à pâlir et à maigrir peu à peu; il s'effaçait par degrés tandis que la lumière générale décroissait sensiblement dans l'ensemble du tableau. Cette fois, c'était le réveil véritable. La silhouette confuse de ce qui tout à l'heure était un jardin plein de soleil parut s'enfuir en s'amoindrissant, comme certaines images fantasmagoriques. Les impressions de la réalité firent invasion dans tout mon être. Le sommeil était dissipé.»

Derniers extraits de mes cahiers, comprenant quelques observations détachées. — J'ai signalé déjà comme très erronée, selon moi, cette opinion assez répandue qu'il suffit souvent pour rêver à quelqu'un ou à quelque chose d'y penser fortement avant de s'endormir. S'il s'agit d'une préoccupation incessante qui nous ait assiégé toute la journée, la même obsession pourra nous poursuivre en songe et

[100] Je n'entends pas dire assurément que l'on perd le *souvenir d'avoir souffert.* Ce que l'on perd, c'est la faculté de se remémorer exactement le caractère de la souffrance passée, comme on se remémorerait une vision, un bruit, une saveur.

s'y manifester; mais si nous n'avons fait que penser volontairement et momentanément en nous couchant à un sujet quelconque, le courant de l'association des idées, qui aura su reprendre son cours capricieux pendant le premier sommeil, sera déjà bien loin de son point de départ quand nos visions commenceront à se dessiner avec clarté. Que de fois nous projetons le matin de ne pas oublier dans la journée quelque petit devoir à remplir, et puis le flot des occupations ou des affaires en écarte, momentanément du moins, le souvenir, quand aucune note écrite ne l'a fixé. A plus forte raison sommes-nous bien vite distraits d'une idée que nous aurions voulu retrouver en songe, si quelque point de rappel à cette idée n'a pas été ménagé.

D'un autre côté, de même que dans la vie réelle il arrive parfois, sans motif apparent, que telle ou telle idée, relativement peu importante, se grave avec une force extraordinaire dans la mémoire et revient ensuite à toute occasion, de même, nous avons parfois de certains songes qui laissent après eux une impression singulièrement durable. Plus une réminiscence s'est déjà reproduite, et plus elle a de chance de se reproduire encore, puisque le nombre des idées accessoires capables de la ramener s'est accrue de toutes celles qui sont nées au milieu des circonstances nouvelles dont chacun des retours de l'idée principale a été accompagné. Il s'opère alors dans le cours des idées un phénomène que l'on pourrait presque comparer à celui de l'écoulement de l'eau sur une surface unie: dès qu'un mince filet a tracé son passage dans une direction quelconque, tous ceux qui viennent à le rencontrer se précipitent après lui, par la même route et vers le même point. Ainsi, la sollicitation la plus faible suffit-elle pour souder instantanément le nouveau rêve à celui qui, maintes fois déjà, s'est déroulé. Les mêmes associations d'idées-images ne manquent point de se reproduire identiquement.

***Au milieu de rêves où, possédant la conscience de mon sommeil, j'essayais d'étudier avec soin comment les idées s'associent et comment les images se succèdent et se combinent au fur et à mesure de ces associations, il m'est arrivé souvent de placer mon esprit à l'entrée de quelque série de réminiscences, d'inviter la mémoire à fonctionner d'elle-même, et d'attendre curieusement ce qu'il en pourrait résulter. Or, ce qu'il en résultait invariablement, c'était la persuasion que ma mémoire fût rebelle à cette expérience, bien qu'elle s'y prêtât au contraire de fort bonne grâce; mais l'illusion de durée qu'elle donnait aux premières réminiscences me faisait croire qu'au lieu de suivre rapidement un enchaînement d'idées, elle renonçait à la rêverie pure pour se fixer sur un tableau.

D'autre part, j'oubliais souvent mon idée première, aussitôt «que l'association des idées-images avait amené quelque tableau de nature à captiver mon attention; et je me croyais alors irrésistiblement engagé, comme acteur, dans les événements imaginaires dont j'avais déterminé le point de départ.

***«Mon sommeil était très léger. L'horloge de l'église sonna cinq coups, et je les entendis dans mon rêve. Mais je m'imaginai que c'était le tocsin qui sonnait; car chaque coup semblait répété plus de dix fois, à de très sensibles intervalles.»

Il y a là deux faits à observer: 1° Une action des ondes sonores sur mon tympan bien autrement sensible qu'à l'état de veille; 2° un sentiment du temps beaucoup plus long qu'en réalité, puisque la sonnerie des cinq coups d'une horloge me parut durer trois minutes au moins.

***L'occlusion imaginaire des yeux, dont il a été parlé déjà dans ce volume[101], fournit un des meilleurs moyens de s'assurer si l'on est éveillé ou endormi, quand on fait de certains rêves très lucides. Si l'on était éveillé, on produirait évidemment une obscurité permanente. En rêve, au contraire, on ne tarde guère à voir apparaître de nouvelles images; c'est le caractère propre du sommeil, et l'illusion d'avoir les yeux fermés ne peut durer qu'un instant.

***J'ai eu cette nuit un bien singulier rêve, qui me paraît utile à noter comme exemple de la manière dont on peut oublier un rêve à l'état de veille, et aussi ses pensées de la veille pendant le sommeil. « J'ai d'abord rêvé que je montais dans une voiture de place, au sortir d'un théâtre, et que la voiture se mettait en marche. Presque aussitôt je me suis réveillé, sans avoir d'ailleurs présente à l'esprit cette vision si insignifiante. J'ai regardé l'heure à ma montre; j'ai ramassé un briquet que j'avais fait tomber; et après dix ou quinze minutes d'un réveil *complet* je me suis rendormi. Or, c'est ici que la singularité commence. Je crois me réveiller dans cette voiture, où je me souviens parfaitement d'être monté pour rentrer chez moi. J'ai comme le sentiment de m'être assoupi à peu près un quart d'heure (sans me rappeler d'ailleurs quelles idées ont pu me traverser l'esprit pendant ce temps-là). Je fais donc la réflexion qu'une bonne partie du trajet doit être déjà parcourue, et je regarde par la portière afin de reconnaître dans quelle rue nous sommes, ayant pris ainsi pour un moment de sommeil les quelques instants durant lesquels j'avais précisément cessé de dormir.»

***J'ai cité plusieurs exemples de remémoration parfaite ou d'improvisation rapide, en rêve, sous forme de lecture imaginaire. Il convient de signaler aussi la contre-partie de ce phénomène, qui consiste à faire quelquefois de vains efforts pour déchiffrer une lettre, un imprimé, un manuscrit, dont la teneur n'est pas intelligible à première vue. Ce dernier cas est même celui qui se présente le plus fréquemment. Je l'ai expérimenté plus de vingt fois; j'ai cherché à me rendre compte de ce qui se passait dans mon esprit, et voici ce que je crois avoir observé:

Une douleur plus ou moins vive au fond de l'orbite des yeux accompagne presque toujours l'effort d'attention que la volonté commande. Les phrases que l'on parvient alors à saisir sont d'une incohérence excessive. Les mots dont elles se composent ne paraissent liés par aucun lien raisonnable. L'association des idées et des souvenirs les appelle dans un ordre qui ne peut amener aucun sens suivi, ainsi qu'il arriverait si, étant éveillés, nous écrivions des mots d'une langue étrangère en

[101] Page 135.

suivant l'ordre dans lequel nous les aurions appris, ou simplement à mesure qu'ils se présenteraient à notre mémoire évoqués successivement par des analogies de racines et de consonances.

La différence entre ces deux sortes de rêves serait donc que dans ceux où l'on fait une lecture avec une facilité très grande, la mémoire et l'imagination sont tout entières à l'élément intellectuel du morceau que l'on croit lire, mais dont la représentation écrite n'est qu'une vision accessoire et solidaire de l'idée principale; tandis qu'au contraire, dans les rêves où l'on éprouve tant de peine à déchiffrer un texte, le seul cliché-souvenir véritablement ravivé est l'image du livre, du manuscrit ou de la lettre, abstraction faite de leur contenu. En voulant connaître ce contenu lui-même, nous demandons à la mémoire et à l'imagination des notions étrangères au contingent des idées qui leur sont présentes. Prises au dépourvu, ces facultés font appel à des réminiscences plus ou moins vagues qu'aucune pensée dominante ne dirige, et ce travail pénible n'engendre que de très pauvres résultats.

Nous croyons parfois nous frotter les yeux pour mieux voir, quand nous avons des rêves de ce genre, et il nous semble qu'en effet nous *voyions* un peu mieux après avoir ainsi stimulé notre rétine. Mystérieux secrets de la vision interne, qui se chargera de vous expliquer !

*** Voici encore six rêves, qui seront comme un post-scriptum pour le chapitre de l'imagination et de la mémoire.

«J'ai cru voir, en rêve, un bas-relief de marbre blanc très finement sculpté, qui représentait Bacchus et Ariane suivis par une troupe de faunes et de satyrs. En m'éveillant, je me suis rappelé que la composition de ce bas-relief était exactement celle d'un tableau que je connais depuis longtemps. Mon imagination, pour composer ce rêve avec des réminiscences de formes, a donc ajouté le relief, et supprimé la couleur.»

— Dans un autre rêve: «J'ai vu d'abord une statue sur son piédestal, placée devant une muraille tendue de velours ou de papier vert. Au bout d'un instant, ce n'était plus une statue, mais une simple peinture à fresque. Bientôt l'illusion d'une statue véritable se reproduisit pour s'effacer encore, et ainsi plusieurs fois de suite, jusqu'à ce que, m'étant approché de la muraille, je ne vis plus qu'un grossier badigeonnage dont je demeurai tout étonné !

— « Je croyais feuilleter un recueil de caricatures coloriées, exécutées avec une verve qui me charmait. Je voulais en retrouver une qui m'avait particulièrement amusé, mais je n'y parvenais pas et j'en voyais sans cesse de nouvelles. Par le souvenir que j'ai gardé de quelques-unes (d'une naïveté tout enfantine), je tiens pour à peu près certain que ce n'étaient point des réminiscences, mais bien des compositions instantanées de mon imagination.»

— «Je me suis cru dans une bibliothèque attenante à un salon très artistiquement meublé. J'y cherchais un livre, en homme qui sait d'avance où le trouver; car il me semblait connaître depuis longtemps tous les rayons de cette bibliothèque comme tous les meubles de ce salon. En m'éveillant, cependant, je ne retrouve rien dans ma mémoire qui me rappelle un pareil appartement.»

— «J'ai fait un rêve des plus lucides, pendant lequel je traversais un pays très pittoresque dont chaque point de vue, chaque site, et je puis dire chaque arbre ou chaque maison se dessinait à mes regards internes avec tous les détails minutieux d'une réalité nettement perçue. Je ne retrouve, non plus, à mon réveil aucun souvenir de tableaux analogues. Faut-il supposer que ma mémoire a su les recueillir et les conserver aussi fidèlement sans que j'en aie la moindre conscience, ou bien mon imagination a-t-elle eu l'étonnant pouvoir non-seulement de composer tous ces paysages, mais encore de les relier ensemble par ce déroulement ininterrompu de la route que j'ai cru parcourir?»

— «Cette nuit, j'ai rêvé que mon âme était sortie de mon corps, et que je parcourais d'immenses espaces avec la rapidité de la pensée. Je me transportais d'abord au milieu d'une peuplade sauvage. J'assistais à un combat féroce, sans courir aucun danger puisque j'étais à la fois invisible et invulnérable. Je dirigeais de temps en temps mes regards vers moi-même, c'est-à-dire vers la place où mon corps eût été si j'en avais eu un, et je m'assurais bien que je n'en avais plus. L'idée me vint de visiter la lune, et je m'y trouvai tout aussitôt. Je vis alors un sol volcanique, des cratères éteints et d'autres particularités, reproduction évidente de lectures que j'ai faites ou de gravures que j'ai vues, singulièrement amplifiées et vivifiées toutefois par mon imagination. Je sentais bien que je rêvais, mais je n'étais point convaincu que ce rêve fût absolument faux. L'admirable précision de tout ce que je contemplais m'inspirait la pensée que peut-être mon âme avait momentanément quitté sa prison terrestre, ce qui ne serait pas plus merveilleux que tant d'autres mystères de la création. Quelques opinions d'anciens auteurs sur ce sujet me revinrent en mémoire, et ensuite ce passage de Cicéron:

—

Si quis in cœlum ascendisset, ibique solem, et lunam, et sidera propè vidisset, hoc tamen sibi injucundum fore, ni aliquem qui narraret habuisset.

Je souhaitai immédiatement de revenir sur la terre; je me retrouvai dans ma chambre. J'eus un moment l'étrange illusion de regarder mon corps endormi, avant d'en reprendre possession. Bientôt, je me crus levé, la plume à la main, notant minutieusement tout ce que j'avais vu. Je m'éveillai, enfin, et mille détails tout à l'heure très nets s'effacèrent presque instantanément de ma mémoire.»

***Nous avons vu que plusieurs causes physiologiques particulières au sommeil contribuaient à augmenter, dans cet état, la sensibilité physique et morale. Ajoutons une remarque qui s'applique également à la vie réelle. Les grands spectacles de la nature provoquent des enthousiasmes que la seule force imaginative ne produirait pas. Il est tel drame qui arrache des larmes grâce aux illusions de la mise en scène, et qui nous laisserait presque froids sans cet appareil.

De même, les émotions que certaines idées nous inspirent, en rêve, sont singulièrement développées par la représentation de toutes les scènes et de tous les tableaux qui en suivent le mouvement. Une progression croissante d'exaltation réciproque s'établit alors, en quelque sorte, de l'imagination sur les images et des images sur l'imagination. Cette exaltation nous conduit souvent à des dispositions d'esprit qu'on appellerait folie chez un homme éveillé. — Pourrions-nous affirmer que le phénomène psychologique n'est pas identique, ou qu'il ne présente pas du moins assez d'analogie pour être soigneusement étudié?

*** Un artiste de mes amis qui s'intéressait à mes recherches, et qui suivait mes expériences en les pratiquant lui-même, m'a rapporté le fait que voici: Une nuit qu'il rêvait d'une manière très lucide, et qu'il se croyait devant son chevalet, travaillant à un sujet religieux en cours d'exécution dont il était alors réellement préoccupé, il vit entrer dans son atelier un inconnu d'allures magistrales, qui lui enleva sa palette et ses brosses, effaça la moitié des figures ébauchées, modifia celles qui restaient, en ajouta d'autres, et transforma en un mot tout l'ensemble du tableau. En un clin d'œil, la toile fut merveilleusement recouverte et le peintre fantastique eut disparu. Quant au muet admirateur de cette improvisation si rapide, il eut le sentiment d'avoir contemplé longtemps l'œuvre achevée avant de s'éveiller.

L'artiste qui avait fait ce rêve ne put, comme le compositeur Tartini, retrouver sa composition tout entière, la forme d'un contour ne se grave point dans la mémoire avec la précision d'un accord; mais il n'en sut pas moins tirer un très heureux parti de la vision qu'il avait eue; il doit ainsi l'une de ses meilleures toiles aux inspirations de son sommeil.

***Le sommeil nous enlève-t-il notre libre arbitre? Y a-t-il contradiction entre le fait de pouvoir évoquer ou diriger parfois ses rêves, et celui de se sentir quelquefois aussi entraîné à rêver ce qu'on ne voudrait pas?

Pour expliquer cet entraînement irrésistible qui nous porte à commettre dans certains rêves de fort méchants actes, dont nous comprenons le caractère funeste et répréhensible sans que ce sentiment nous arrête, M. Maury a établi une théorie très subtile au moyen de laquelle «l'homme qui songe et est encore raisonnant, juge, compare, induit, généralise, mais demeure incapable de réflexion, de telle façon que sa *conscience morale* devient analogue à ce qu'on peut appeler du même nom chez l'animal[102].» Pour moi, qui crois que l'esprit peut conserver toutes ses facultés durant le sommeil, je m'explique le même phénomène par des considérations toutes différentes.

En premier lieu, j'estime que dans un grand nombre de rêves de ce genre, et particulièrement dans les rêves supersensuels, l'extrême exaltation de la sensibilité physique ou morale produit, à elle seule, une de ces suppressions momentanées du libre arbitre qui font acquitter par le jury des accusés dont la culpabilité matérielle est pourtant évidente.

---

[102] *Le sommeil et les rêves*, pages 333 et 334.

En second lieu, revenant à ce principe dont mes observations pratiques m'ont si souvent fourni la confirmation, à savoir qu'il suffit de penser fortement à une chose pour que le rêve en offre aussitôt la représentation effective, je dirai que la seule crainte ou même la seule idée de s'abandonner à quelque action coupable a pour résultat instantané de faire croire au rêveur qu'il exécute précisément ce qu'il a redouté. L'homme peut se défendre de commettre une action mauvaise, mais non pas s'empêcher d'en avoir la pensée. Or, avoir en rêve la pensée d'une chose, c'est inévitablement l'accomplir.

Nous sommes donc privés de notre libre arbitre, en ce sens que les événements s'accomplissent alors sans aucune participation de notre volonté (et même malgré notre volonté), et cela en moins de temps qu'il n'en faudrait pour faire la moindre réflexion; mais de ce que la réflexion est devancée par la précipitation des événements, il ne s'ensuit nullement que la faculté de réfléchir ait été supprimée, et quiconque s'observera bien reconnaîtra précisément dans le phénomène qui nous force à subir quelquefois des visions fâcheuses celui qui nous permet, en d'autres circonstances, de rêver l'accomplissement de nos désirs.

RESUME-CONCLUSION

Jetons un regard en arrière, et puis nous fermerons ce volume qui pourrait s'étendre beaucoup encore, mais qui me semble déjà bien long.

Rappelons en peu de mots ce que nous avons essayé d'établir, et quant à la psychologie du rêve en général, et quant aux moyens pratiques d'évoquer ou d'écarter en dormant certaines idées-images, de guider l'esprit dans ses mouvements spontanés ou volontaires, et de conduire enfin ses rêves au gré de ses désirs.

Nous avons dit que nous ne croyions pas au sommeil de la pensée, que nous ne regardions l'exercice d'aucune faculté comme suspendu par le sommeil, que si l'attention était parfois difficile, la volonté affaiblie et les jugements erronés chez l'homme endormi, l'imagination, la mémoire, la sensibilité acquerraient en revanche une puissance d'expansion énorme; de telle sorte que si l'état de rêve ne permet pas de garder ce juste équilibre intellectuel indispensable pour accomplir une œuvre d'esprit en tout point raisonnable, il peut ouvrir du moins, sur le monde idéal, des horizons inconnus dans la vie réelle.

Trois conditions essentielles ont été indiquées pour arriver à se rendre maître des illusions de son sommeil.

1° Posséder en dormant la conscience de son sommeil, habitude qui s'acquiert assez promptement par le seul fait de tenir un journal de ses rêves;

2° Associer certains souvenirs au rappel de certaines perceptions sensoriales, de manière à ce que le retour de ces sensations, ménagé pendant le sommeil, introduise au milieu de nos songes les idées-images que nous en avons rendues solidaires;

3° Ces idées-images contribuant dès lors à former les tableaux de nos rêves, employer la volonté (qui ne fera jamais défaut quand on saura bien que l'on rêve), pour en guider le développement selon l'application du principe que penser à une chose c'est y rêver.

Une odeur, une saveur, un contact, un motif musical ont évoqué le souvenir imagé d'une personne ou d'un site. J'ai le sentiment que je rêve, je dirige le mouvement de mes idées sur une route que moi-même je lui ai tracée. Je rêve donc, comme je veux, à ce que j'ai voulu.

La conduite des rêves et la fabrication de la poudre sont des choses qui ne semblent guère de nature à être mises en parallèle. Je n'ai point surtout la prétention d'assimiler les mérites de leur invention respective. Je dirai toutefois qu'il en est un peu des trois éléments psycho-physiologiques ci-dessus indiqués, comme du salpêtre, du soufre et du charbon, ces trois éléments d'une autre sorte. Isolés, ils n'ont rien qui étonne; combinés, ils produisent des effets surprenants.

Une affirmation purement théorique des vertus de la poudre eût été certainement accueillie jadis avec une incrédulité bien grande, et je ne saurais exiger par anticipation plus de confiance dans le résultat des moyens que je propose pour maîtriser les illusions du sommeil. Qu'on veuille bien cependant suivre mes indications précises; qu'on mette de la persévérance à contrôler sciemment ce qu'elles valent, et j'accepte volontiers par avance le jugement qu'on en portera.

Ici, je prévois une objection ou réflexion de quelques esprits positifs. A supposer, penseront-ils, que l'expérience confirme pleinement tout ce qui vient d'être avancé, que chacun soit maître de régler ses rêves et de soumettre pendant la nuit son imagination à sa volonté, quelles seront les conséquences de cette découverte, et quelle en sera l'utilité?

Il me serait permis de répondre à cela que chacun trouvant utile ce qui l'intéresse, le seul résultat de pouvoir rêver à ce que bon lui semble sera jugé de soi-même fort utile par quiconque y prendra son plaisir. Mais je n'entends pas, je n'ai jamais entendu réduire aux proportions d'un simple amusement une méthode applicable aux progrès de la science, autant qu'aux inspirations de la fantaisie. Je rappellerai donc ici que j'ai insisté plus d'une fois, en m'adressant aux médecins et aux psychologues, sur la part d'intérêt que cette méthode doit leur offrir.

Un dernier mot enfin, avant de déposer la plume, pour protester contre cette éternelle comparaison du sommeil et de la mort dont les auteurs anciens et modernes ont fait un si étrange abus. Que ce soit au point de vue matériel ou bien au point de vue matérialiste qu'on l'envisage; que ce soit l'apparence d'un cadavre que l'on veuille chercher dans l'aspect d'un homme endormi, ou bien un exemple de l'anéantissement possible du *Moi* qu'on imagine trouver dans une absence momentanée de la pensée, une telle comparaison est également fausse à tous égards.

N'est-ce point d'ailleurs une idée bizarre que celle de prétendre comparer une situation qu'on ne connaît guère, avec un autre état qu'on ne connaît pas?

Je préfère de beaucoup le vieil axiome qui nous dit: la vie est un songe. A ceux pour qui c'est un songe pénible, elle laisse du moins l'heureuse pensée de se réveiller dans la mort.

APPENDICE

UN RÊVE APRES AVOIR PRIS DU HATCHICH.

J'ai émis cette opinion, partagée d'ailleurs par bon nombre de physiologistes, que les songes du somnambulisme et du magnétisme, les visions des extatiques et des hallucinés, aussi bien que les rêves provoqués par toute espèce de poisons et de narcotiques n'étaient qu'autant de modifications plus ou moins morbides du rêve naturel. Mais dans le corps d'un livre exclusivement consacré à l'étude du rêve naturel, je me suis abstenu d'insérer aucune observation étrangère aux phénomènes psychologiques d'un sommeil normal.

En appendice et comme document complémentaire, la relation qui va suivre ne sera pourtant pas sans intérêt. On y trouvera, je crois, des éléments de comparaison analytique dont le résultat sera de prouver qu'une surexcitation cérébrale qui exagère et précipite le mouvement des idées ne modifie point pour cela leurs lois habituelles d'association.

La vivacité des illusions qui nous assaillent, quand nous sommes sous l'influence de narcotiques tels que l'opium et le hatchich, n'est ignorée de personne assurément. Une particularité moins connue peut-être, c'est que la première fois qu'on fait usage de ces substances, on éprouve rarement les délicieuses extases réservées à ceux qui ont l'habitude d'y recourir. J'imagine qu'il en est un peu, dans ce cas, comme du premier cigare; le malaise physique prend le dessus.

L'opium m'ayant été assez fréquemment administré à forte dose, durant une longue maladie que je fis, j'ai constaté par moi-même cette transition graduée de rêves pesants et pénibles à d'autres rêves pleins d'idéalisme et d'enivrement.

Quant au hatchich, que j'eus la curiosité d'expérimenter en pleine santé, voici le premier rêve qu'il me procura:

«Il me semblait que quelque chose fût parti dans mon cerveau, comme le ressort d'une horloge détraquée, et que toute la chaîne de mes souvenirs voulut se dérouler d'elle-même avec une incohérence et une rapidité inouïe. Dans une rue au sol inégal, éclairée d'une lumière blafarde, je voyais défiler une suite interminable de gens habillés de noir ou vêtus de brillants uniformes, des valseurs vaporeux, des gueux horribles, des femmes couronnées de fleurs, assises sur des cercueils et promenées dans des corbillards; et puis, des voitures qui s'arrêtaient devant moi avec leurs portières entr'ouvertes, comme pour m'engager à en profiter. Une mystérieuse attraction m'y attirait, mais, au moment d'y monter, je reculais avec une horreur indicible; je ne sais quel instinct me disait qu'elles me conduiraient à quelque horrible chose. Je prenais alors le parti de marcher à pied, me heurtant à tous les passants, et me dirigeant rapidement vers un but où j'avais le sentiment qu'il était nécessaire d'arriver le plus tôt possible, sans pouvoir, toutefois, me rendre bien compte de ce qu'il était, ni sans oser non plus interroger à cet égard aucune des nombreuses personnes qui me coudoyaient, persuadé que dans chacune d'entre elles je devrais rencontrer un ennemi. J'arrive enfin à ce but inconnu, et je m'imagine me trouver avec une jeune dame dans l'appartement d'une autre, dont je redoute à tout instant le retour. De là, je suis transporté, je ne sais comment, dans un salon magnifique et splendidement éclairé. Je suis en tenue de bal, je vais évidemment assister à une grande fête; je considère mon habit, je m'aperçois qu'il est sali par une mousse étrange. Je lève les yeux; j'ai devant moi l'image d'une femme aimée, mais vieillie de vingt ans. et recouverte d'habits monastiques. Tandis que le salon se remplit d'une foule élégamment parée, je remarque que le lustre vient de s'éteindre; mais je reconnais en même temps qu'il me suffit de regarder les bougies une à une pour qu'elles se rallument instantanément. L'incendie se déclare bientôt partout où mes regards se portent. Les robes des plus charmantes femmes semblent se consumer sous mon regard comme l'amadou sous la lentille. Les cendres tombent, et ce sont d'affreux squelettes, ou des momies violacées, ou des monstres rongés d'ulcères qu'elles laissent apparaître au lieu de corps ravissants. La tête seule reste charmante, et me lance des regards douloureusement courroucés. Ce qui ne s'allume pas prend sous mes yeux les formes les plus fantasques et les plus déraisonnables; un canapé rallonge et devient une échelle démesurée. Je veux fuir; l'escalier se change en un puits béant. Je m'échappe pourtant de ce lieu maudit; je saute dans une de ces voitures à portières entr'ouvertes que j'avais déjà remarquées, et dont je brave cette fois la destination mystérieuse, tant j'ai hâte de m'éloigner. Je m'assois; la voiture part. Horreur! elle est inondée de sang. Je veux descendre, il est trop tard; nous courons avec une rapidité impossible. Où vais-je? je l'ignore; j'entrevois seulement sur la route mille choses affreusement indécises, qui m'inspirent une profonde terreur. Je m'imagine entendre dans l'espace la voix d'un ami que j'ai entraîné sans m'en douter à une perte inévitable, et qui me jette en mourant sa malédiction. J'aurais voulu mourir moi-même pour sortir de cet abîme de pensées cruelles; mais une voix me criait que ce souhait désespéré ne serait pas non plus exaucé. A de rares intervalles, je faisais un vague retour sur moi-même. Je comprenais que j'avais le cerveau troublé, mais sans savoir si c'était momentanément ou pour toujours. L'horrible pensée m'assaillait que peut-être j'étais fou, et qu'en prenant soin de prolonger ma vie l'aveugle sollicitude de ma famille prolongerait aussi pour moi le supplice de cette fantasmagorie infernale.

«Et jamais je ne pourrais faire connaître ce que j'éprouve, puisque j'étais pour ainsi dire isolé du monde réel,

«Un moment, je crois me souvenir que je me suis vu déjà dans un état analogue, et que j'avais découvert un moyen d'y échapper. Je fais un énorme effort pour retenir cette idée y pour l'élucider, pour *me rappeler*; mais un tel effort me cause au cerveau une douleur atroce, et, conception bizarre, je crois voir l'idée que j'aurais voulu retenir sous la forme d'une espèce de sangsue qui tentait vainement de s'accrocher sanglante aux parois intérieures de mon crâne, tandis qu'une force irrésistible l'arrachait et l'obligeait à rouler avec d'autres dans un tourbillon général.

«Ici, quelques lacunes. Des images et des scènes humiliantes se succèdent. Je me vois, par exemple, avec des décorations et un uniforme, à pied, au milieu d'une place malpropre encombrée de balayeurs et de gens avinés qui me couvrent de sarcasmes et de boue. Ou bien, je m'imagine avoir volé quelque bagatelle sous l'empire d'une hallucination inexplicable; et l'on me traîne en prison, et tous les gens à l'opinion desquels je puis tenir semblent s'être donné rendez-vous pour me voir passer. Je suis cependant parvenu à m'éloigner. J'ai fait en courant un chemin énorme. Je suis arrivé aux barrières d'une ville où j'espère trouver un asile sûr. Là, j'ai affaire à des douaniers de la plus étrange nature. Ils dardent leurs prunelles de feu jusqu'au fond de ma tête, car ce sont mes pensées qu'ils doivent sonder et non mes bagages, Une révélation intime m'a appris que j'étais transporté dans un monde où l'idéal remplace le positif, où là contrebande est toute intellectuelle, où l'on s'approvisionne d'idées comme chez nous de comestibles. Je tremble que les douaniers ne fassent en moi quelque malencontreuse découverte; et je crois aussitôt me souvenir de je ne sais quel crime que j'aurais commis. J'entre néanmoins; on m'oblige seulement à laisser mon corps à la barrière. Je le vois mettre dans un casier avec une étiquette qui porte mon nom; et je crois circuler dans la ville à l'état d'ombre, entendant les voix des gens invisibles comme je l'étais devenu moi-même, et croyant percevoir mille impressions étrangères au monde réel. Tantôt c'étaient des choses intellectuelles qui étaient cependant renfermées dans des boîtes d'or ou de plomb; tantôt c'étaient des objets essentiellement matériels qui se mouvaient d'eux-mêmes, et venaient converser avec moi. Et je croyais comprendre tout cela.

«Bientôt je me vois entraîné dans un amphithéâtre, où m'attendait le spectacle d'une affreuse opération chirurgicale. Elle devait s'accomplir sur un prisonnier qui avait essayé de soustraire son corps à la douane. Je me sens ému d'une pitié profonde à l'aspect de la victime, et puis, dès que l'opérateur plonge son premier coup de scalpel dans les chairs du patient, je ressens une douleur aiguë, et je reconnais que c'est moi-même qui vais endurer toutes les souffrances de cette atrocité. Je veux fuir, on m'a garrotté; et le condamné me plaisante odieusement sur cette transposition de sensibilité qui s'est opérée à son profit. La violence de l'émotion me tire, je ne sais comment, de cette situation critique; mais ce n'est que pour subir une nouvelle série d'infernales surprises.

«Je suis d'abord saisi d'une frayeur vague et subite, dans un délicieux boudoir qui a plusieurs entrées par lesquelles je m'attends à voir arriver encore de sinistres apparitions. Dès que j'entr'ouvre une porte, des soupirs déchirants arrivent jusqu'à moi. Plusieurs amis viennent ensuite m'embrasser, inondés d'une fange immonde; je n'ose m'y opposer, et je les entends rire d'un rire infâme en me quittant. Et puis, je vois mon estomac grossir démesurément; je me rappelle avoir avalé un reptile inconnu qui se développe sans doute, et qui finit par trouer ma poitrine pour placer devant mon visage sa tête puante et hideuse.

«Tout cela passe. Je reviens à l'idée de visiter l'intérieur de mon propre crâne, qui m'apparaît de proportions gigantesques. Je me promène dans les arcanes de ma mémoire et dans le laboratoire de mon cerveau. J'y vois enfouies des richesses admirables, tout en ayant le sentiment que je ne saurai jamais les en tirer. J'y reconnais aussi plusieurs instincts abominables, et je frissonne en songeant à ce qu'il en pourrait résulter. J'ignore, du reste, comment on doit manier les instruments indescriptibles de cet immense laboratoire; j'en touche un au hasard; il en sort un bruit formidable, et j'ai la conviction que ma voûte cérébrale va céder sous la pression d'un ouragan de vibrations inouïes, si je ne viens à bout de lui ouvrir quelque part une issue dussé-je, moi-même, me trépaner....

«Ainsi courait ce rêve insensé. Je parvenais quelquefois à combattre, par un violent effort de volonté, la tyrannie de ces illusions désespérantes; je reprenais un peu les rênes de ma pensée; mais la force me manquait pour parvenir à me réveiller, et le rêve reprenait alors avec un redoublement d'intensité, et des têtes m'apparaissaient de tous côtés. Enfin, de temps en temps, l'idée que je m'étais suicidé traversait mon esprit troublé comme un éclair lugubre dans une nuit d'orage; et je me demandais si ce que j'éprouvais ne serait pas le désordre moral de l'agonie, ou bien si cet état de choses n'était pas la mort elle-même, et par conséquent le repos éternel que j'avais cherché.»

Telles furent les impressions dont je pus me souvenir. Elles ne forment peut-être pas la millième partie de tout ce qui me traversa l'esprit. L'exaltation de la sensibilité morale était violente; mais, dans le caractère et dans la marche des idées, je ne découvre rien qui ne me confirme dans l'opinion que l'étude analytique des songes naturels suffit pour expliquer les phénomènes morbides les plus variés.

Le réveil arriva graduellement. En même temps qu'elles avaient perdu de leur netteté mes visions étaient devenues plus calmes. J'eus une période de somnolence assez douce, peuplée d'images fugitives dont plusieurs étaient gracieuses; et j'ouvris cinq ou six fois les yeux presque sans voir, avant de reprendre définitivement possession de ma vie réelle. Je passai toute la journée qui suivit cette nuit agitée dans un état de torpeur physique et morale où la mémoire surtout me faisait défaut. Persuadé toutefois que cette situation même était très favorable pour analyser le désordre particulier d'esprit dans lequel je me sentais, je pris ma plume d'une main fort lourde et je notai mes impressions les yeux à demi fermés. Si cet autre fragment n'est pas aussi intéressant que je le supposais en l'écrivant, il offre pourtant, sur un état intermédiaire entre la veille et le sommeil, quelques indications significatives qui me décident à le donner également ci-après:

«C'est un singulier état d'esprit que celui dans lequel je me trouve. Il me semble faire un songe éveillé, et voir se dérouler, comme à travers un brouillard répandu sur mes pensées, toute une série de réminiscences étroitement unies. J'en ai la conscience du moins, mais je ne perçois aucune idée assez nettement pour la distinguer. Je sens que si je pouvais en arrêter une, elle deviendrait aussitôt la clef de celles qui la précèdent et qui la suivent; mais toutes s'enfuient sans se laisser saisir, autrement que par quelque vague abstraction qui ne m'apprend rien. N'est-ce point le songe sans les images, la même incohérence, les mêmes enchaînements spontanés de souvenirs?

«Si je m'efforce de percer le brouillard qui enveloppe cette rêverie, je ressens immédiatement une douleur assez vive à la tête, et si je veux faire un retour vers la réalité, au lieu de laisser courir d'elles-mêmes mes pensées, j'ai comme perdu momentanément la mémoire des conditions de ma propre existence. Les choses que je sais le mieux m'échappent, et chaque impression passagère s'évanouit avec une rapidité si grande que plus d'une phrase que je voudrais jeter sur ce papier ne s'achève pas. Les phrases même que je griffonne en ce moment se tracent pour ainsi dire mécaniquement par la seule corrélation instinctivement établie entre les mots qui me viennent dans la tête et les signes de l'écriture qui y correspondent, car je n'ai pas assez de liberté d'esprit pour réfléchir à ce que j'écris. Veut-on conserver quelque souvenir de cet étrange chaos, il faut donc laisser courir la plume aussi vite que possible, sauf à relire plus tard ces impressions fugitives, et à comprendre ce que l'on pourra. Le champ de mes pensées me semble comme un rideau blanc sur lequel passeraient, sans y laisser de trace, les images d'une lanterne magique dont les clichés coloriés ne seraient certainement pas perdus pour être retirés, mais disparaîtraient du moins, au fur et à mesure de leur passage, dans de sombres tiroirs. La sténographie elle-même est impuissante à consigner certaines observations qui me frappent instantanément par leur lucidité précise, mais qui demanderaient plusieurs membres de phrases pour être exposées, tandis qu'elles restent à peine une seconde présentes à mon esprit. La main est bientôt brisée de fatigue. Quant à ces pensées insaisissables, je crois qu'elles ont encore ce point de ressemblance avec les images de la lanterne magique de n'être que des reflets et non de nouvelles conceptions.

«Les enchaînements d'idées qui se produisent en ce moment chez moi commencent presque toujours par une notion indécise que j'essaye vainement d'éclaircir. Cette notion indécise me conduit à une seconde impression non moins vague, cette seconde à une troisième, et ainsi de suite, sans qu'aucune d'entre elles se présente avec plus de netteté. Je suppose que si je dormais, ces idées incomplètes ne manqueraient point de former précisément quelques-uns de ces rêves monstrueux et indescriptibles, dont les images échappent à toute analyse, comme la logique à tout raisonnement.»

Ayant eu l'occasion de reprendre du hatchich, en me plaçant, cette fois, sous l'influence d'une musique gaie et d'un ensemble de circonstances capables d'imprimer à mes idées une direction plus agréable, j'eus un rêve très différent de celui dont la relation vient d'être donnée. Quant à l'état de mon esprit durant la journée suivante, il fut exactement ce qu'il avait été une première fois.

FIN.

TABLE DES MATIERES

Fin de la table des matières.

POUR ALLER PLUS LOIN DANS LA COMPRÉHENSION DES RAPPORTS ENTRE L'ESPRIT CONSCIENT ET L'INCONSCIENT

L'intelligence des Rêves,

Par Anna Mancini

Editions : Buenos Books International

http://www.buenosbooks.fr

ISNB : 9782915495003

Autres ouvrages parus aux éditions

Buenos Books International www.buenosbooks.fr

Comment naissent les inventions? Une méthode efficace pour obtenir des idées nouvelles, Mancini, Anna

Justice Et Internet, Une Philosophie Du Droit Pour Le Monde Virtuel, Mancini, Anna

L'Obsolescence Du Droit D'Auteur Et de Sa Philosophie, Mancini, Anna

L'Obsolescence Du Droit Mondial Des Inventions, Mancini, Anna

L'Oracle, Pièce de Théâtre, Drame Symbolique Inspiré de La Tragédie Grecque, Tzitzis, Stamatios

La Solution Anti-Stress: Etre Soi Dans L'Instant Present, Onorati, Celeste

Le Long Voyage de L'Amour, Un Roman Sur La Transmutation de L'Eros, Bisanti, Lydia

Le Mystere de Maat, Deesse de La Justice de L'Ancienne Egypte, Mancini, Anna

Les Embruns de Kos, (poésie), Tzitzis, Stamatios

Les Grandes Questions de La Philosophie Pénale, Tzitzis, Stamatios

Les Solutions de L'Ancien Droit Romain Aux problèmes Juridiques Modernes, l'exemple du droit des brevets d'invention, Mancini, Anna

La Personnalité Juridique Dans L'Oeuvre de Raymond Saleilles, Mancini, Anna

Poésie de La Vie, Lavie, Eva

Saintes Pilules, Petites Histoires Satiriques Et Humoristiques à Propos de Nos Croyances Scientifiques et Médicales, Lavie, Eva

Paris Végétarien, Laure Goldbright

Comment Mieux Comprendre Les Anciennes Civilisations, Anna Mancini

www.ingramcontent.com/pod-product-compliance
Lightning Source LLC
LaVergne TN
LVHW081316110826
845149LV00006B/1524

* 9 7 8 2 9 1 5 4 9 5 5 1 5 *